Collection

DOCET OMNIA

LA VIE MÉCONNUE
DES TEMPLES MÉSOPOTAMIENS

DANS LA MÊME COLLECTION

DOMINIQUE CHARPIN
La Vie méconnue des temples mésopotamiens

WOLF FEUERHAHN (sous dir.)
La Politique des chaires au Collège de France

DARIO MANTOVANI
Les Juristes écrivains de la Rome antique.
Les œuvres des juristes comme littérature

DOMINIQUE CHARPIN
« Tu es de mon sang ».
Les alliances dans le Proche-Orient ancien

Dante et l'averroïsme
(Sous la direction de Alain de Libera,
Jean-Baptiste Brenet, Irène Rosier-Catach)

VINCIANE PIRENNE-DELFORGE
Le Polythéisme grec à l'épreuve d'Hérodote

JEAN KELLENS & CÉLINE REDARD
Introduction à l'Avesta.
Le récitatif liturgique sacré des zoroastriens

DOMINIQUE CHARPIN

LA VIE MÉCONNUE DES TEMPLES MÉSOPOTAMIENS

Troisième tirage

PARIS
COLLÈGE DE FRANCE
LES BELLES LETTRES

2022

À Nele

www.college-de-france.fr
www.lesbelleslettres.com
Retrouvez le Collège de France et Les Belles Lettres sur Facebook et Twitter.

Premier tirage 2017

ISBN : 978-2-251-44671-4

AVANT-PROPOS

Mon expérience de l'archéologie orientale a débuté par la fouille du temple du dieu Soleil à Larsa en 1974, à laquelle j'eus la chance d'être associé par Jean-Louis Huot alors que je débutais mon année de maîtrise[1]. Plus tard, je fus amené à m'intéresser de manière approfondie au grand sanctuaire d'Ur, dont j'étudiai le clergé dans ma thèse d'État[2]. Si j'ai décidé de consacrer aux temples mésopotamiens ma première année de cours au Collège de France, en 2014/2015[3], c'est avant tout parce qu'un tel thème me fournissait une occasion privilégiée d'aborder un aspect essentiel de la civilisation mésopotamienne de manière globale, en combinant les informations des textes avec les témoignages matériels des fouilles. Il convient en effet de « dépasser les frontières », selon le beau mot d'ordre du CNRS. Celle qui sépare les archéologues des épigraphistes n'est d'ailleurs pas la seule : à l'intérieur même de l'assyriologie, les spécialistes de la littérature ne voient pas toujours ce que les documents d'archives peuvent apporter, et la nécessaire spécialisation coupe

---

1. Voir J.-L. Huot, Y. Calvet, D. Charpin, S. Cleuziou & J.-D. Forest, « Larsa, rapport préliminaire sur la sixième campagne de fouilles », *Syria* 53, 1976, p. 1-45, pl. I-IV.

2. Voir D. Charpin, *Le Clergé d'Ur au siècle d'Hammurabi (XIXe-XVIIIe siècle av. J.-C.)*, HEO 22, Genève-Paris, 1986.

3. Le cours est disponible en audio et vidéo sur le site du Collège de France (http://www.college-de-france.fr/site/dominique-charpin/course-2014-2015.htm). Un résumé a été publié sous le titre « Les temples en Mésopotamie : approche fonctionnelle », *Annuaire du Collège de France 2014-2015*, Paris, 2016, p. 431-444.

trop souvent la sumérologie du reste du domaine cunéiforme. J'ai voulu montrer le rôle central que les temples mésopotamiens jouaient dans la société de leur temps en combinant toutes les approches possibles : il fallait donc tenter de faire parler ici un hymne sumérien, là une épopée akkadienne, ailleurs un humble document comptable, ailleurs encore un ex-voto en bronze ou une plaquette en terre cuite... S'agissant de phénomènes de longue durée, il était également nécessaire de franchir les limites chronologiques traditionnelles, pour trouver les éléments utiles à mon enquête dans les trois millénaires qu'a duré la civilisation mésopotamienne : si la première moitié du deuxième millénaire est plus fréquemment citée que d'autres époques, c'est moins parce qu'il s'agit de ma période de prédilection que parce qu'elle offre le plus de témoignages[4].

J'ai souhaité rendre ce livre accessible à un public de non-spécialistes, comme l'avait été mon cours, selon la tradition du Collège de France dont la mission est d'« enseigner la recherche en train de se faire ». Pour alléger la lecture, j'ai choisi de bannir les notes, fournissant les justificatifs nécessaires sous forme d'annexes bibliographiques en fin de volume (sous le titre « Sources et études ») : on y verra ma dette à l'égard de nombreux travaux, en particulier ceux d'Andrew George. J'aurais pu poursuivre mes recherches encore longtemps et je suis sûr que des collègues trouveront des compléments à la documentation ici réunie, qui ne se veut pas exhaustive. En outre, la part de la comparaison avec d'autres cultures a volontairement été gardée réduite : sortant de ma spécialité, il m'aurait fallu encore bien du temps pour entreprendre une telle étude, et j'espère que d'autres prolongeront dans cette perspective les résultats auxquels je suis parvenu à partir des seules données mésopotamiennes. Il m'a semblé que le temps était venu de présenter la nouvelle vision des temples mésopotamiens qui résulte de cette longue enquête.

4. On trouvera l'édition de la plupart des textes d'archives paléo-babyloniens cités dans ce livre sur le site http://www.archibab.fr.

Le présent ouvrage a pris naissance à l'occasion d'un colloque qui eut lieu à Vienne en juillet 2007 en l'honneur de l'assyriologue Hermann Hunger[5]. J'ai eu depuis l'occasion de reprendre mon enquête lors de conférences à Leyde (novembre 2007), à Québec (mars 2009), puis à Rome (janvier 2014). Je tiens à remercier les membres des différents auditoires auxquels je me suis adressé, dont les questions et réactions m'ont permis de progresser au fil des années. Thomas Römer, qui a proposé mon nom à ses collègues du Collège de France pour poursuivre l'enseignement de Jean-Marie Durand, a droit comme ce dernier à toute ma reconnaissance. Je remercie les *Trustees* du British Museum pour m'avoir permis d'éditer et reproduire la tablette BM 97327. Mon fils Émile Charpin a bien voulu relire mon manuscrit et m'a fait de pertinentes remarques pour faciliter l'accès du texte à des néophytes. Je suis heureux que ce livre inaugure une nouvelle collection associant le Collège de France aux Éditions des Belles Lettres : ma gratitude s'adresse à Céline Vautrin du Collège de France et à Caroline Noirot et son équipe des Belles Lettres pour le travail accompli sur mon manuscrit. Floriane Brill a bien voulu réaliser les cartes et Marine Béranger m'aider à relire les épreuves.

Pour finir, je souhaite dédier cet ouvrage à ma femme Nele Ziegler, assyriologue elle aussi, dont la présence à mes côtés depuis deux décennies est plus précieuse que je ne saurais le dire.

Wetzawinkel/Novigrad/Francueil/Antony
juillet-août 2016

5. Ma communication, en allemand, a été publiée quelques années plus tard dans un ouvrage collectif resté assez confidentiel : D. Charpin, « Zur Funktion mesopotamischer Tempel », dans G. J. Selz & K. Wagensonner (éd.), *The Empirical Dimension of Ancient Near Eastern Studies. Die empirische Dimension altorientalischer Forschungen*, WOO 6, Vienne, 2011, p. 403-422.

AVERTISSEMENT

Dans ce qui suit, les mots akkadiens sont cités en italique (*bîtum*), les mots sumériens translittérés en romain étendu (k ù - l á). Les accents (ou les chiffres : s i g_4) permettent aux assyriologues de savoir à quel signe cunéiforme renvoie la translittération. Le signe š correspond au *ch* du français ; le signe ṣ à *ts* ; le ṭ est un *t* emphatique ; le *g* est toujours dur comme dans « gare ». Dans les citations, les passages entre crochets sont des [restitutions], les mots entre parenthèses des (explications) ; [...] indique une lacune, (...) une coupure. Par souci de clarté, on a distingué typographiquement la ville d'Assur et le dieu Aššur, bien que pour les Assyriens le nom soit le même.

Quelques repères chronologiques sur la période étudiée sont donnés en fin d'ouvrage (p. 247-249).

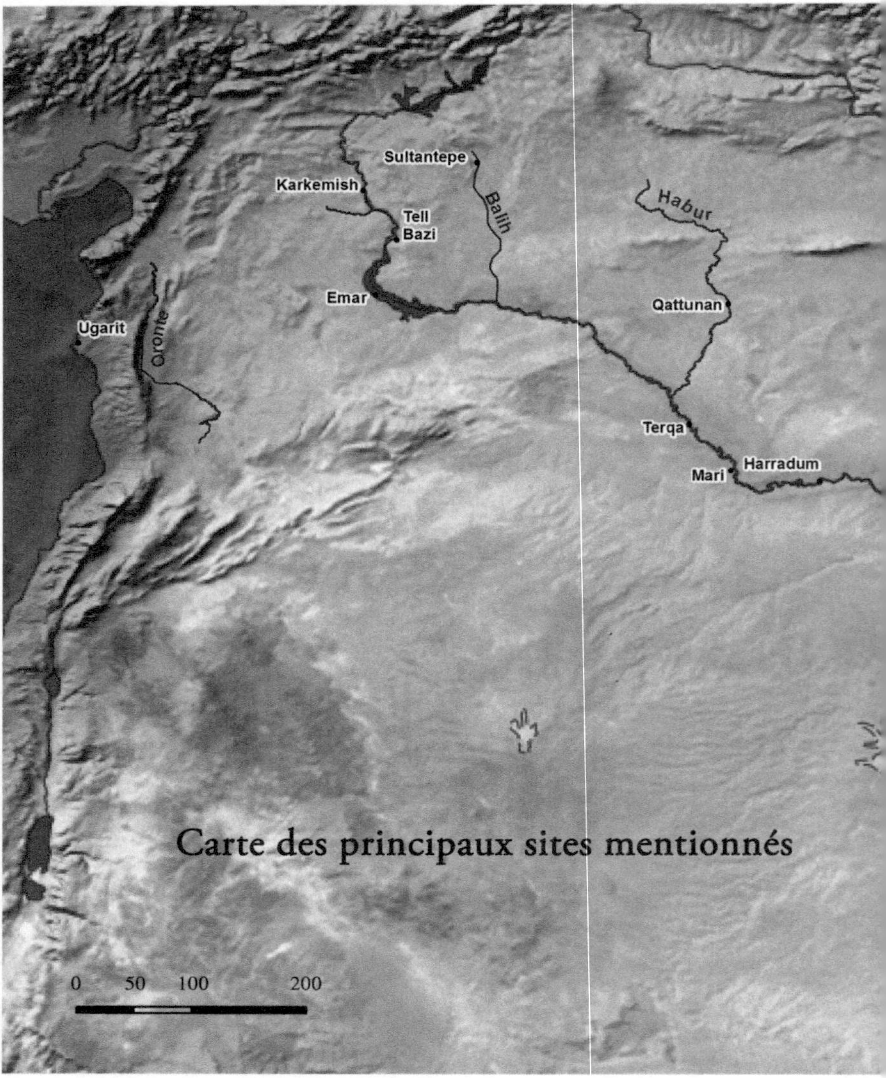

Carte des principaux sites mentionnés

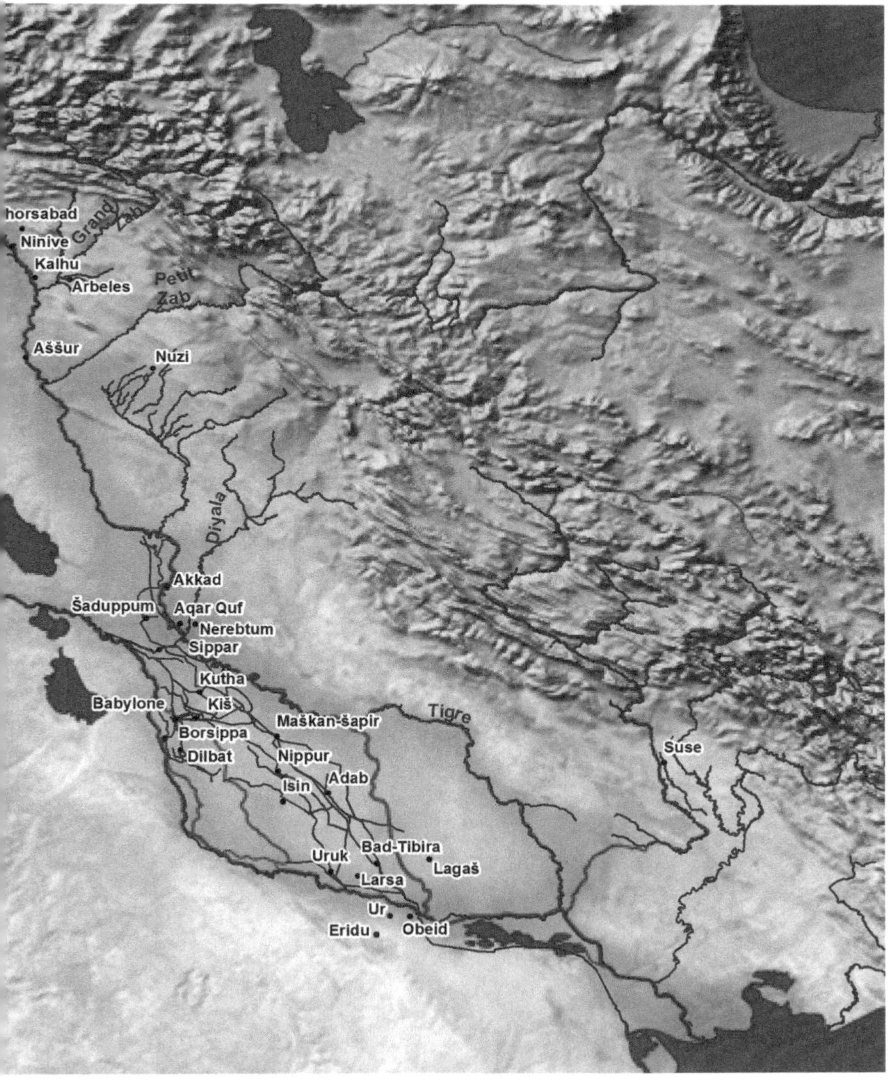
horsabad
Ninive
Grand Zab
Kalhu
Arbeles
Petit Zab
Aššur
Nuzi
Diyala
Akkad
Šaduppum
Aqar Quf
Nerebtum
Sippar
Kutha
Babylone
Kiš
Borsippa
Dilbat
Maškan-šapir
Tigre
Nippur
Isin
Adab
Bad-Tibira
Uruk
Lagaš
Larsa
Ur
Eridu
Obeid
Suse

Introduction

DES TEMPLES OUVERTS SUR LA SOCIÉTÉ

L'assyriologie, discipline créée au milieu du XIXe siècle lorsque la civilisation mésopotamienne fut redécouverte, s'intéresse avant tout aux textes notés dans l'écriture cunéiforme. Attestés sur trois millénaires, des environs de 3200 av. J.-C. jusque vers 70 de notre ère, ils ont été retrouvés sur une aire géographique considérable : de l'Iran à l'Égypte, de la Turquie à Bahrein, dans tout le Levant, mais surtout dans les territoires actuels de l'Irak et de la Syrie. Ces textes relèvent de genres très variés : inscriptions commémoratives, textes littéraires et scolaires, documents d'archives. Les principales langues notées au moyen de l'écriture cunéiforme furent d'abord le sumérien, qui n'a pas de parent reconnu, puis l'akkadien, qui appartient à la famille des langues sémitiques et se divisa vers 2000 av. J.-C. en babylonien (centre et sud de l'Irak actuel) et assyrien (dans le nord). Ces écrits documentent non seulement les grands organismes qu'étaient les palais et les temples, mais aussi les particuliers, grâce aux archives familiales retrouvées dans les quartiers d'habitation. L'argile, support privilégié des textes cunéiformes, résiste bien au feu et à l'eau, les deux principaux destructeurs de l'écrit ; cela explique que tant de tablettes soient parvenues jusqu'à nous, plusieurs centaines de milliers ayant été publiées jusqu'à présent. De manière paradoxale, la pierre ou le métal étaient réservés aux inscriptions destinées à durer, beaucoup moins nombreuses que les textes écrits au jour le jour. L'archivage de ces derniers était de durée variable : quelques semaines pour les petites pièces comptables, reprises dans des récapitulatifs mensuels, quelques années pour les lettres, quelques décennies pour les titres de propriété, transmis de génération en génération avec les biens auxquels ils avaient trait. C'est généralement en raison d'une destruction brutale des bâtiments, souvent à la suite d'un incendie (lié ou non à une guerre), que des archives sont retrouvées en place par les fouilleurs. Cependant, même lorsqu'elles avaient été mises au rebut par leurs détenteurs, les tablettes se sont souvent conservées jusqu'à nous, dans des fosses ou des remblais.

Figure 0-1. Tablettes cunéiformes retrouvées dans le temple de Šamaš à Larsa, mises au rebut avec des objets en pierre brisés (cliché D. Charpin).

La maison du dieu

Ces textes permettent de faire revivre les vestiges exhumés par les archéologues. Il s'agira dans ce livre principalement des sanctuaires voués aux divinités qui y résidaient. Chaque temple était en effet conçu comme la demeure d'un dieu et désigné comme tel : on disait en akkadien « maison du dieu Šamaš » (*bît Šamaš*). On pouvait aussi utiliser le nom cérémoniel du sanctuaire, en sumérien. Ce nom avait un rapport avec la qualité du dieu, mais pas avec la ville où il se trouvait : Ebabbar (é-babbar), « temple brillant », était le nom du temple de Šamaš, le dieu soleil, aussi bien à Larsa qu'à Sippar. Parfois le nom du temple ressemblait à celui de la divinité : Emah (é-mah) était le nom du temple de la déesse-mère Nin-mah à Keš, Adab ou Babylone. Ce nom pouvait aussi faire écho au statut du dieu : Emeteursag (é-me-te-ur-sag), « temple, parure du héros », était à Kiš le nom du temple de Zababa, un dieu guerrier. Il pouvait enfin s'agir d'un nom descriptif, comme le célèbre sanctuaire de Marduk à Babylone : Esagil (é-sag-íl), « temple au sommet élevé ».

Les temples pouvaient être en quelque sorte personnifiés : on faisait leur louange dans des hymnes où l'on s'adressait à eux à la deuxième personne. De nombreux membres du clergé portaient des noms sumériens qui célébraient les vertus des sanctuaires où ils officiaient : on connaît à Ur des gens nommés E-gišhurbi-namtila, « Temple dont l'agencement (procure) la vie » ; E-me-šudu, « Temple dont les rites (sont) parfaits », ou encore E-namti-sud, « Temple (qui donne) une longue vie ». Par ailleurs, le nom du temple pouvait servir à construire un nom de personne de la même manière que le nom d'une divinité : on trouve aussi bien Marduk-mušallim, « le dieu Marduk est celui qui fait vivre en paix », que Esagil-mušallim, où le nom du temple de Marduk, Esagil, remplace celui du dieu.

De nombreux temples voués à des divinités différentes jalonnaient l'espace urbain de chaque cité. Cependant, une ville était placée sous la protection d'une divinité en particulier : Babylone avait Marduk comme divinité principale, Isin la déesse Gula, Larsa le dieu Šamaš, etc. Dans le prologue du Code, Hammu-rabi dresse de cette manière un tableau de tout son empire, en nommant les villes les plus importantes et leur dieu principal :

> Je suis Hammu-rabi (...), expert en sagesse, qui étend les espaces cultivés de (la ville de) Dilbat, qui emplit les silos pour le puissant dieu Uraš[6].

Parfois, le nom de la ville y est accompagné non par celui de son dieu, mais par le nom cérémoniel du temple de celui-ci :

> Je suis Hammu-rabi (...), héros des rois, guerrier sans égal, celui qui a donné la vie à (la ville de) Maškan-šapir, qui procure par l'irrigation l'abondance au (temple) Emeslam[7].

Dans un cas de ce genre, le nom de la divinité principale de la ville n'est pas cité de manière explicite ; il s'agissait en l'occurrence du dieu des Enfers, Nergal.

C'était en général par la divinité principale de sa ville qu'on prêtait serment lorsqu'on concluait un contrat ; c'était aussi à cette divinité qu'étaient vouées certaines catégories de religieuses.

Fondation, destruction, reconstruction

Les sanctuaires constituaient un élément marquant du paysage urbain : les temples, et plus encore les tours à étages (ziggourats) qui les jouxtaient, se voyaient de loin ; de nos jours, c'est souvent encore le cas de leurs ruines dans le paysage plat du centre et du sud de la Mésopotamie.

L'architecture des temples a fait l'objet de nombreux travaux, sur lesquels on ne reviendra pas ici. On se contentera d'observer que les sanctuaires avaient des tailles très variées, depuis la petite chapelle de quartier jusqu'à l'immense complexe de dizaines de pièces organisées autour de plusieurs cours. Différentes études ont tenté de mettre en rapport les plans dressés par les archéologues avec la terminologie révélée par les textes.

6. iii 17-23 ; M. Roth, WAW 6, p. 78.
7. iii 70-IV 6 ; M. Roth, WAW 6, p. 79.

Figure 0-2. La tour à étages (ziggourat) d'Ur, (cliché D. Charpin).

Chaque ville étant placée sous la protection d'un dieu, les destructions, qui n'ont pas manqué dans le cours de l'histoire, posaient un problème théologique. Les auteurs qui ont créé le genre des « lamentations sur une ville détruite » ont tenté de le résoudre : si une cité a été anéantie, c'est que son dieu l'a quittée. Cet abandon est généralement expliqué par une faute commise par le roi, qui a provoqué la colère divine. C'est ainsi que la destruction de la ville d'Akkad, vers 2200, fut imputée à la fureur du dieu Enlil, le roi Naram-Sin ayant négligé de le consulter par l'intermédiaire de ses devins avant de rebâtir son temple. Des compositions de ce genre se multiplièrent au début du deuxième millénaire, suite à la vague de destructions qui marqua la fin de la IIIe dynastie d'Ur et qui frappa, outre la capitale, les villes d'Eridu, Uruk ou encore Nippur. Les prières plus récentes destinées à « apaiser le cœur des dieux » reposaient sur l'idée qu'en rappelant aux dieux les désastres qui ont suivi leur abandon d'une ville, on évitait que de telles catastrophes se reproduisent.

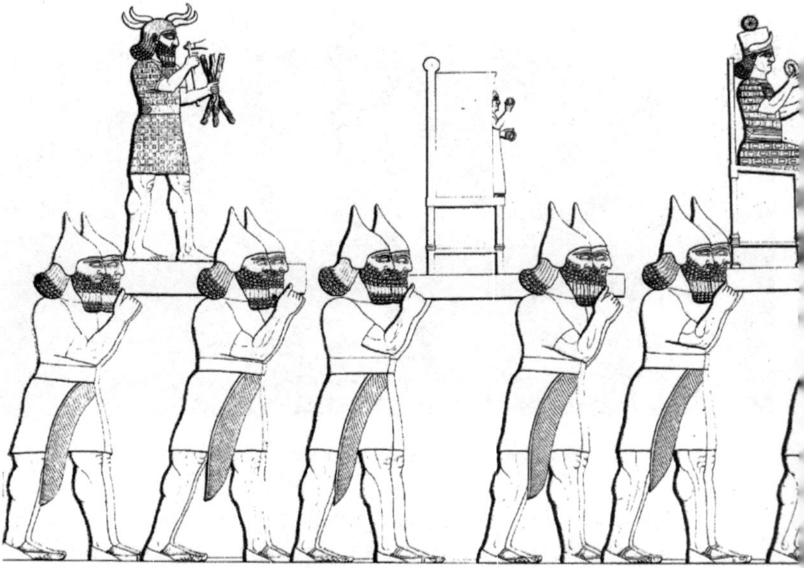

Figure 0-3. Bas-relief d'époque néo-assyrienne montrant des soldats emportant les statues de divinités (d'après A. H. Layard, *Nineveh and its Remains*, Londres, 1867, p. 286).

Lorsqu'une ville était abandonnée par sa divinité, les vainqueurs ne se contentaient pas d'en déporter la population : ils emportaient avec eux les statues des dieux, détruisant ensuite les temples qui les abritaient. L'histoire de Babylone fut à plusieurs reprises marquée par un tel malheur. D'abord vers 1600, lorsque les Hittites donnèrent le coup de grâce à la première dynastie, celle dont Hammu-rabi avait été le plus illustre représentant : à la suite de leur raid sur Babylone, ils emportèrent la statue de Marduk, qui ne revint dans son temple qu'après plusieurs décennies. Dans la deuxième moitié du XIIIe siècle, le roi assyrien Tukulti-Ninurta Ier emporta dans sa capitale la statue de Marduk, après avoir mis à sac le temple de l'Esagil. Au XIIe siècle, ce fut au tour des Élamites de s'en emparer : Nabuchodonosor Ier se couvrit de gloire en récupérant la statue et en la ramenant dans sa capitale. Enfin, en 689, l'empereur Sennacherib détruisit Babylone et emporta la statue de Marduk en Assyrie ; onze ans plus tard, son fils Asarhaddon restaura la ville et l'Esagil, où il replaça la statue de Marduk.

Ces épisodes laissèrent des traces dans la littérature. L'*Épopée d'Irra*, un des plus beaux textes en langue akkadienne, raconte ainsi comment ce dieu, d'humeur belliqueuse, réussit à convaincre Marduk d'abandonner sa statue, prétextant que le diadème qui la couronnait ne brillait plus comme jadis et qu'il fallait le remettre en état. Marduk commence par objecter que déserter sa statue peut provoquer des catastrophes, comme en témoigne l'épisode du Déluge, mais finit par se laisser convaincre. Aussitôt, guerres et épidémies s'abattent sur toute la Babylonie. Finalement, Irra calmé, l'Esagil fut restauré : paix et prospérité revinrent dans le pays.

Il existait donc des moments très critiques pour la protection des villes par leur divinité. C'était le cas chaque fois que le dieu quittait son temple, même pour une simple procession. On songe par exemple au voyage que chaque année le dieu Nabu, résidant à Borsippa, faisait jusqu'à Babylone pour rejoindre son père Marduk lors de la célébration de la fête du Nouvel An. Dans de telles occasions, il fallait calmer la possible colère de la divinité : on procédait alors à la déclamation de lamentations cultuelles. En témoigne la composition (balag) adressée à Enlil, liée à un voyage de ce dieu depuis Nippur jusqu'à Isin, dont les manuscrits sont attestés sur plus d'un millénaire. Il en allait de même lors de la réparation de la statue d'une divinité. Un rituel montre qu'à côté du purificateur auquel s'adresse le texte, intervenait aussi un lamentateur : il s'agissait de « faire sortir » le dieu provisoirement de sa statue, avant que l'objet momentanément inanimé puisse être transféré dans l'atelier (*bît mummi*) pour réparation. La reconstruction des temples donnait également lieu à des rituels appropriés.

Un panthéon spécialisé

Le panthéon mésopotamien était organisé à la manière d'une grande famille : grâce aux listes qui nous sont parvenues, on peut reconstituer de véritables généalogies. Chaque divinité avait en outre un domaine d'activité particulier, lié à sa personnalité même : Šamaš, le dieu-soleil, était responsable de la justice ; Adad, dieu de l'orage et des précipitations, garantissait la prospérité de l'agriculture. Ces domaines de compétences des divinités étaient présentés comme des « parts » (*isqum*) ; le même mot désignait le lot attribué par tirage au sort à un héritier lors du partage des biens paternels. Ces attributions n'étaient pas exclusives : Šamaš et Adad étaient également les dieux patrons de la divination. On peut définir le ou les domaine(s) de compétence d'une divinité en étudiant ses épithètes dans les différents textes qui la concernent. C'est ainsi que le dieu guerrier des Enfers, Nergal, peut être décrit comme « le plus héroïque des dieux » ; ou encore la déesse Gula comme « le médecin-chef », « la grande dame ».

Figure 0-4. Représentation du dieu de l'orage, tenant une massue dans la main droite et un foudre dans la main gauche (stèle trouvée à Ugarit et conservée au musée du Louvre).

On peut aussi analyser les prières qui étaient adressées à chaque divinité : ce qu'on lui demande indique ce qu'elle peut accorder. En témoigne cette prière à la déesse mère, dont on espère une progéniture sans fin :

> Ninmah, mère miséricordieuse, regarde joyeusement et qu'il y ait sur tes lèvres des propos en ma faveur : élargis ma descendance, rends vaste ma postérité et parmi mes rejetons assure heureusement la fécondité[8] !

L'étude des malédictions est tout aussi instructive : ces demandes révèlent en effet en négatif les prérogatives de chaque divinité. C'est ainsi que Hammu-rabi, dans l'épilogue de son code, invoque la déesse Ištar sous son aspect guerrier, à l'encontre d'un roi futur qui ne respecterait pas son œuvre :

> Que la déesse Ištar, reine de la bataille et du combat, qui dégaine mes armes, ma protectrice bienveillante, qui aime mon règne, maudisse son règne d'un cœur furieux et avec une grande rage ; qu'elle rende mauvais ses bons rapports (avec ses alliés) ; qu'elle brise ses armes à l'endroit de la bataille et du combat ; qu'elle suscite contre lui désordre et révolte ; qu'elle fasse tomber ses guerriers, qu'elle abreuve la terre de leur sang, qu'elle érige en tas dans la plaine les cadavres de ses soldats ; qu'elle ne montre aucune compassion pour son armée. Quant à lui, qu'elle le livre à ses ennemis et qu'elle le conduise enchaîné au pays de son ennemi[9].

La déesse, qui peut venir au secours de son dévot, peut tout aussi bien infliger une défaite sanglante à son ennemi.

La gestion des temples

Un sanctuaire était fondamentalement conçu comme la « demeure » (*šubtum*) d'un dieu. Les assyriologues ont jusqu'à présent surtout mis l'accent sur les réalités du culte :

8. M.-J. Seux, *Hymnes et prières aux dieux de Babylonie et d'Assyrie*, LAPO 8, Paris, 1976, p. 514.

9. li 50-69 ; M. Roth, WAW 6, p. 139.

les offrandes et leur calendrier, les soins donnés aux statues, etc. Le temple apparaît comme la maison d'une divinité, entourée de sa famille et de divinités dites mineures ; les grands dieux étaient assistés par un « premier ministre » (*šukkallum*) tout comme les rois. Des divinités gardiennes, postées aux portes des sanctuaires, en limitaient l'accès aux seules personnes autorisées. Nous avons tendance à penser que les temples se sont façonnés sur le modèle des palais ; bien entendu, les anciens Mésopotamiens ne concevaient pas l'imitation dans ce sens.

De ce fait, une bonne partie de la documentation relative aux temples est de nature administrative. Elle permet de voir comment leurs propriétés étaient administrées, comment les responsabilités étaient réparties selon une hiérarchie très précise, avec bien entendu des changements importants au cours des trois millénaires qu'a duré la civilisation mésopotamienne.

Parler de « clergé » pour décrire le personnel des temples comporte un fort risque d'anachronisme. On doit souligner d'abord que les temples ne regroupaient pas la totalité des « religieux » du monde mésopotamien : ainsi, les devins n'ont jamais été rattachés aux sanctuaires, sauf à l'extrême fin de la civilisation mésopotamienne. Par ailleurs, les temples employaient du personnel pour des fonctions qui n'avaient rien de proprement religieux, comme les agriculteurs chargés de la culture des terres appartenant aux sanctuaires ou les bergers responsables de leurs troupeaux de bovins ou d'ovins. On doit en revanche souligner que certaines tâches matérielles avaient bel et bien des aspects religieux. Exclure les balayeurs de la catégorie des « prêtres » est sans doute une erreur : tenir propres les différents espaces du temple, c'était participer à la pureté du lieu habité par les divinités, charge éminemment religieuse. Il en va de même pour les artisans chargés de la fabrication d'une statue ou du mobilier sacré. L'objet une fois achevé était soumis au rituel du « lavage de la bouche » (*mîs pî*) ; il ne faudrait pas croire que le travail « matériel », assuré par des artisans, était suivi par une consécration effectuée par des « prêtres » : le travail des artisans en tant que tel relevait du sacré, comme on le verra au chapitre 6.

Les desservants d'un sanctuaire étaient généralement rétribués par la redistribution des offrandes. Le livre de Daniel, dans la Bible, offre une vision partisane – et très tardive – de ce système : les prêtres y sont accusés de venir nuitamment dans le temple s'emparer des offrandes déposées devant la statue de Bel. En fait, les Babyloniens ne se cachaient pas du tout. Dans leur vision du monde, les dieux « mangeaient des yeux » les offrandes qui leur étaient destinées : ce qui restait était parfaitement consommable pour le personnel du temple et une comptabilité tout à fait officielle en était tenue. La rétribution du personnel des temples prenait souvent en Babylonie la forme de prébendes, c'est-à-dire de charges divisibles dans le temps et négociables. Les fonctions cultuelles étaient le plus souvent héréditaires : les candidats devaient non seulement appartenir à un lignage particulier, mais aussi avoir un physique sans défaut. Ils recevaient une formation adéquate avant d'être consacrés à la divinité.

Des temples fermés sur eux-mêmes ?

On a souvent présenté les temples comme des entités refermées sur elles-mêmes. Un épigraphiste a ainsi récemment écrit :

> Les sanctuaires en Babylonie étaient de « grands organismes » qui se voulaient soigneusement isolés de ce qui les entourait. Ils l'étaient physiquement, par leurs murailles, et économiquement, par ce que l'on pourrait appeler leur « autarcie » agricole et artisanale. Mais même dans le domaine religieux, ils s'en tenaient à un renfermement clérical, une seule influence extérieure les faisant céder : celle du roi, et faiblement. Certes, ils remplissaient leur fonction d'assurer à la communauté humaine la stabilité et la prospérité, par l'exercice d'un rituel minutieusement réglé, mais ce monde de l'extérieur, objet, en somme, de tous leurs soins et qui seul justifiait leur existence, était strictement tenu à l'écart de l'espace consacré[10].

10. D. Arnaud, « Le panthéon de l'Ebabbar de Larsa à l'époque paléo-babylonienne », dans C. Breniquet & C. Kepinski (éd.), *Mél. Huot*, Paris, 2001, p. 21-32, spéc. p. 32.

Autre citation, empruntée cette fois à un archéologue :

Qu'entend-on par temple au Proche-Orient ? Il s'agit, pour les anciens, tout simplement de la Maison du Dieu, au sens le plus strict, c'est-à-dire de l'endroit où il vit et où les hommes le servent en le nourrissant et en assurant la satisfaction de ses désirs. Ce n'est pas un lieu d'adoration collective, mais plutôt une maison souvent encore plus renfermée sur elle-même que celles qui servent aux hommes, et qui n'était accessible qu'à des privilégiés[11].

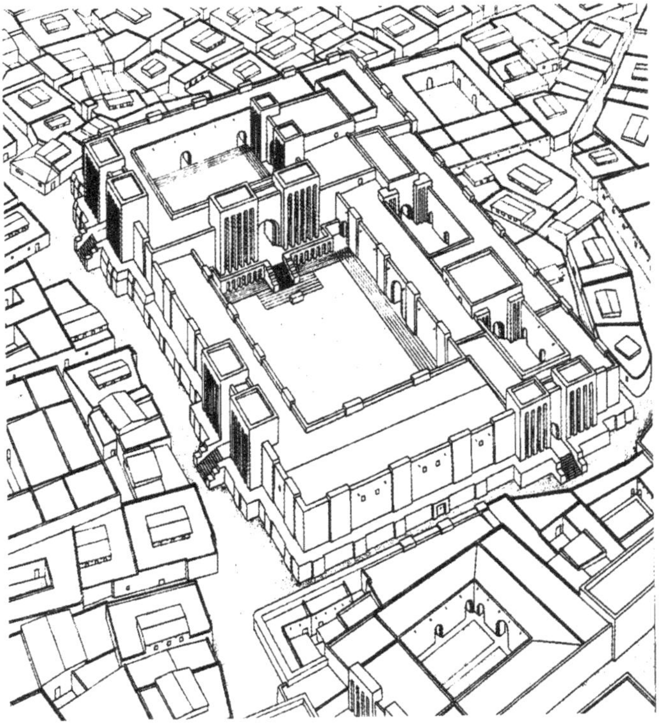

Figure 0-5. Reconstitution du temple de la déesse Kititum, divinité principale de la petite ville de Nerebtum (Ishchali, vallée de la Diyala) (dessin S. Lloyd).

11. J.-Cl. Margueron, *Les Mésopotamiens*, deuxième édition revue et mise à jour, Paris, 2003, p. 305.

Une telle vision de temples mésopotamiens avant tout fermés sur eux-mêmes est-elle vraiment juste ? Je voudrais dans cet ouvrage montrer qu'en réalité les temples étaient beaucoup plus ouverts sur la société qu'on ne l'a écrit jusqu'à présent. L'idée centrale que je développerai est que les temples mésopotamiens remplissaient en quelque sorte des fonctions de service public, qui sont dans nos sociétés assurées par des organismes d'État, ou déléguées à des entreprises de statut particulier, sous le contrôle de la puissance publique. On commencera par les temples de la déesse de la médecine, Gula, qui constituaient de véritables centres de cure. Le chapitre suivant montrera que le temple de Šamaš fonctionnait comme un tribunal et celui de la déesse Nungal comme une prison. On verra ensuite que les temples de la déesse Kittum constituaient des sortes de bureaux des poids et mesures. L'étude des temples des divinités de l'écriture – la déesse Nisaba, puis le dieu Nabu – permettra d'aborder le problème des écoles, des archives et des bibliothèques. On posera ensuite la question du statut des temples d'Ištar, la déesse de l'amour, puis celle des autres fonctions remplies par les temples d'Enki, de Nanna et de Ninkasi.

Chapitre 1

DES CENTRES DE CURE

Dans le monde des hommes, à l'époque historique, la royauté était toujours une affaire masculine. Chez les dieux, le pouvoir n'était pas l'objet d'une telle exclusivité : chaque ville était dominée par une figure divine, qui était un dieu dans les trois quarts des cas, mais pouvait aussi être une déesse. C'est ainsi que la ville d'Isin était placée sous la protection de Nin-Isina, littéralement « la Dame d'Isin ». Cette déesse pouvait également être connue comme Gula, mais aussi Nin-karrak, Nin-tinuga, Bawa ou encore Meme. Ces différents noms, qui renvoyaient au départ à autant de divinités distinctes, ont fini, dès l'époque de Hammu-rabi, par désigner une seule et même déesse ; par commodité, j'emploierai dans ce chapitre le nom de Gula, sauf lorsque les textes qui seront cités la désignent autrement.

Pour définir son domaine de compétence, intéressons-nous d'abord aux épithètes qui la décrivent dans différents genres de textes. Gula est qualifiée dans des textes très variés de « médecin-chef » (*azugallatu*), ou encore décrite comme « celle qui donne la vie ». Son caractère compatissant est souligné : « elle se hâte (de répondre) au cri » de celui qui souffre. Il faut ensuite élargir l'enquête aux prières adressées à cette divinité : la somme des demandes des anciens

Mésopotamiens permet de délimiter son domaine d'intervention. On relève ainsi dans une prière à Nin-karrak cette requête :

> Prolonge mes jours, rends nombreuses mes années ; qu'il y ait pour moi en ta bouche (un verdict de) longue vie et (de) satiété de très grand âge. Sauvegarde mon souffle de vie, tiens-moi en bonne santé[12] !

Quant aux malédictions, qui donnent une image de son pouvoir en négatif, on trouve dans le code de Hammu-rabi ce souhait à propos d'un roi futur qui ne respecterait pas son œuvre :

> Que Ninkarrak (...) fasse sortir de ses membres une maladie grave, un mauvais *asakkum*, un mal-*simmum* grave[13].

Nin-karrak, *alias* Gula, est de fait bien connue comme « déesse de la médecine », celle qui maintient en bonne santé, grâce à qui on obtient la guérison – ou qui inversement peut susciter une maladie. L'incantateur qui récitait ses formules destinées à guérir un patient s'abritait d'ailleurs derrière le patronage de la déesse :

> Cette incantation n'est pas la mienne : c'est l'incantation de la déesse Gula[14] !

On sait que les dieux étaient souvent représentés accompagnés d'un attribut, ou sous la forme d'un symbole : c'est ainsi qu'Adad, le dieu de l'Orage, pouvait être représenté de manière anthropomorphique tenant un foudre à la main, ou seulement sous la forme d'un foudre. Cet attribut était parfois un animal : dans le cas de Gula, il s'agissait d'un chien. Nous verrons plus loin sur quoi reposait l'association de la déesse avec cet animal.

---

12. M.-J. Seux, *Hymnes et prières aux dieux de Babylonie et d'Assyrie*, LAPO 8, Paris, 1976, p. 515.
13. l. 50-69 ; M. Roth, WAW 6, p. 139.
14. YOS 11 5 : 14.

Figure 1-1. Le chien de Gula sur un *kudurru* (stèle de donation) découvert à Larsa (Bagdad, Musée national ; d'après J. Margueron, *Syria* 48, 1971, pl. XVIII-1).

La déesse Gula a fait récemment l'objet d'une étude synthétique par B. Böck à laquelle il sera souvent fait référence dans ce chapitre ; j'ai en effet le sentiment, après l'avoir lu de près, qu'il manque à ce livre un pan important de la réalité du culte de cette divinité, qui sera ici développé. Je voudrais en effet montrer que les temples de Gula peuvent être définis comme des centres de cure, où l'on soignait les malades de différentes façons : par des herbes et des onguents, mais aussi par l'intervention de chiens. Les patients guéris vouaient à la déesse des ex-voto, que nous commencerons par examiner, car ils se révèlent très parlants pour comprendre le rôle du temple dans les soins qui leur ont été prodigués.

Remercier pour sa guérison

Remercier une divinité pour la guérison qu'on a obtenue est un des gestes religieux les plus courants dans bien des civilisations – prolongé dans le monde chrétien dans le cadre de la dévotion aux saints. On trouve des remerciements à la déesse Gula de plusieurs types : les fouilles ont mis au jour des ex-voto en forme de membres du corps ou de statuettes humaines, ainsi que des chiens votifs.

Des ex-voto en forme de membres du corps ou de statuettes humaines

Les plaies guéries par la déesse Gula affectaient d'abord les mains, les pieds et les membres des malades : tel est le témoignage des ex-voto retrouvés à proximité d'une rampe d'accès à

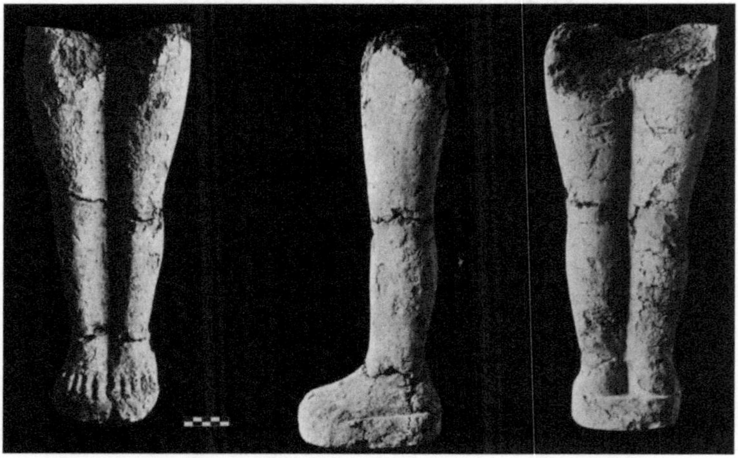

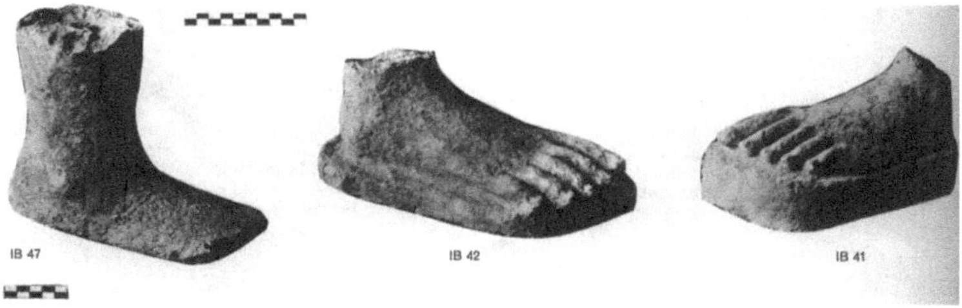

Figure 1-2. (page ci-contre et ci-dessus) Jambes et pieds votifs découverts à Isin (d'après A. Spycket, *Mél. Kupper*, Liège, 1990, pl. I-III).

l'esplanade du temple de Gula à Isin lors des fouilles de 1973. Il s'agit de 17 objets en terre cuite à peu près de grandeur nature, qui représentent des mains, des jambes et des pieds humains, certains portant des traces de peinture rouge. Il est certain qu'ils n'appartenaient pas à des statues, car des trous montrent qu'ils étaient destinés à être fixés. On peut trouver de nombreuses pratiques similaires, la ressemblance la plus frappante provenant des fouilles de Corinthe.

On peut mettre ces ex-voto en rapport avec une lettre-prière adressée à la déesse Nin-tinuga. Affligée d'une sorte de paralysie, une femme prie pour sa guérison en ces termes :

> Puissé-je placer (à nouveau) mon pied sur un chemin de vie,
> Je serai alors ta servante.

À Isin, à côté de membres de corps humains, on a aussi retrouvé des pattes de chiens, également en terre cuite. Au même contexte archéologique appartient une statuette en bronze de 4 cm de haut qui représente un homme agenouillé levant le bras gauche et entourant du bras droit un chien assis : le bras levé n'est pas un geste de salut comme on l'a cru, mais sans doute le mouvement qui montre que le membre malade est guéri.

Cette coexistence entre représentations humaines et canines avait déjà été constatée lors de la découverte fortuite

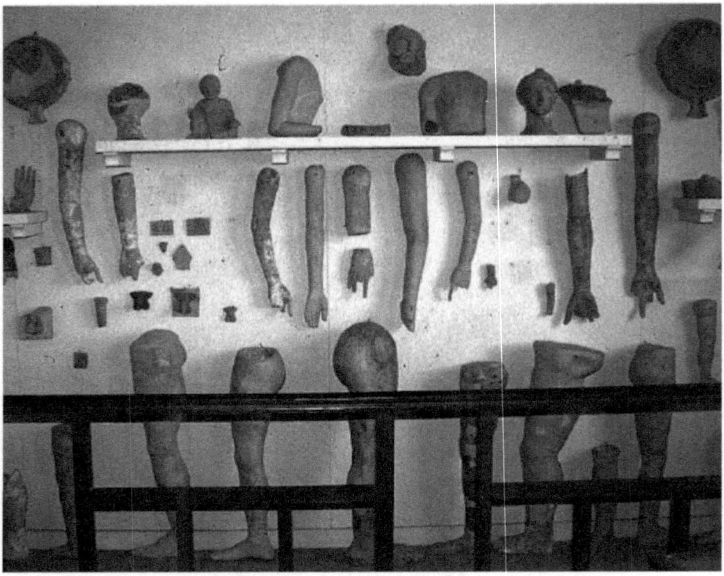

Figure 1-3. Série de membres votifs (jambes, bras, pieds, mains) avec trous de suspension (réserves des fouilles de Corinthe) (cliché A. L. Lesk, d'après J. Hugues, « Fragmentation as Metaphor in the Classical Healing Sanctuary », *Social History of Medicine*, 21, 2008, p. 220 fig. 2).

de figurines en terre cuite effectuée par un berger en 1946 près d'ʿAqar Qûf, à 30 km à l'ouest de Bagdad. Aussitôt, des archéologues irakiens se rendirent sur place et dégagèrent une pièce de 8 x 2 m, pourvue d'un dallage comportant des briques inscrites au nom du roi kassite Nazi-Maruttaš (XIVᵉ siècle av. J.-C.). Sur le sol, on a retrouvé plusieurs centaines de terres cuites, souvent très abîmées. Plusieurs figurines représentaient des êtres humains agenouillés, avec les mains posées sur certaines parties du corps, comme les yeux, la bouche ou le sein : il s'agit manifestement d'un geste indiquant la partie du corps malade. Quatre de ces figurines étaient inscrites, sur la base ou sur le dos. Ces inscriptions sont hélas restées inédites ; on sait cependant qu'elles mentionnent toutes le nom de Gula. Il s'agit donc selon toute vraisemblance d'ex-voto : lorsque la maladie affectait un œil ou une bouche, on ne pouvait vouer une représentation isolée comme lorsqu'il s'agissait d'une main ou d'un pied, d'un bras ou d'une jambe. Dans le même ensemble, on retrouve de nombreuses figurines de canidés. Le type le plus fréquent représente une chienne allongée qui allaite de six à onze petits. On trouve aussi des chiens, dont certains comportaient des inscriptions sur les flancs, comme :

> Le serviteur qui [la] révère, [...]-Šamaš, pour la protection de [sa vie], à Gula [il a voué].

Malheureusement, le contexte de cette découverte n'a pas pu être précisé : on peut faire l'hypothèse qu'il s'agissait d'un temple de Gula.

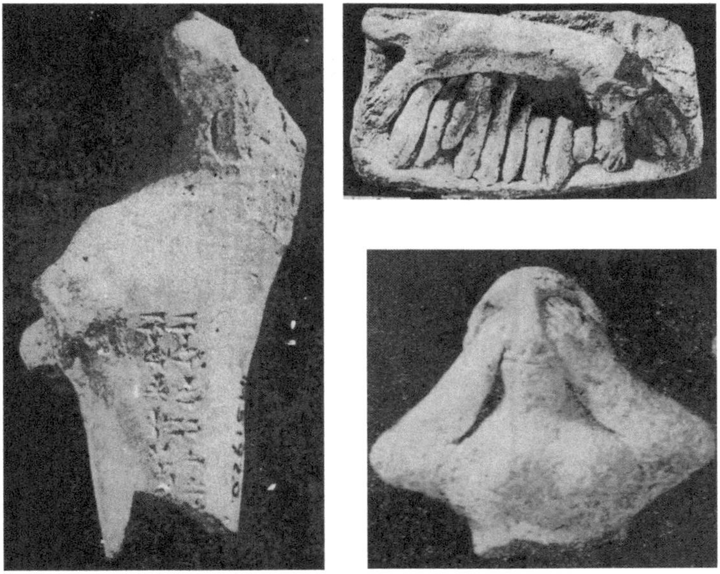

Figure 1-4. Figurines de terre cuite découvertes près d''Aqar Qûf : chien inscrit ; chienne allaitant ses petits ; personnage avec les mains sur les yeux. (Bagdad, Musée national ; d'après M. A. Mustafa, *Sumer* 3, 1947, pl. 2-3).

Des découvertes analogues ont été faites dans le secteur WA à Nippur dans l'hiver 1990. Une superposition de temples a été mise au jour ; sur les sols de l'époque kassite ont été retrouvés plusieurs figurines de chiens en argile ainsi que plusieurs fragments de statuettes humaines, également en terre cuite : ces individus sont représentés avec la main sur la gorge ou sur le ventre, indiquant par là-même l'endroit où ils avaient été atteints par la maladie. Selon McG. Gibson, l'identification définitive du temple comme étant non pas celui de Ninurta comme il le pensait initialement, mais celui de la déesse Gula, a été fournie par un petit fragment de disque en lapis-lazuli comportant une dédicace « à Gula ». En réalité, l'identification aurait été possible dès la douzième campagne, qui eut lieu en 1973. On découvrit alors dans le même secteur un fragment de chien votif avec une double inscription : sur le dos, la dédicace disait que le chien avait été placé dans le temple é-uru$_2$-sag-gá (nom du temple de Gula à Nippur), tandis qu'une louange à Nin-karrak était inscrite sur le flanc.

On voit donc comment, en trois endroits différents, dont deux sont sûrement des temples de Gula (Isin et Nippur), on a retrouvé des objets votifs qui témoignaient de la guérison de patients. Ceux-ci étaient représentés en totalité ou seulement en partie ; certains de ces individus étaient associés à des chiens, soit directement dans la représentation, soit par le biais d'une inscription, soit par des figurines canines découvertes dans le même contexte.

La découverte de chiens votifs

Le roi Nabuchodonosor raconte comment, lorsqu'il restaurait le temple de Nin-karrak à Sippar, il découvrit dans les fondations du bâtiment « un chien en argile avec le nom de Nin-karrak écrit dessus ». Comme on vient de le voir, les archéologues modernes confirment l'existence de tels chiens votifs. L'une des découvertes de ce genre les plus anciennes fut d'ailleurs effectuée à Sippar, lors des fouilles de Abu Habbah par le P. Scheil en 1894. Il exhuma plusieurs chiens votifs en argile. L'un d'eux était inscrit de la sorte :

> J'ai fait pour la déesse Meme (autre nom de Gula), ma maîtresse, un chien en argile et (le lui) ai offert.

Figure 1-5. Chien votif inscrit (V. Scheil, *Une saison de fouilles à Sippar*, Le Caire, 1902, p. 90-92).

D'origine inconnue, une statuette en pierre a été vouée par un particulier pour la vie du roi d'Isin Bur-Sin (1897-1876) :

> À Nin-Isina, sa maîtresse, la dame qui crée [...], pour la vie de Bur-Sin, roi fort, roi d'Isin, Enlil-ennam, fils de Zibuni, a voué (cette statuette).

Une autre statuette de chien en argile, assez endommagée et conservée au British Museum, comporte une inscription plus tardive, encore plus longue : elle permet de savoir que l'animal fut voué à Gula par un dignitaire du temple d'Enlil à Nippur « pour la vie de Nazi-Maruttaš, roi de l'univers, son maître », ainsi que « pour sa vie et la vie du pays ».

Les exemples qu'on a vus jusqu'à présent peuvent sembler ambigus : la dédicace inscrite sur les chiens est formulée « pour la vie de... » : autrement dit, on a affaire à des offrandes accompagnant des demandes. Parfois, il s'agissait explicitement d'un ex-voto, comme cette statuette de chien en terre cuite retrouvée lors des fouilles d'Isin en 1973-1974 :

> À Gula, la Dame de l'Egal-mah, maîtresse de la vie, grande? *azugallatu*, qui donne le souffle de vie, sa maîtresse, Ili-[...]daya, a fait un vœu. Elle a exaucé son vœu [et guéri(?) son] jeune serviteur Atanah-ili. Il a offert (ce) chien.

Ici, le texte est explicite : le donateur a « fait un vœu », qui a été exaucé par la guérison du malade, et le chien est offert en témoignage de gratitude.

La plupart des chiens votifs retrouvés sont en argile, les exemplaires en métal étant beaucoup plus rares : on a cependant retrouvé un chien miniature en bronze près de l'autel dans un temple de Terqa qu'on sait par ailleurs voué à Nin-karrak, et qui date de l'époque paléo-babylonienne tardive. Les exemplaires en métal, plus précieux, pouvaient exciter la convoitise. Un texte juridique donne un exemple d'une telle « disparition » :

> Au sujet des biens meubles du temple de Nin-karrak, Nabiyatum a saisi (en justice) Ṭab-gamalša. Dans la cour(?) de Nin-karrak, Ṭab-gamalša a (r)apporté 5 statues en bronze.
> 2 tambours en bronze, 1 encensoir en bronze, 1 bijou en forme de pomme de pin en bronze, 1 plat en bronze, 3 anneaux en bronze, 1 clé en bronze, 1... en bronze, 1 collier(?) en pierres précieuses, 1 chienne en bronze (au nom) d'Iddin-Sin, 1 vase en cuivre de Šimat-Ištar, 1 chienne en bronze (au nom) de Ninurta-nišu, (formant) le reste des biens meubles : Nabiyatum prêtera serment et Ṭab-gamalša en effectuera le remplacement. (5 témoins et date : 6/xii/Samsu-iluna 12)[15].

Nabiyatum a saisi en justice Ṭab-gamalša, à la suite de quoi ce dernier a rapporté cinq statues de bronze dans le temple ; bien que le texte ne le précise pas, il doit s'agir de statues d'orants. On énumère alors tout ce qui manque encore. Nabiyatum devra prêter serment comme quoi tout cela a disparu ; Ṭab-

---

15. *DCS*, n° 115.

gamalša devra le remplacer. Le texte débute en mentionnant un « temple de Nin-karrak », sans préciser sa localisation. On pourrait envisager qu'il s'agisse de la ville de Sippar, puisqu'on sait qu'un temple de Nin-karrak y existait dès l'époque paléo-babylonienne. Toutefois, la coutume de vouer des chiens votifs à Nin-karrak n'était nullement limitée à Sippar, comme on l'a vu plus haut. C'est donc surtout à partir de la date du document qu'une proposition peut être élaborée : le texte a été rédigé à la fin de l'an 12 de Samsu-iluna, soit après la période de troubles marquée dans le sud du royaume babylonien par de nombreuses révoltes. L'on peut penser que ce sont ces circonstances troublées qui ont fourni l'occasion des vols ici constatés. La prosopographie ne permet pas d'affirmer de façon tranchée dans quelle ville du Sud le texte fut rédigé. On observera cependant que la seule autre référence que nous possédions au nom Ṭab-gamalša figure dans un contrat d'Isin où est loué un champ appartenant à la déesse Gula et où les seuls témoins sont les dieux Šamaš et Gula. L'inventaire des biens volés montre donc, parmi le mobilier d'un temple de Nin-karrak, peut-être à Isin, des chiennes qualifiées par un nom propre, manifestement celui des donateurs : ces figurines de bronze étaient donc pourvues d'une inscription rappelant le nom de celui qui les avait vouées.

Les chiens votifs pouvaient être représentés en ronde-bosse, mais aussi sous forme de plaquettes : on l'a déjà vu pour l'argile, il en allait de même pour le métal. C'est ainsi qu'à Isin des plaquettes en bronze découvertes sur la rampe d'Adad-apla-iddina ou à côté représentent des chiens debout ou couchés, ou encore une chienne qui allaite des petits ; le ou les trous qui les percent montrent que ces plaquettes étaient destinées à être suspendues. Malgré l'absence d'inscription, il s'agit bien d'objets votifs.

La fonction des chiens votifs

Une des difficultés que nous avons à comprendre la civilisation mésopotamienne réside dans le fait qu'elle ne tient pratiquement jamais de discours réflexif : aucun texte ne nous explique les raisons pour lesquelles des chiens étaient voués à Gula. Il est clair qu'ils étaient tout différents des chiens en argile enterrés sous les maisons et destinés à protéger leurs habitants contre les démons : de telles figurines ont été à plusieurs occasions retrouvées lors de fouilles et des manuels de magie donnent des instructions pour les fabriquer. Dans le cas des chiens voués à Gula, on a toutefois la chance de disposer d'un texte très significatif ; il fait partie des exercices grâce auxquels les futurs scribes apprenaient à écrire en sumérien. Or ce texte fait parler... un chien votif :

> [1-3] Lugal-nesag, fils de Zuzu, maître (ummia) de Nippur, a façonné Tuni-lusag, son chien-messager pour Nintinuga. Pour cela (= pour remplir son devoir), le chien remue sa queue pour sa maîtresse et lui dit en aboyant :
> « [4-16] Maîtresse, qui procure la nourriture dans le ciel et sur la terre, intendante d'Enlil, sein doux qui satisfait tous les pays, qui apporte l'abondance, qui détecte les intentions du démon-asag porteur de maladie, (toi) qui examines les os, qui tries les muscles-sa de vie et les muscles-sa de mort et rends bonnes leurs articulations, qui connais les maladies aggravées par les plaies et les affections profondes, (toi) le médecin qui guérit, l'herboriste (šim-mú) du malade, qui inspecte l'intérieur de l'homme, ô Maîtresse, celui qui m'a façonné m'a nommé Tuni-lusag. J'ai été nommé ainsi après qu'il ait été guéri. Quand [...] la gorge, le démon-asag [...] la vie. Mon nom est prononcé avec ton nom. Je recherche ta force(?). Je m'appelle Tuni-lusag ! »
> [17-18] Aussi longtemps que je vis, puissé-je être regardé (avec bienveillance). Quand je mourrai, puissé-je boire de l'eau claire dans le monde inférieur !

Ce texte qui fait parler un chien a été compris par certains commentateurs modernes comme relevant des écrits humoristiques. Il me semble plutôt indiquer de manière explicite que le chien votif était conçu comme un messager chargé d'intercéder auprès de la déesse Gula pour le compte du personnage qui l'a voué : le terme qui décrit la fonction du chien est kin-gi$_4$-a (l. 2), soit le mot habituel pour « messager ».

Pour s'acquitter de sa mission, le chien commence par attirer l'attention de la déesse Gula en remuant la queue ; puis il délivre son message en aboyant.

Le message présente d'abord Gula comme une déesse nourricière, dont le lait abreuve tous les pays ; cette notation doit être mise en relation avec les représentations de chiennes votives allaitant de nombreux chiots que nous avons rencontrées plus haut. Le texte fait ensuite allusion à la lutte sans merci que se livrent la déesse et le démon Asakku (sumérien asag) et à la capacité qu'a la déesse de diagnostiquer toutes sortes de maux et de les soigner.

On relève l'insistance du texte sur le fait que le chien porte un nom : Tuni-lusag. Dans la réalité, les bovins ou les chevaux avaient un nom ; pour les chiens, on ne connaît pour l'instant de noms que pour des représentations, ce qui n'est pas la même chose. Le nom de ce chien, Tuni-lusag signifie : « Son incantation (tu_6-ni) guérit (sag) l'homme (lú) », le possessif -ni renvoyant implicitement à la déesse. Le nom sumérien du chien, Tuni-lusag, peut être rapproché d'un autre, en akkadien, mais très proche : Šipassa-balāṭu « son incantation est la vie », attesté dans un texte médio-babylonien, mais porté par un homme.

Le chien déclare avoir été façonné après que le malade a été guéri : il s'agit donc bien d'un ex-voto. Néanmoins, sa fonction était de louer la divinité pour qu'elle continue d'assurer une bonne santé au dédicant. On voit donc que la distinction opérée ci-dessus entre les véritables ex-voto, voués *après* la guérison, et les offrandes liées à une *demande* de guérison n'est pas aussi tranchée qu'on pourrait le penser. Aux deux dernières lignes, ce n'est sans doute plus le chien qui parle : il s'agit sans doute d'une prière du malade guéri.

N. Postgate a mis l'accent sur le caractère très différent qui existe entre les représentations anthropomorphiques d'un côté et celles des animaux de l'autre, dont les fonctions ne sont pas les mêmes : il faut distinguer entre les « effigies » (*ṣalmum*), qui incarnent l'individu représenté (homme, dieu ou démon), et les figurines, qui sont un substitut de l'animal représenté sans caractère individuel. Dans cette perspective, le caractère transgressif de ce texte est remarquable : car ici, on a bien affaire à une effigie, pas à un substitut, si l'on reprend la terminologie de N. Postgate. L'insistance du chien sur le nom qu'il porte montre bien qu'il veut être considéré comme une personne (un vrai messager), et non comme un animal indifférencié.

Le temple et son chenil

L'attitude des Mésopotamiens à l'égard du chien est ambivalente. D'un côté, le chien est un animal agressif et dangereux : nombreuses sont les incantations contre ses morsures, tout comme celles contre les piqûres de scorpion ou les morsures de serpent. D'un autre côté, le chien est l'animal attribut de la déesse Gula, caractéristique qu'elle partage avec les divinités guérisseuses d'autres civilisations, comme Asclépios chez les Grecs. Sur une monnaie en argent datant du IVe siècle, on peut voir l'image de la statue de culte d'Asclépios telle qu'elle se trouvait dans le temple d'Épidaure : sous le trône du dieu se tient un chien couché, ce qui correspond à la description qu'en donne Pausanias. La ressemblance avec des *kudurrus* où Gula est figurée assise avec un chien à côté d'elle est frappante. En ce qui concerne la Mésopotamie, on verra que le temple de Gula à Isin contenait un véritable chenil et que les chiens jouaient un rôle dans le soin de certaines affections.

La construction d'un chenil par Enlil-bani

Une inscription du roi d'Isin Enlil-bani (1862-1839) commémore la construction d'un bâtiment décrit comme é-ur-gi$_7$-ra :

> À Nin-Isina, sa dame,
> Enlil-bani, pasteur qui rend toutes choses abondantes pour Nippur, agriculteur qui procure des masses de grain à Ur, qui purifie les

rites-*me* d'Eridu, prêtre-*en* bien-aimé d'Uruk, roi puissant, roi d'Isin, roi de Sumer et d'Akkad, époux choisi par la déesse Inanna, a bâti pour elle (= Nin-Isina) l'E-urgira[16].

Figure 1-6. Clou de fondation de l'é-ur-gi_7-ra à Isin (IMJ 74.49.249).

A. Schaffer, qui a publié la première édition de ce texte, a traduit E-urgira par « Temple du chien » (« *Temple of the Dog* ») et a commenté :

Il s'agit de la première mention de ce temple, et de la première localisation précise de la pratique d'un culte du chien à Isin. Nin-Isina est liée à ce culte dont le fétiche est le symbole canin de Gula à qui elle est identifiée.

16. D. Frayne, RIME 4, p. 80-81, Enlil-bāni n° 4.

Quelques années plus tard, A. Livingstone a publié un duplicat mieux conservé de cette inscription. Son commentaire est allé dans le même sens que celui de son prédécesseur, parlant de « culte du chien » (« *dog cult* »). On retrouve ici un aspect bien connu de l'approche la plus courante de la religion mésopotamienne : le refus de prendre en compte ses aspects les plus prosaïques. Ici, il nous faut donc très clairement prendre position : cet é-ur-gi$_7$-ra (littéralement « Maison du chien ») était sûrement un chenil. Les deux clous de fondation qui nous ont transmis ce texte sont issus de fouilles clandestines, mais il est très vraisemblable qu'ils proviennent d'Isin.

On doit d'ailleurs rapprocher cette inscription d'une série de textes administratifs d'Ur antérieurs, de l'époque d'Ur III, qui mentionnent à la suite d'offrandes destinées à la déesse Gula la livraison de carcasses pour nourrir une meute d'au moins une demi-douzaine de chiens. Bien entendu, ce genre de textes ne nous dit pas pour quelle raison ces chiens étaient élevés, mais ils confirment l'existence de chenils associés au culte de la déesse Gula.

Un cimetière de chiens

On doit noter par ailleurs que les fouilles officielles d'Isin ont mis au jour une sorte de cimetière de chiens. En 1973 a été fouillée, dans la partie nord du tell, une rampe de briques cuites qui menait au temple de Gula ; de nombreuses briques portaient une inscription d'Adad-apla-iddina I (milieu du XIe siècle), commémorant la rénovation de l'Egal-mah, le temple de Nin-Isina. On a retrouvé au-dessus et autour de cette rampe 33 tombes de chiens, qui ont fait l'objet d'une analyse attentive ; la stratigraphie permet de les situer entre le milieu du XIe et la fin du Xe siècle. Parmi ces animaux, on compte un mort-né, 15 chiots, 8 jeunes et 9 adultes. L'interprétation de ces tombes a donné lieu à des hypothèses très variées, comme on le verra plus bas.

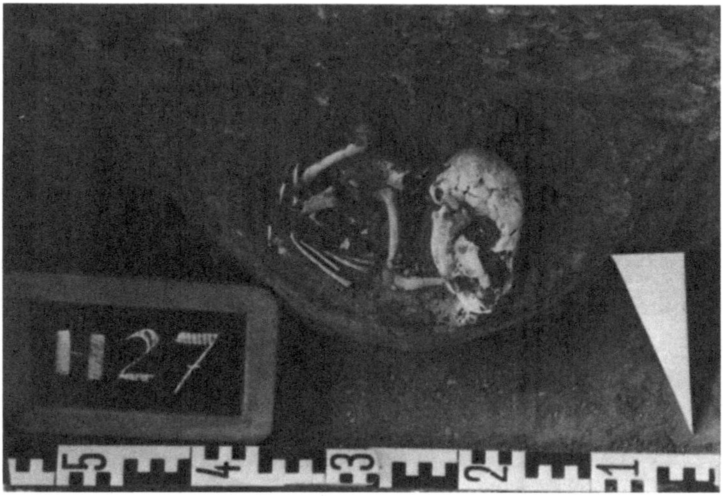

Figure 1-7. Une des tombes de chien découvertes à Isin, à proximité du temple de Gula (d'après B. Hrouda *et al.*, *Isin – Išān Bahrīyat I,* ABAW NF 79, Munich, 1977, pl. 15.3).

D'une manière générale, les spécialistes de l'histoire de la médecine ont été partagés sur la réalité des guérisons attribuées à des chiens. Certains ont mis l'accent sur les textes des auteurs anciens et leurs convergences avec de nombreuses traditions populaires. Un ancien proverbe français dit en effet :

> Langue de chien
> Sert de médecin.

D'autres sont au contraire sceptiques, comme D. Gourévitch, qui commentait en 1968 l'attachement au chien guérisseur en ces termes :

> ... on s'est efforcé, bien à tort, est-il besoin de le dire, d'en donner des explications rationnelles : quelles que soient les vertus de la bave de chien, sur lesquelles d'Elien à Gaidoz on n'a cessé de s'émerveiller, elles ne sauraient faire qu'un coup de langue rende la vue à un aveugle.

Une stèle trouvée à Epidaure en 1882 et datant de la deuxième moitié du IVe siècle consigne de nombreux cas de guérisons. L'un d'eux est particulièrement intéressant pour notre dossier :

> Un chien a guéri un garçon à Egine. Il avait une grosseur dans le dos. Quand il est venu trouver le dieu, un des chiens sacrés l'a soigné, tandis qu'il était éveillé, avec sa langue et il l'a guéri.

Dès son étude de 1884, H. Gaidoz avait réuni toute une série de citations modernes témoignant d'une croyance très répandue dans l'efficacité médicinale de la salive du chien. Il ajoutait :

> La salive du chien aurait-elle des propriétés antiseptiques ? ou bien ce lèchement continu ôterait-il aux particules corrompues le temps de se développer et de propager la corruption ? L'analyse chimique et l'expérience clinique pourraient seules décider la question : mais c'est affaire aux médecins[17].

Depuis lors, nos connaissances en biologie ont progressé. I. Fuhr, qui a travaillé sur la découverte d'Isin, a expliqué pourquoi le chien était associé aux divinités guérisseuses dans l'Antiquité : la salive du chien produit une enzyme au fort pouvoir cicatrisant. Plus récemment, des biologistes américains ont découvert dans la salive une protéine naturelle appelée SLPI (*secretory leukocyte protease inhibitor*). On voit donc comment la recherche contemporaine permet dans certains cas d'expliquer des pratiques médicinales traditionnelles qui ont injustement été ridiculisées : on ne peut plus partager le scepticisme réducteur de D. Gourévitch à propos de l'attachement au chien guérisseur (voir la citation ci-dessus). En réalité, il s'agit vraisemblablement de la guérison d'une inflammation oculaire, qui n'a rien d'invraisemblable.

Avant les découvertes d'Isin, Th. Jacobsen avait déjà estimé que l'association de Bawa/Nin-Isina avec le chien expliquait son statut de déesse guérisseuse :

17. *RAr*, 1884, p. 220-221.

> Elle est devenue – probablement parce que le léchage de plaies par des chiens était supposé avoir une vertu curative – une déesse guérisseuse.

Depuis la publication des découverts d'Isin de 1973, les assyriologues ont cependant été d'un très grand scepticisme quant au recours à des chiens pour guérir des plaies – à mon avis, de manière erronée. On peut ainsi citer l'interprétation de B. Groneberg : mettant l'accent sur l'image négative du chien dans la civilisation mésopotamienne, elle a fait remarquer que la plupart des chiens enterrés à Isin portaient la marque de graves blessures. Elle en a conclu qu'il s'agissait des traces d'un rituel de substitution : on aurait frappé volontairement les chiens à l'endroit où le patient était atteint, de façon à transférer sur la bête la maladie. Cette vision ne repose que sur l'analogie avec les rituels hittites concernant des chiots, mis à mort de façon à prévenir le mal ou à purifier des impuretés. L'interprétation donnée peu auparavant par H. Avalos n'est pas non plus très convaincante : on aurait enterré à proximité du sanctuaire des chiens malades et/ou maltraités. On citera enfin l'opinion de N. Postgate, qui considère que les chiens enterrés « étaient des ex-voto de la même manière » que les figurines en argile. Pour lui, c'est même le contraire qui est vrai : les chiens en argile étaient des substituts de chiens réels. Ces différentes hypothèses ont l'inconvénient de ne pas tenir compte de l'inscription d'Enlil-bani commémorant la construction d'un chenil. Récemment, U. Steinert s'est montrée dubitative sur le recours à la salive de chien comme moyen de traiter des plaies. Son argumentaire est classique :

> À notre connaissance, il n'y a *nulle part* dans les textes le moindre indice d'une telle pratique, et malgré la nature fragmentaire de nos sources, nous devrions nous attendre à trouver quelques traces textuelles si l'usage thérapeutique de chiens léchant des plaies humaines était une pratique régulière[18].

18. *JNES* 74, p. 359b-360a.

On peut simplement rappeler qu'il existe en tout et pour tout une seule description dans les sources cunéiformes de la manière d'allumer un feu, une activité qui devait cependant être bien fréquente… On est par ailleurs étonné de lire sous la plume de B. Böck :

> Il est de fait que des études cliniques ont corroboré l'effet – limité – de la salive de chien pour favoriser la guérison et réduire la contamination bactérienne des plaies par le léchage. La question de savoir si les anciens Mésopotamiens ont reconnu ces propriétés demeure ouverte, ou s'ils n'ont pas interprété le léchage comme un transfert magique de la maladie de l'homme au chien[19].

Un tel scepticisme est bien étonnant : nos pauvres Mésopotamiens étaient-ils donc plus stupides que les Grecs ? Ou encore : pourquoi auraient-ils reconnu les vertus thérapeutiques de certaines herbes et pas le caractère cicatrisant de la salive des chiens ?

On le voit, dans l'état actuel des choses, seules des comparaisons permettent d'interpréter les données mésopotamiennes. La conclusion me semble toutefois claire. Le temple de Gula à Isin comportait un chenil ; les chiens qui y vivaient étaient utilisés pour lécher les plaies des malades venus implorer leur guérison à la déesse. Ainsi s'explique l'existence des nombreux chiens votifs qu'on a étudiés dans la première partie de ce chapitre. P. Wapnish et B. Hesse ont estimé que si les chiens enterrés à Isin avaient été bien traités durant leur vie, on s'attendrait à ce qu'ils aient été en meilleure forme physique, avec un moins grand nombre de jeunes. Mais il faut ici prendre en compte la date de ces tombes, entre le XIe et le Xe siècle – ce qu'aucun commentateur ne me semble avoir fait : il s'agit d'une des périodes les plus sombres de l'histoire de la Babylonie. Il n'est donc pas étonnant que les animaux du chenil de la déesse témoignent des difficultés rencontrées par les hommes de cette époque, qui ne pouvaient guère leur

19. CHANE 67, p. 38.

prodiguer les soins nécessaires ; mais si ces chiens n'avaient pas conservé un statut particulier, pourquoi donc se serait-on donné la peine de les enterrer à cet endroit ?

Où ces soins étaient-ils prodigués ? Nous n'en savons rien. H. Avalos, après avoir analysé le plan du temple de Gula exhumé par les fouilles allemandes, a conclu qu'aucune des 29 pièces du bâtiment de 68 × 52 m ne pouvait avoir servi à des soins médicaux. Mais nous savons que les sanctuaires comportaient de nombreuses annexes : c'est bien sûr dans cette direction qu'il faudrait chercher. Le site d'Isin ayant été complètement bouleversé par les fouilles clandestines récentes, ce n'est hélas pas dans cette ville que l'avenir pourra donner une réponse. On peut avoir plus d'espoirs dans la reprise éventuelle des fouilles du temple de Gula à Nippur.

Un culte du chien ?

Faut-il aller plus loin et parler d'un culte du chien ? Certains ont été tentés de le faire, comme A. Livingstone :

> La diversité et la nature de ces découvertes, manifestement associées au chien de Ninisina ou Gula, suggèrent que l'é-ur-gi$_7$-ra était plus qu'une simple « maison du chien » ou chenil dans le sens où l'é-gigir-ra d'Enlil à Nippur pourrait n'avoir été qu'un simple garage pour le char du dieu. On prêtait des serments par le chien de Gula ; son nom était parfois, mais pas toujours, précédé du déterminatif divin[20].

On peut ajouter que certains éléments iconographiques vont dans ce sens, comme un sceau médio-assyrien représentant un chien assis sur une sorte de trône, dans la niche d'un bâtiment, devant lequel se tient un orant. On pourrait penser que de simple attribut de la déesse Gula, le chien – ou la chienne – ont fini par devenir des sortes d'incarnation de la déesse. Aucun texte ne l'indique explicitement, mais on sait bien que le lion, attribut d'Ištar, a fini par représenter la déesse elle-même.

20. *JCS* 40, p. 58.

Le temple de Gula comme herboristerie

Dans le fameux hymne écrit par Bullussa-rabi, la déesse guérisseuse déclare :

> J'apporte toutes les herbes, j'emporte la maladie.

Le livre de B. Böck est en bonne partie consacré à l'analyse de textes médicaux dans lesquels il est question de l'usage de plantes, mis en relation avec la déesse Gula. Je voudrais ici mettre l'accent sur quelques éléments qui n'ont pas été pris en compte dans cet ouvrage.

Plusieurs temples de Nin-Isina se nomment é-gal-mah, littéralement « superbe palais » : c'est le cas de celui d'Isin, mais aussi de ceux de Babylone, d'Ur et d'Uruk. Cependant, à Larsa, le nom du temple de Gula/Nin-Isina était E'unamtila « Temple de l'herbe de vie » (é-ú-nam-ti-la) : il n'est pas indifférent qu'il s'agisse d'un temple de la déesse de la santé, qui détient la « plante de vie ». Tout lecteur de l'*Épopée de Gilgameš* connaît l'importance de cette plante que, sur le conseil du survivant du Déluge, le héros est allé chercher au loin et qu'il a réussi à rapporter. On considère généralement qu'il s'agit de la plante qui donne la « vie éternelle ». Mais si l'on regarde la suite de l'histoire, on peut donner une interprétation légèrement différente. Épuisé par son voyage, Gilgameš s'endort. Le serpent, attiré par l'odeur de la plante, s'approche et l'avale : on a ici manifestement affaire à un mythe étiologique, destiné à expliquer la mue des serpents. Ce que cette « plante de vie » procure est donc moins une « vie éternelle », telle que nous pourrions la comprendre dans une perspective occidentale marquée par le christianisme, qu'un « éternel recommencement ».

Certains textes pharmacologiques donnent des listes de plantes qu'il faut écraser ensemble : elles sont récapitulées comme « plantes » (ú-hi-a) et « aromates » (šim-hi-a). Or la déesse Nin-Isina est qualifiée dans plusieurs textes par l'épithète šim-mú. L'approche de ce titre sumérien a été quelque peu troublée par les équivalents akkadiens qui en sont donnés dans différents contextes. Le dictionnaire de sumérien de Philadelphie décrit le šim-mú comme « un prêtre ». En effet, on comprend le plus souvent le šim-mú comme « incantateur » (*incantation priest*, *Beschwörungspriester*), à cause de l'équivalent akkadien *(w) âšipum* donné par une liste lexicale paléo-babylonienne. Par ailleurs, on trouve l'équivalent šim-mú = *raqqûm*. Ce dernier terme est souvent traduit par « presseur d'huile », ce qui n'est pas exact : il s'agit en fait d'un producteur de parfum, plus exactement de quelqu'un qui parfume des huiles. On comprend dès lors l'évolution. Au sens premier, šim-mú est à traduire par « herboriste », d'après l'étymologie sumérienne : šim « plante, aromate » (akk. *rîqum*) et mú « croître, faire croître ». Les plantes aromatiques pouvaient être utilisées dans un but médicinal, et l'application d'huiles parfumées et d'onguents à base de plantes était accompagnée de la récitation d'incantations, d'où les deux équivalents akkadiens relevés plus haut.

Il est d'ailleurs significatif que l'épithète d'« herboriste » (šim-mú) ne soit pas isolée. Une inscription du roi d'Uruk Sin-kašid est à cet égard bien intéressante. Elle commence ainsi :

> À Nin-Isina, l'herboriste (šim-mú) de la multitude, le médecin-chef (a-zu-gal) de l'humanité, sa dame...[21]

On voit donc la complémentarité qui apparaît ici entre les titres d'« herboriste » (šim-mú) et de « grand médecin » (a-zu-gal). On a déjà rencontré cette paire dans le texte relatif au chien votif Tuni-lusag : la déesse Nintinugga, *alias* Gula, y est qualifiée de « médecin (a-zu) qui guérit, herboriste (šim-mú) du malade » (l. 9). On retrouve ces deux titres qualifiant une autre figure de Gula, la déesse Bawa. Dans la pratique, on sait que les médecins-*asûm* avaient recours à des plantes,

21. D. Frayne, RIME 4, p. 457, n° 11 : 1-4.

comme le montre par exemple une lettre de Mari, où il est question de boire des préparations à base de plantes faites par deux médecins différents.

Dans le panthéon mésopotamien, certaines divinités avaient des charges équivalentes à celles que des hommes exerçaient dans les temples : c'est ainsi que le dieu Iggalla était le « grand purificateur-išib de l'Eanna ». C'est donc parfois grâce à des textes littéraires décrivant certaines divinités qu'on peut comprendre des fonctions religieuses mal documentées parmi les humains. Qu'en était-il en l'occurrence de la fonction de « chef-médecin » (a-zu-gal), attestée au féminin comme titre de la déesse Gula/Nin-karrak ? Le titre d'a-zu-gal est attesté une demi-douzaine de fois à l'époque paléo-babylonienne. Un titulaire de cette fonction vivait à Isin sous Damiq-ilišu. Il portait de manière significative le nom de Kasapša : on peut le traduire par « son argent » (à elle, sous-entendu à Gula/Nin-karrak), façon de souligner la valeur de cet homme par rapport à la déesse. Il est mentionné comme voisin d'un terrain vendu et les quelques autres attestations que nous possédons de ce titre correspondent à des témoins ou à des propriétaires de sceaux, ce qui ne nous en dit pas davantage sur les activités de ces personnages. On en sait encore moins à propos des « herboristes » (šim-mú), qui doivent avoir existé : contrairement à celui d'a-zu-gal, ce titre n'est jusqu'à présent pas attesté dans les textes de la pratique.

Les temples de Gula fonctionnaient donc manifestement comme des herboristeries, où plantes et aromates étaient préparées pour des remèdes dont les textes de pharmacopée nous donnent la composition. Les soins concrets étaient sûrement accompagnés par la récitation d'incantations : on remarque ici encore la complémentarité entre ce qui nous semble relever de la médecine et ce qu'on qualifie traditionnellement de magie.

Il reste à découvrir qui concrètement était au sein de ces sanctuaires responsable de cette branche d'activités. Le célèbre chien votif découvert par le commandant Cros à Tello nous fournit une piste :

> Pour Nin-Isina, la dame, la bonne..., sage médecin, sa dame, pour la vie de Sumu-El, le roi d'Ur, Abba-duga, le lú-mah, fils de URU-KA-gina, le chef de musique de Girsu, a voué pour elle avec louange (cette statuette) dénommée : « Chien fidèle, support d'un pot de plante-de-vie (ú-nam-ti-la) »[22].

Figure 1-8. Chien voué pour la vie du roi Sumu-El (Tello ; musée du Louvre AO 4349).

On notera que le dédicant, Abba-duga, porte le titre de lú-mah. Ce prêtre de haut rang, fort peu attesté à l'époque paléo-babylonienne, apparaît surtout en liaison avec le culte de Gula. Serait-ce lui qui supervisait l'herboristerie du temple ? On ne peut que poser la question. Quoi qu'il en soit, on

22. D. Frayne, RIME 4, p. 134, Sũmû-El, 2001.

remarque sur le dos du chien voué par Abba-duga une sorte de cupule, qui devait servir à contenir une préparation médicinale à base de plantes. Le fait que ce support soit en forme de chien ne doit rien au hasard et montre bien la complémentarité entre les deux types de soins qui étaient prodigués au nom de Gula.

Conclusion

Cette image du temple de Gula à Isin peut-elle être étendue à d'autres temples de cette divinité ? Même si des témoignages aussi précis font encore défaut, il ne fait pas de doute que cela n'est dû qu'au hasard des découvertes ; on déplore avec McG. Gibson que la situation politique n'ait pas permis la continuation de la fouille du temple de Gula à Nippur après 1990. On dispose cependant d'éléments suffisants pour conclure que les temples de Gula doivent être compris comme de véritables centres de cure. Les malades y étaient soignés et, une fois guéris, déposaient des ex-voto pour remercier la déesse. Les chiens jouaient un rôle actif dans le traitement des plaies, qui étaient également soignées par des onguants à base de plantes.

Qu'il n'y ait pas opposition entre les deux aspects de Gula, l'herboriste et la maîtresse des chiens, est montré par la phrase citée par B. Böck dans la préface de son livre, qui définit la plante-*bu'šânu* ainsi :

> La plante-*bu'šânu* dont le nom est « chien de la déesse Ningizibara (= Gula) »[23].

Elle montre plus loin que la plante *bu'šânu* était aussi appelée « langue de chien » (*lišân kalbi*), mais elle n'envisage nulle part que la comparaison ait été due au fait que cette plante avait des vertus cicatrisantes, ce que l'on peut

23. CHANE 67, préface, p. IX.

supposer. Un autre exemple a été cité par U. Steinert : la plante médicinale *arariânu* est aussi décrite comme « salive de chien ».

Cette complémentarité entre herboristerie et chenil, les deux grandes composantes des temples de Gula, est également montrée par le fameux « chien de Sumu-El », comme on l'a vu. En affirmant : « Je me concentrerai sur la déesse guérisseuse Gula et sur ce que nous pouvons appeler ses avatars, c'est-à-dire les plantes médicinales qui lui sont associées », B. Böck a indiqué elle-même, mais sans en avoir conscience, qu'elle offrait une image incomplète de la déesse, car les chiens constituaient bel et bien l'autre face de la même réalité : ils ont, certes, laissé moins de traces écrites que les plantes, mais l'historien ne doit pas être victime d'une documentation biaisée.

Il n'est d'ailleurs pas exclu qu'on puisse déceler une évolution chronologique : les attestations de chenil et de chiens à Isin datent en effet du deuxième millénaire. Au premier, pour guérir un homme mordu par un chien, on procédait ainsi :

> Rituel : tu prends de l'argile, tu en façonnes un chien, tu le places sur un mur au nord exposé au soleil. Tu récites dessus trois fois cette incantation et tu dis ceci : « Aussitôt que le chien sera sec, la morsure de l'homme sera sèche ! »

Il s'agit d'un bon exemple de magie sympathique : la figurine d'un chien en argile était censée, en séchant, absorber le mal causé par la morsure d'un vrai chien. Le commentaire de B. Böck sur les vertus thérapeutiques de l'argile (p. 94) conduit à penser que ce texte offre l'écho affaibli des réalités du deuxième millénaire : ce ne sont plus de vrais chiens qui lèchent la plaie, mais les pratiques magiques en garderaient le souvenir.

Il reste un dernier aspect qui n'est guère illustré dans le dossier réuni ci-dessus, celui de la chirurgie. Assurément, la déesse Gula est représentée sur plusieurs sceaux-cylindres tenant en main ce qui est manifestement un instrument chirurgical. Plusieurs mots akkadiens désignent les instruments du médecin-chirurgien (l'akkadien ne distinguant pas les deux métiers, regroupés sous le même terme d'*asû*) : il s'agit de scalpels, de sortes de couteaux ou encore de lancettes. Mais on n'a pas d'indications sur le fait que des médecins-*asû* auraient procédé à des opérations dans l'enceinte même du temple.

Figure 1-9. Sceau-cylindre néo-assyrien représentant Gula tenant dans sa main droite un scalpel, un chien allongé à côté de son trône (d'après C. Didier & M. Zeller (éd.), *Métamorphoses. Un bâtiment, des collections*. Bibliothèque nationale et universitaire, Strasbourg, 2015, p. 185).

Pour finir... la meilleure preuve qu'au deuxième millénaire au moins les temples de Gula étaient de véritables centres de cure est fournie par une autre inscription du roi d'Isin Enlil-bani, vouant un temple à une des figures de Gula :

> À Nin-tinuga, la dame qui fait (re)vivre le mort, sa dame,
> Enlil-bani, roi puissant, roi d'Isin, roi de Sumer et d'Akkad,
> bien-aimé du dieu Enlil et de la déesse Nin-Isina,
> a bâti pour elle l'E-nidubu, le temple qu'elle aime[24].

24. D. Frayne, RIME 4, p. 83, n° 6.

Tout comme la dédicace du chenil à Nin-Isina, l'inscription mentionne bien la déesse, sous son nom de Nin-tinuga ; le bâtiment qui lui est voué est défini comme é-ní-dúb-bu, ce qui se traduit littéralement par « maison / temple de relaxation ». Le texte est ici clair : il n'est nullement question de « repos éternel », mais au contraire d'un lieu où celui qui, à bout de forces, sur le point de mourir, peut récupérer et retrouver une vie normale. Nous aimerions en savoir davantage sur les conditions concrètes de l'accueil des patients dans ces sortes d'« hospices » que constituaient les temples de Gula, sur la durée de leur séjour, etc. : la documentation actuellement disponible ne le permet pas. Du moins leur rôle comme centres de soins, nié par certains, est-il désormais clairement établi.

L'association du chien avec un être surnaturel guérisseur n'est pas limitée aux civilisations de la Mésopotamie ou du monde classique ; elle s'est prolongée au-delà de l'Antiquité, notamment dans le monde chrétien avec saint Roch, protecteur contre la peste, toujours représenté accompagné d'un chien (d'où le nom de roquet !). Son cas est intéressant, car sa *Vita*, rédigée en 1516, donne un bel exemple d'évhémérisme. Après avoir soigné – et guéri – de nombreux malades de la peste, le saint fut à son tour contaminé ; pour éviter de propager la maladie, il se réfugia dans une forêt, où il attendit la mort. Mais la providence fit surgir une source ; par ailleurs, le chien du seigneur du lieu le découvrit et lui apporta du pain, ce qui permit au saint de survivre – et finalement de guérir. Dans ce récit du début de la Renaissance, le chien n'a plus de pouvoir curatif direct – saint Roch est originaire de Montpellier, où il a dû apprendre la médecine, et soignait les bubons des malades avec une lancette : mais on ne peut s'empêcher de voir une continuité avec les représentations plus anciennes, associant le guérisseur et son chien...

Figure 1-10. Saint Roch atteint par la peste bubonique, accompagné par un chien tenant une miche de pain dans la gueule. Église de Leutschach, Styrie, Autriche (cliché D. Charpin).

Chapitre 2

BANQUES, TRIBUNAUX ET PRISONS

Nous avons vu au précédent chapitre de quelle façon les temples de la déesse Gula, dont la santé était la spécialité au sein du panthéon mésopotamien, fonctionnaient comme centres de cure : les plaies des patients y étaient léchées par des chiens élevés dans des chenils, on les pansait avec des onguents préparés dans l'herboristerie, les gens à bout de force venaient s'y reposer. Le présent chapitre s'intéresse aux banques, aux tribunaux et aux prisons. D'une façon qui peut nous paraître étonnante, ces rôles étaient assurés par des temples dans l'antique Mésopotamie.

La figure centrale de ce chapitre est le dieu Soleil, Šamaš, attesté comme dieu de la justice dès le troisième millénaire. Une telle association est explicitée dans le fameux « Hymne à Šamaš ». Parce que le soleil passe au dessus de la terre dans la journée, il voit tout ce qui s'y passe, même ce qui reste caché aux yeux des autres hommes :

> Tu es celui qui met en lumière le cas du mauvais et du criminel[25].

Cette association étroite de Šamaš avec la justice explique pourquoi, au sommet de la stèle du code de Hammu-rabi,

---

25. W.G. Lambert, *Babylonian Wisdom Literature*, p. 128, l. 58.

Figure 2-1. Sommet de la stèle du code de Hammu-rabi (musée du Louvre).

la divinité devant laquelle se tient le roi de Babylone est le dieu Šamaš, identifiable grâce aux rayons qui sortent de ses épaules. Il ne s'agit pas, comme on l'a parfois écrit, de Marduk, la divinité principale du royaume de Babylone.

Certes, dans le prologue du Code, les dieux An, Enlil et Enki confient à Marduk la toute-puissance ; ils fixent ensuite le destin de Babylone et finalement celui de Hammu-rabi. Et dans l'épilogue, le roi indique que sa stèle est placée dans sa capitale, Babylone, à l'intérieur du temple de Marduk. Mais juste après ce passage, c'est Šamaš qui est mentionné, et ce, avant Marduk :

> Je suis le roi prééminent parmi les rois. Mes paroles sont choisies, ma compétence n'a pas d'égal. Sur l'ordre de Šamaš, le grand juge du ciel et de la terre, puisse ma justice prévaloir dans le pays ! Sur l'ordre de Marduk, mon seigneur, puisse mon image gravée ne pas rencontrer d'être qui voudrait l'effacer[26] !

Ce passage a été très justement commenté par M. Roth :

> Le roi a le soutien séparé des dieux Šamaš et Marduk – Šamaš pour appuyer la prétention de Hammurabi à la justice et à la sagesse, et Marduk pour appuyer le droit de Hammurabi à ériger une stèle et garantir son inviolabilité.

Le premier exemplaire de la stèle a été déposé dans l'Esagil, comme le montre le texte de l'épilogue, mais d'autres ont été sculptés pour être déposés dans d'autres sanctuaires : nous savons que celui du Louvre, retrouvé à Suse, provient de l'Ebabbar de Sippar – on y reviendra au chapitre suivant.

La question est de savoir quels rôles jouaient les temples de Šamaš. Certains assyriologues ont cru qu'il s'agissait de banques : on verra qu'il ne s'agissait nullement de leur réelle spécificité. En revanche, les temples de Šamaš jouaient un rôle essentiel dans le domaine judiciaire, quoiqu'ils n'aient pas eu d'exclusivité en la matière. Et l'on peut même voir que les prisons étaient placées sous le patronage de la déesse Nungal, dans des sortes d'annexes des temples de Šamaš.

---

26. xlvii 79-xliii : 2 ; M. Roth, WAW 6, p. 134.

Les temples : les premières banques ?

Des prêts par Šamaš, mais aussi par d'autres divinités

On possède pour l'époque paléo-babylonienne un assez grand nombre de prêts où le créancier est un dieu ; parfois ce dieu est accompagné par un homme. Dans la très grande majorité des cas, la divinité créancière est le dieu Soleil Šamaš. Šamaš étant au sein du panthéon mésopotamien le spécialiste de la justice, on s'est demandé s'il n'existait pas une sorte de lien organique entre son domaine réservé et son activité de prêteur. Le fait que le taux d'intérêt à l'époque paléo-babylonienne soit souvent qualifié de « intérêt de Šamaš » (máš ^{d}utu) a été un élément important dans ce raisonnement. D'où l'idée que les temples de Šamaš auraient fonctionné comme des sortes d'établissements bancaires. C'est ce qu'a notamment conclu R. Harris :

> La prééminence de Šamaš dans le rôle de créancier, *et de ce fait la prééminence de son temple dans cette fonction*, est significative. C'était le temple de Šamaš qui, plus que tout autre temple, jouait le rôle d'une sorte de banque.

R. Harris a indiqué qu'un tel rôle n'était pas étonnant, étant donné les fréquentes références à Šamaš en matière de taux d'intérêt ou de poids et mesures. On serait dès lors tenté de considérer que les temples de Šamaš jouaient à travers toute la Mésopotamie le rôle de banques.

Une objection peut toutefois être immédiatement formulée : il n'y avait pas, à notre connaissance, de temple de Šamaš dans toutes les villes. R. Harris fut elle-même consciente de cette difficulté :

> Par exemple, on ne connaît pas de temple de Šamaš à Nippur et pourtant Šamaš est le dieu qui apparaît comme créancier dans les prêts par un temple provenant de cette ville. On peut seulement

> conclure que soit le temple de Šamaš de Nippur n'a pas encore été découvert, soit, quel qu'ait été le temple qui ait véritablement effectué le prêt, c'était toujours Šamaš qui était considéré comme le créancier. Nous ne pouvons pas offrir de solution à ce problème.

On peut désormais fournir une réponse à cette question : en effet, dans le temple du dieu Sin de la ville de Nerebtum, ont été trouvées des créances où c'est le dieu Šamaš qui figure, à côté d'un individu, comme prêteur. C'est d'ailleurs à cause de ces prêts que le « temple B » de cette localité avait d'abord été considéré comme un temple de Šamaš, avant qu'on l'identifie correctement comme un temple de Sin. On peut en outre citer le cas de Harradum : on a retrouvé dans une maison de cette petite ville six contrats de prêt par Šamaš et Riš-Šamaš, un notable qui appartenait à une famille du cru se livrant à des activités commerciales. Cela indique que les nombreux prêts conjoints entre un dieu et une personne ne relèvent pas forcément des activités d'un temple.

On peut d'autre part prouver qu'en une ville donnée le dieu Šamaš n'avait nullement l'exclusivité de ce type de prêts. C'est ce que montre le cas d'un certain Yagunum. Le 19/viii/Samsu-iluna 24 (1726), cet individu emprunta 4 sicles d'argent au dieu Šamaš. Mais deux jours plus tôt, il avait déjà emprunté 1 2/3 sicle aux dieux Sin et Adad, le prêt étant rédigé avec un formulaire identique. On aimerait évidemment savoir dans quelles archives ces deux créances ont été retrouvées ; c'est en l'occurrence difficile à dire, puisque ces textes sont issus de fouilles illicites, comme hélas la majorité de ceux concernant des prêts par des dieux.

On voit donc que d'autres dieux que Šamaš pouvaient jouer le rôle de prêteurs. Il s'agissait parfois de la divinité principale de la ville. C'est ainsi que le dieu Bel-gašer figure comme créancier dans deux contrats de prêt originaires de Šaduppum (Tell Harmal). On voit aussi la déesse Ištar-Kititum prêter avec les intendants-*šatammum* de son temple à Nerebtum. Mais il s'agissait parfois de divinités au rôle plus modeste localement, comme Nin-šubur à Sippar ou Gula et Ninlil à Ur.

La nature de ces prêts

D'où provenait l'argent ainsi prêté par les divinités ? Il semble bien que l'on ait deux circuits d'or et d'argent assez nettement séparés. D'un côté, les objets précieux, qui pouvaient éventuellement être fondus : on connaît divers exemples à Mari, où des bijoux appartenant à une divinité furent fondus, dans un cas pour fabriquer une statue de cette divinité. Un circuit différent était constitué par la caisse du temple : c'est là notamment que l'argent résultant des ventes effectuées par le temple était versé. Bien que ce ne soit explicitement dit nulle part, c'est de là que provenait l'argent prêté par les temples. Ces caisses faisaient elles aussi l'objet d'une comptabilité précise.

La question qui se pose est de savoir si les prêts consentis par les temples doivent être considérés comme des « investissements » destinés à augmenter les ressources de ces organismes par le versement d'intérêts, ou si le caractère religieux de ces institutions les poussait à aider les malheureux dans le besoin. On perçoit d'emblée, dans les deux termes de cette alternative tels qu'ils sont couramment formulés, les dangers d'anachronisme... La modicité de la plupart des montants empruntés ainsi que, dans certains cas, la formulation du prêt, montrent clairement que les sanctuaires effectuaient avant tout des prêts de nécessité : au moment de la soudure, un individu empruntait au temple une petite somme d'argent ou une petite quantité de grain, pour pouvoir subsister jusqu'à la prochaine moisson. Cet exemple parmi bien d'autres le montre :

> 1/2 sicle d'argent pour l'achat de grain : Taribum fils d'Eribiya (l')a reçu du dieu Šamaš. Au jour de la moisson, [il remboursera en grain] au porteur de son document scellé selon l'équivalence qui aura cours[27].

Les cas où un temple babylonien prêtait de l'argent pour une opération commerciale semblent avoir été beaucoup plus rares. À l'époque paléo-assyrienne, en revanche, les temples

27. *YOS* 13 11.

d'Assur participaient au commerce « cappadocien » sous la forme de prêts dits *ikribû*. La même réalité semble avoir existé en Babylonie, bien que dans l'état actuel de nos sources elle soit beaucoup moins bien documentée.

Il existe un groupe de textes de prêts par des divinités comportant une clause de remboursement particulière dite *balṭu-šalmu* : le débiteur devait s'acquitter lorsqu'il serait « en vie et en bonne santé » (*ina balṭu u šalmu*). K. R. Veenhof a repris l'étude du dossier et a conclu de manière convaincante qu'il s'agit de « prêts de charité » (« *charitable loans* »). La clause *balṭu-šalmu* doit être interprétée avec un sens économique : le débiteur remboursera lorsqu'il aura retrouvé une meilleure situation financière. Un texte atypique permet de confirmer que la notion de « prêt charitable » n'est pas anachronique :

> Šamaš possède (une créance de) 25 sicles d'argent *mitharum* sur Idin-Ištar. Lorsque Šamaš aura pitié de lui, qu'il aura vu la compassion de Šamaš (de sorte que) de l'argent se trouvera à sa disposition, il satisfera Šamaš son seigneur avec (cet) argent. Son sceau a été imprimé. Le 20/v/Samsu-iluna 3 (1747)[28].

K. R. Veenhof a donné une interprétation de ce texte qui me paraît très juste :

> Une explication psychologique n'est pas nécessaire, car la théologie babylonienne considérait à la fois la maladie et le désastre économique comme pouvant être des punitions envoyées par un dieu en colère. Dans le cas présent, une crise économique semble la raison la plus vraisemblable pour ce qui est selon toute apparence un prêt charitable. Le montant substantiel de 25 sicles serait bien élevé pour un vœu de la part d'un homme ruiné. Le montant est qualifié de *mitharum*, ce que le CAD M/2, p. 137a, rend par « montant égal (comme amende pour une dette non remboursée) ». Le texte pourrait bien enregistrer le renouvellement d'un prêt d'affaire antérieur d'argent (pour l'agriculture ou le commerce) ; l'aspect « charitable » serait l'omission d'une échéance, le remboursement n'intervenant qu'après que le débiteur ait récupéré l'argent (grâce à la bienveillance et à la bénédiction de Šamaš).

28. Sceau : « Idin-Ištar, fils d'Ada, serviteur du dieu Adad », *HE* 147.

On peut ajouter que la date du contrat, qui n'a pas été prise en considération par K. R. Veenhof, milite en faveur de cette interprétation : on sait en effet que le début du règne de Samsu-iluna fut marqué par une grave crise économique.

Bilan

En dépit d'une documentation abondante dont la quantité pourrait faire illusion, bien des questions restent donc sans réponse : on peut seulement indiquer pourquoi on ne peut y répondre. Une des raisons de cette incapacité tient à l'absence de contexte archéologique pour la plupart des contrats de prêt par des divinités. Mais c'est surtout la nature même de la documentation, insuffisamment prise en compte jusqu'à présent, qui explique les lacunes de notre savoir : les créances qui nous sont parvenues sont en effet uniquement celles qui n'ont pas été remboursées, en particulier du fait des mesures d'annulation des dettes décidées par les souverains, qui portaient aussi sur les prêts consentis par les temples. Il n'est donc pas possible d'avoir une vision globale de l'activité bancaire des temples. Dès lors, nous ne pouvons pour l'instant répondre à des questions générales telles que la proportion entre les sommes prêtées et les sommes thésaurisées par les sanctuaires, ou encore la part que prenaient les temples dans l'ensemble des prêts consentis. Il reste que les temples – et pas seulement ceux de Šamaš – avaient bel et bien une activité de prêteur, mais sans que cela apparaisse lié d'une façon quelconque à la « personnalité » de la divinité qui y demeurait.

Cette conclusion, qui découle d'une étude des archives paléo-babyloniennes, peut être étendue aux périodes plus récentes. C'est ainsi que dans le temple de Nabu de Nimrud, l'antique Kalhu, furent découverts 21 prêts de grain effectués par le dieu entre 668 et 652 av. J.-C. ; le plus souvent, il s'agit de très petites quantités et dans certains cas il n'y a pas d'intérêt. On voit une fois de plus qu'il s'agit de prêts de nécessité permettant d'assurer la « soudure », la plupart des contrats étant datés du printemps, donc peu de temps avant la nouvelle moisson.

Les dieux et l'administration de la justice

Si les temples de Šamaš jouaient un rôle spécifique, ce n'est pas comme banques, mais plutôt comme des tribunaux. Le mot même de « tribunal » est anachronique : non seulement on n'en trouve aucun équivalent en sumérien ou en akkadien, mais plus encore aucune réalité ne correspondait à ce que nous entendons par ce terme, puisqu'il n'existait pas d'organes juridictionnels permanents. Comme l'a souligné S. Démare-Lafont, « c'est la réunion des magistrats, professionnels ou non, qui fait exister temporairement une juridiction ». Généralement, lorsque deux parties ne parvenaient pas à un accord, elles allaient trouver une sorte de jury, qui les interrogeait tour à tour en leur demandant de fournir leurs preuves, écrites ou testimoniales. À défaut, un serment était exigé et c'est à ce stade que les temples jouaient un rôle important.

Les temples de Šamaš, des tribunaux ?

De façon caractéristique, nous connaissons au moins trois temples de Šamaš qui portent le nom de é-di-ku$_5$-kalam-ma, soit « Temple du Juge du pays », ce « Juge du pays » étant le dieu Soleil : l'un d'eux se trouvait à Isin, un autre à Babylone, un troisième à Sippar-Amnanum. Le hasard des découvertes a voulu que ce dernier soit le mieux connu ; il comportait notamment des archives où étaient conservés des textes tels que la lettre de Samsu-iluna relative aux religieuses-*nadîtum*. Plusieurs manuscrits de ce texte nous sont parvenus : il s'agit de copies d'une lettre adressée par le roi Samsu-iluna, le fils de Hammu-rabi, aux autorités de Sippar. Les responsables des religieuses-*nadîtum* vouées au dieu Šamaš de Sippar avaient alerté le roi sur deux problèmes. Il est d'abord question de la situation des jeunes filles que leur famille faisait entrer dans le cloître de Sippar comme religieuses-*nadîtum* sans leur donner de moyens de subsistance convenables. Le second point est de savoir si un créancier pouvait saisir les biens d'une *nadîtum* dont le père était insolvable.

Ce document est tout à fait remarquable. Du point de vue de la forme, la façon dont le roi rend son verdict est à relever. Ainsi, dans le second cas, au lieu de dire : « Le juge Awil-Sin n'a pas le droit de saisir l'esclave de la fille-*nadîtum* de Mar-Šamaš », il formule de manière anonyme une règle ayant une portée générale :

> Une religieuse-*nadîtum* de Šamaš à qui son père et ses frères ont fourni de quoi vivre et à qui ils ont écrit une tablette (i.e. qu'ils se sont engagés par écrit à entretenir sa vie durant), et qui habite le cloître, n'est pas responsable des dettes ni du service-*ilkum* de la maison de son père et de ses frères. Son père et ses frères [accompliront] leur service-*ilkum* et [...]. Un créancier qui saisirait une *nadîtum* de Šamaš à propos des dettes ou du service-*ilkum* de la maison de son père et de ses frères, cet homme est un ennemi de Šamaš !

Sur le fond, on doit souligner qu'il s'agit de situations qui ne sont pas traitées dans le code de Hammu-rabi. On voit donc que les prétendues lacunes de ce « Code » n'ont pas de quoi étonner : certains cas n'y étaient pas prévus parce qu'on ne les avait pas encore rencontrés. C'est sans doute dans de telles circonstances que les individus (ou les groupes) qui se sentaient injustement traités en appelaient au roi : la sentence de ce dernier faisait dès lors jurisprudence.

On doit alors se demander quel était le statut de cette lettre. On pourrait envisager qu'il s'agisse d'un paragraphe supplémentaire au code de Hammu-rabi : celui-ci aurait été au cours du temps complété, comme on sait que le furent les édits de *mîšarum*. En réalité, il n'y eut pas de « réédition mise à jour » du code de Hammu-rabi : les copies postérieures que nous en possédons sont *ne varietur*. Sans doute en raison du prestige attaché à la figure de Hammu-rabi, on ne jugea pas possible (ou souhaitable) de compléter ce texte, qui resta donc tel quel un monument glorifiant la justice du roi. Le meilleur terme pour qualifier la lettre de Samsu-iluna est sans doute celui de rescrit.

Les juges avaient à leur disposition des documents tels que celui-ci qui leur permettaient de connaître la jurisprudence ; c'est ce qu'indiquent les colophons de deux des manuscrits, autrement dit de courtes notices qui définissent la nature du texte et les conditions de sa copie et/ou de sa conservation. J'avais cru qu'il fallait compléter l'un par l'autre et comprendre : « Copie d'une tablette de Samsu-iluna [...] déposée dans la maison des/du juge(s) du cloître ». Cependant, le titre de « juge du cloître » n'est pas attesté, malgré l'intitulé d'un paragraphe du livre de R. Harris sur Sippar : il n'est question dans le texte qu'elle cite que d'un individu qui « a été affecté au cloître pour les jugements des religieuses-*nadîtum* ». Il faut en fait suivre l'idée excellente de K. R. Veenhof :

- manuscrit A : « copie de la tablette [...] qui est placée dans le [...] du cloître » ;
- manuscrit C : « copie de la lettre de Samsu-iluna... qui est placée [dans les...] dans l'é-di-ku$_5$-kalam-ma ».

Un exemplaire du texte était à la disposition des autorités du cloître, donc à Sippar-Yahrurum, un autre dans le temple de Šamaš de Sippar-Amnanum. On voit donc que dans ce dernier, nommé é-di-ku$_5$-kalam-ma, on conservait une copie de textes législatifs très importants, comme ce rescrit de Samsu-iluna.

Un texte publié par K. R. Veenhof nous confirme le rôle juridique de l'é-di-ku$_5$-kalam-ma de Sippar-Amnanum. Dans ce document, des militaires réclament un certain Ṣurarum comme soldat pour succéder à Šumum-libši, décédé. Cependant, la tante maternelle de Ṣurarum, une religieuse-*nadîtum* nommée Lamassani, nie que Šumum-libši soit le père de Ṣurarum :

> Les autorités ont examiné leur affaire. Ils leur ont ordonné d'aller à la porte de Šamaš et de « lier et délier » par le filet (*ina šipârim*). (...) Warad-Kubi, le général des troupes de la campagne (*nawûm*) de Sippar, Qurrudum, le lieutenant, Ina-palešu, le lieutenant, Ibni-Sin, le scribe et les Anciens de son *arrum* n'ont pas accepté de s'approcher du filet. Mais Lamassani, *nadîtum* de Šamaš, a déclaré par le

> filet : « Abi-sum et Ṣurarum n'ont pas été engendrés par Šumum-libši. C'est moi qui les ai élevés. » Voilà ce qu'elle a déclaré[29].

Dans un cas de ce genre, seul un serment peut trancher l'affaire ; il est ici qualifié de « serment par le filet ». K. R. Veenhof a proposé que ce serment ait été prêté dans une pièce au plafond de laquelle était accroché (ou peint) un filet, symbole de la malédiction divine qui s'abattrait sur le parjure, entraînant maladie ou toutes sortes de malheurs. La menace était sentie par les intéressés comme redoutable : les autorités militaires refusèrent en effet de prêter serment par le filet. C'est donc la religieuse-*nadîtum*, sûre d'elle, qui accepta de le faire : cela lui permit de gagner l'affaire.

Un autre texte de Sippar, datant de l'avènement d'Abi-ešuh (1711 av. J.-C.), fait également allusion à ce type de serment que les juristes qualifient de « décisoire ». L'affaire se passe dans le milieu des habitants de Larsa réfugiés à Sippar. Il est question d'une femme qui était allée en prison du fait des dettes de son père. À sa sortie, elle découvrit que son mari avait pris une autre épouse. Elle réclama que sa dot lui fût rendue, mais elle ne put en prouver le montant par écrit et les témoins n'en n'avaient pas gardé de souvenir précis :

> Du fait qu'elle n'a pas apporté la tablette de la dot, Abum-waqar, le chef des marchands, et les juges de Larsa ont rendu le jugement suivant : « Adad-muballiṭ (le mari) devra prêter serment dans le temple de Šamaš de Larsa par le filet en ces termes : "Les deux servantes que ton père Ubananum m'a données sont vraiment mortes, je ne les ai absolument pas vendues. 5 étoffes, 1 habit-guzza, 10 habits-[...], 2 sicles d'or, 1 marmite de 20 litres et 4 grattoirs de bronze : tels sont vraiment tes ustensiles domestiques, mais pour l'affaire pour laquelle on t'a saisie, j'ai dû verser 2 2/3 mines 8 sicles d'argent afin de te libérer." Voilà ce qu'il devra déclarer sous serment par le filet dans le temple de Šamaš »[30].

On voit que la formulation précise du serment est fixée par les juges. Le lieu de ce serment « par le filet » (*ina sapârim* l. 26 et 35) est « le temple de Šamaš de Larsa » (l. 25), mais l'affaire

29. BM 96998.
30. BM 16764.

se passe à Sippar où le culte de ce dieu a été « délocalisé ». La crainte suscitée par ce type de serment est remarquable : comme les militaires du texte examiné précédemment, le mari refusa de s'y soumettre. Finalement, les juges parvinrent à un compromis entre les parties : l'épouse reçut une esclave et 10 sicles d'argent et le droit de se remarier comme il lui plairait.

L'*hymne à Šamaš* cité plus haut mentionne divers instruments avec lesquels le dieu de la justice pouvait attraper le parjure : on trouve deux types de filets (*šuškallu* et *šêtu)* à côté d'un anneau (*kippu*) et d'un piège (*hurâru*). On voit donc que les temples de Šamaš étaient des lieux privilégiés pour la prestation de serments décisoires : les parties devaient prononcer la formule fixée par les juges devant divers objets qui symbolisaient la sévérité du dieu Šamaš envers le parjure.

Nanna/Sin et le dublamah

Le dieu Nanna-Sin avait lui aussi un rapport particulier avec la justice. Cela repose sur la conception qu'avaient les Anciens de la Lune, sorte de double nocturne du Soleil. L'association de Nanna et de Šamaš (Utu en sumérien) dans un contexte judiciaire est soulignée par un texte « littéraire » en akkadien découvert à Ur, dans lequel un certain Kuzzulum, s'estimant spolié par Elali, s'adressa au dieu Lune pour lui demander justice : Elali est non seulement un malhonnête, qui a refusé de rembourser l'argent qu'il avait emprunté, mais aussi un impie, qui a faussement prêté une série de serments dans le sanctuaire de Nanna.

> Nanna, tu es le roi du ciel et de la terre : j'ai confiance en toi ! Elali, fils de Girni-isa, m'a spolié : juge mon cas !
> Comme il n'avait pas d'argent, il s'est approché de moi et il a pu rembourser sa dette grâce à mon argent. Il s'est marié, il a eu un fils et une fille mais il ne m'a pas donné satisfaction : il ne m'a pas remboursé totalement et, par son action injuste (?), il m'a spolié. Mais j'ai confiance en Nanna.
> Dans les jardins, en face de l'Ekišnugal, il a juré : « Je ne te spolierai pas ! » À la « porte sublime », sous le symbole que tu aimes, il a juré. Dans la grande cour, en face de l'Ekišnugal, en présence de (dif-

> férentes divinités), il m'a juré : « À toi et à ton fils, je ne ferai pas de tort », a-t-il juré ; « que ces dieux m'en soient témoins », a-t-il dit. De plus, dans les jardins, en face de l'Ekišnugal, par devant Nanna et Utu, Elali a juré ainsi : « Je ne ferai pas de tort à Kuzzulum, (sinon), qu'il n'y ait pas de descendant d'Elali devant Nanna et Utu ! » Celui qui a parjuré par Nanna et Utu sera rempli de lèpre, il deviendra pauvre et n'aura pas de descendant. (Or) Elali a juré par Nanna et Utu, mais il m'a spolié : qu'Ilabrat, le maître des biens, soit présent et que Nanna et Utu jugent mon cas. Puissé-je voir la grandeur de Nanna et Utu[31] !

Les indications topographiques de ce texte semblent très précises et correspondre à trois étapes. Le premier serment fut prêté à la « porte sublime », sous le symbole du dieu Nanna, qu'on sait être le croissant de lune. Le deuxième serment fut prêté dans la « grande cour » (kisal-mah), où toute une série de divinités devaient avoir une chapelle ou tout au moins une niche. Le dernier serment eut pour cadre « les jardins, en face de l'Ekišnugal ». Le premier serment consistait en un engagement à ne pas spolier Kuzzulum, le deuxième incluait son fils et faisait intervenir cinq dieux comme témoins. Le troisième est plus radical encore, puisque Elali le complète par une auto-imprécation. Il invoque à la fois Nanna, la principale divinité d'Ur, et Utu ; ce dernier est le dieu de la justice, mais il est peut-être ici invoqué en tant que divinité principale de Larsa, capitale du royaume auquel appartenait alors Ur. Le recours à Nanna comme dieu juste par excellence est d'autant plus intéressant dans ce texte qu'il s'agit très vraisemblablement d'un texte scolaire : une fois de plus, un exercice d'écolier nous livre un élément essentiel pour notre enquête.

Ce document ne mentionne pas le bâtiment dans lequel, à Ur, les serments étaient le plus souvent prêtés : le Dublamah. Cet édifice était parfois qualifié de « filet », comme dans une inscription du roi d'Ur III Amar-Sin, retrouvée inscrite sur des crapaudines, dont une *in situ* dans la pièce 30 du Dublamah.

31. UET 6 402.

Elle commence par une dédicace au dieu Nanna, puis indique que le bâtiment était en ruine. Après le nom du roi et sa titulature, vient ce passage :

> Le Dublamah, temple « merveille du pays » (é-u_6-di-kalam-ma), le lieu de son jugement (= de Nanna), son filet auquel nul ennemi d'Amar-Sin ne peut échapper, il (= Amar-Sin) bâtit pour lui (= Nanna) ce temple[32].

Figure 2-2. Le Dublamah à Ur (cliché D. Charpin).

Les documents de la pratique d'Ur confirment que le Dublamah était un lieu où les serments devaient être prêtés, comme en témoigne ce procès :

> Au sujet de 20 jours de la prébende du temple de Bawa et de 20 jours de la prébende du temple de Nergal, à propos desquelles Ur-Ningirsu avait adopté Waqar-abušu, Lu-dingira... a fait un procès aux fils de Waqar-abušu. Les serviteurs du roi et les juges leur ont rendu un verdict : ils ont rendu la prébende des fils de Waqar-abušu.

32. UET 1 71 : 19 = RIME 3/2, p. 253-255, n° 9 : 19-26.

> [E] a-naBi[...] par la hache de [...] dans le Dub[lamah] [a juré] ainsi : « (Je jure que) Ur-Ningirsu n'a pas brisé la tablette scellée de mon père et ne l'a pas renié comme fils. »
> À l'avenir, Lu-dingira ne revendiquera pas la prébende de Bawa et de Nergal aux fils de Waqar-abušu[33].

Il s'agit donc d'un cas assez classique où, consécutivement à une adoption, un proche du père adoptif conteste la propriété de ce qui a été transmis au fils adoptif – en l'occurrence, aux héritiers de celui-ci. Faute de pouvoir produire sa tablette d'adoption, le défendant doit jurer ; il prête son serment, impliquant un symbole divin, ici une hache, dans le Dublamah. Une catégorie particulière de prébendiers était rattachée à ce bâtiment, les $gudu_4$ dub-lá-mah. On peut supposer qu'ils jouaient un rôle dans les rites entourant la prestation des serments, notamment l'aspersion rituelle.

Ce Dublamah d'Ur n'est pas unique. On en connaît un autre en Babylonie du Nord, dans le royaume de Damrum – ce qui n'est pas un hasard : il s'agit en effet d'une ville dont la divinité principale était, comme à Ur, le dieu Lune Nanna/Sin... La construction de ce bâtiment fut commémorée par un nom d'année d'un roi local dans la première moitié du XIXe siècle. Le cadastre d'un contrat de partage de terres permet d'en retrouver une trace concrète : comme à Ur, ce *dublamâhum* jouxtait le temple de Sin.

Tribunal et prison

On a vu ci-dessus à quel point, lors des procès, le filet jouait un rôle symbolique essentiel dans les serments liés à l'administration de la preuve. Or, dans un texte lexical paléo-babylonien, le temple é-sa-pàr « Temple (du) filet » est glosé comme é ^{d}nun-gal « temple de Nungal ». Nous voilà donc conduits à nous pencher sur le rôle de cette déesse.

33. PBS 8/2 264.

La déesse Nungal

Qui est Nungal ? La série d'incantations dite « *Šurpu* » la définit comme « gardienne de prison » (*ṣabbutītu*). L'étymologie du nom d'une divinité est toujours délicate. On a cru y retrouver le mot sumérien nun, « prince », d'où la traduction de « grande Princesse » qui a été proposée ; elle ne me paraît guère vraisemblable. Cependant, la prison (en akkadien *ṣibittum*) se dit en sumérien en-nun (ou en-nu-un) : on peut se demander si là ne se trouve pas plutôt l'étymologie du nom de Nungal. La série *An-Anum* définit Manungal, autre nom de Nungal, comme « Maîtresse de la prison », en sumérien nin-é-kur-ra-ke$_4$. On a déjà vu que é-sa-pàr, « Temple (du) filet », était le nom d'un temple de Nungal : é-kur-ra serait un autre nom du temple de cette déesse, qui signifie « Temple (de la) prison ». Le temple de Nungal serait une prison. C'est ce que permet de mieux comprendre un hymne sumérien à la déesse Nungal.

L'hymne à Nungal

Comme toutes les œuvres littéraires mésopotamiennes, ce texte de 110 lignes était désigné par son incipit, é u$_4$ huš an-ki, « Temple, tempête déchaînée dans le ciel et sur la terre ». Désigné par le titre moderne d'« Hymne à la déesse Nungal », ce texte jouait un grand rôle dans la formation des scribes à l'époque paléo-babylonienne, puisqu'il appartenait à ce que S. Tinney a appelé la « Décade », un groupe de dix textes qui étaient copiés par les apprentis dans la deuxième phase de leur formation. Le dernier éditeur de ce texte, P. Attinger, en a mieux compris la structure que ses devanciers : il est selon lui divisé en deux parties, avec une doxologie finale.

La première partie commence par une description de la prison, présentée comme un lieu sombre d'où l'on ne peut s'échapper :

La maison, tempête déchaînée dans le ciel et la terre, qui fonce contre les peuples méchants,
Cachot (é-kur), geôle (é-éš) des dieux, immense carcan dans le ciel et sur la terre,
Intérieur crépusculaire, jour *rouge sang* répandu partout, qui insuffle la terreur dans le corps,
Mer déchaînée qui monte, vague qui se dresse, dont on ne sait où elle va déferler,
La maison, filet (eš-ad) tendu contre le malfaiteur, qui fait trembler le mauvais,
La maison, filet (sa-par$_4$) aux mailles finement tissées, qui ramasse les gens comme des locustes,
La maison qui a les yeux posés sur les (hommes) droits et les malfaiteurs, à la main de laquelle le méchant n'échappe pas,
La maison, fleuve de l'ordalie qui ne fait pas périr les justes, mais qui choisit les méchants,
La maison au nom sublime, Grande Cité dans le pays où le soleil se lève, dont personne ne connaît le cœur/intérieur,
La « grande maison » (é-gu-la), garde (en-nu-un), la maison du châtiment, qui rassemble les pécheurs,
La maison qui trie entre les (hommes) droits et les malfaiteurs, son nom est sublime pour le ciel.

On remarque que P. Attinger a choisi de traduire ici é par « maison », sans justification : mais, dans d'autres contextes, on traduirait « temple ». Et de fait, dans les hymnes aux temples, un genre bien connu de la littérature sumérienne, on a parfois la structure : ligne 1 = é + épithète, ligne 2 = nom du temple + épithète. On peut citer par exemple le 13e des *Hymnes aux temples* :

Maison qui sort du ciel, visible à Kulaba (= Uruk),
sanctuaire Ebabbar, bœuf de race brillant.

Donc, à la ligne 2 de l'Hymne à Nungal, si é-kur est bien le mot pour « cachot », comme l'avait compris M. Civil, c'est *aussi* le nom propre du temple, comme le confirme l'allusion au « nom sublime » du temple l. 9. Cette interprétation est confirmée par la doxologie finale, l. 118 :

l'é-kur, geôle (é-éš), sa demeure bien-aimée.

On peut comparer cette formulation avec les innombrables inscriptions royales qui citent le nom du temple avec la même épithète, comme dans le cas du temple d'Enki à Ur décrit par Rim-Sin comme :

> l'E-geštu-šudu, sa demeure bien-aimée.

Il ne faut pas le confondre avec l'é-kur, nom du temple du dieu Enlil à Nippur (comme l'avait cru Å. Sjöberg) : il s'agit dans cet hymne du nom du temple de Nungal. On pourrait croire qu'il y a deux mots kur en sumérien : la montagne, qui renvoie à Enlil, et le mot kur, qui renvoie au monde infernal. De fait, Nungal est fille d'Anum et Ereškigal, la déesse des Enfers. Dans le nom du temple d'Enlil, é-kur, il s'agit de la montagne. Ici, il n'y a malgré tout pas d'opposition : il faut comprendre quelque chose comme « donjon », un endroit élevé où est installé un cachot. On peut ajouter que ce n'est pas un hasard si le mari de Nungal s'appelle *Birtum*, « fortin ».

On voit donc que qualifier la première partie de « narrative » comme l'a fait P. Attinger n'est pas exact : il s'agit d'un véritable hymne au temple. La suite de cette première partie décrit en détail les éléments architecturaux du bâtiment – là encore, les parallèles ne manquent pas : fondations (l. 12), porte (l. 13), seuil (l. 14), jambages (l. 15), etc., l'insistance étant mise l. 19-24 sur les gonds, vantaux et dispositifs de fermeture. La section se clôt l. 25-26 par l'affirmation que le temple est un filet auquel le malfaiteur n'échappe pas.

Une deuxième section dans cette première partie décrit le rôle de la déesse Nungal (l. 27-61). Elle siège sur un trône, le malfaisant ne peut lui échapper. Le sort du malfaiteur est développé l. 32-61 : il ne peut se soustraire à la « grande maison » et au jugement de sa maîtresse. Il est saisi, introduit au cœur de la prison, coupé du monde extérieur. Les l. 49-57 montrent la vie dans la prison, marquée par la solitude et l'hostilité, mais qui offre aussi une possibilité de renaissance pour l'homme droit. Les l. 58-61 décrivent un procès sous la forme d'une ordalie : les repentants sont libérés, au contraire des méchants qui persévèrent.

Après cet hymne au temple, la deuxième partie du texte consiste en un hymne d'auto-louange par la déesse Nungal. On a une introduction (l. 62-63), puis l'hymne en lui-même (l. 64-114) et enfin une doxologie (l. 117-120). Dans la première partie de l'hymne, Nungal décrit ses rapports avec différents dieux : son père Anum et son beau-père Enlil, sa mère Ereškigal, etc. Les l. 75-99 développent le thème de la compassion, la prison étant présentée comme une chance de salut (l. 77-78 et 83) :

> Les tablettes de la vie sont dans ma main, j'y inscris les hommes droits
> Les malfaiteurs n'échappent pas à ma main, je connais leurs actions.
> (...)
> Mon temple (é) est bâti sur la pitié, je suis une maîtresse qui sauve les gens.

On note au passage que la déesse maîtrise l'écriture – on reviendra sur ce thème au chapitre 4. Les l. 85-99 décrivent les êtres qui entourent la déesse. La prison est dépeinte comme un lieu terrifiant (l. 100-102), qui procure la renaissance de l'homme juste, mais l'anéantissement de l'homme faux. Il faut comprendre cela littéralement : celui qui sortira de prison vivra une vie nouvelle, sinon il connaîtra la mort. Nungal attend comme récompense des louanges, mais aussi des offrandes alimentaires (l. 110-114).

L'histoire de l'interprétation de cet hymne est assez complexe. Dans un premier temps, ce texte a été publié par Å. Sjöberg comme ayant trait à une prison incluse dans le complexe de l'Ekur, le temple d'Enlil à Nippur ; cette façon de voir a été reprise par T. Frymer-Kenski. Par la suite, M. Civil a montré qu'é-kur était en fait le terme sumérien pour « prison » (en akkadien, *ṣibittum*) et n'avait rien à voir dans ce contexte avec le temple d'Enlil à Nippur ; l'hymne à Nungal utilise d'ailleurs d'autres synonymes pour qualifier é-kur, des termes qui ne peuvent désigner qu'une prison, comme é-éš ou en-nu-un.

Selon M. Civil, le texte a été composé par un scribe accusé d'un crime capital. Avant que le verdict ne soit rendu, et dans l'espoir que la peine de mort redoutée soit commuée en peine de prison, il chante la louange de la déesse Nungal, de sa prison et de la réhabilitation qu'elle procure. Cette interprétation repose sur la l. 111. Il y est question de celui qui a été sauvé par son séjour en prison. Il a été « poli comme un bel (objet en) argent » et la déesse ajoute (l. 111) :

> « Puisse cet homme chanter mes louanges et dire ma grandeur ! »

L'auteur du texte se serait ici en quelque sorte mis en scène ; c'est possible, mais ce n'est pas ce qui nous importe. M. Civil a interprété le texte comme une métaphore et a considéré qu'on avait affaire à une prison annexe à un palais :

> Tout ceci, de plus, se situe à côté du palais royal (l. 95) et parle pour une prison comme annexe du palais, plutôt que d'un temple.

Il est vrai que l. 32 le bâtiment est décrit comme é-gal ; cependant, la ligne 95 ne mentionne pas le palais, mais é gu-la, un terme dont W. Hallo a montré qu'il désignait aussi la prison. Au vu des exemples déjà réunis, il me semble qu'il faut prendre ce texte littéralement : le temple de Nungal était bel et bien une prison. Il est clair que la vision idéalisée de la prison qu'on trouve dans cet hymne doit être tempérée par d'autres types de documents. Ainsi, un homme qui prétend avoir été injustement jeté en prison se décrit dans une lettre comme affamé et malade, et désigne son lieu de détention comme « maison de privations ».

La prison de Nungal et le temple de Šamaš

Si on combine les informations de cet hymne avec ce qu'on a vu précédemment à propos de Šamaš à Sippar, on aboutit à cette conclusion : le temple de Šamaš servait de tribunal et avait comme annexe une sorte de chapelle de Nungal, qui était en fait une prison. Cette association est confirmée par le contrat HG 96. Il enregistre la transmission par un père à son fils de « 5 ½ jours d'une prébende de lamentateur (*isiq kalûtim*) du temple de Šamaš de la porte de Manungal, du temple d'Ištar et des autres dieux de Sippar-Yahrurum ». L'hymne à Nungal permet de comprendre le rôle des lamentateurs dans ce contexte (l. 55-57) :

> L'intérieur de la Maison est plein de larmes et de pleurs versés dans les plaintes.
> Ses briques broient l'homme mauvais mais font renaître l'homme droit,
> Les cœurs irrités (vivant) là-bas passent les jours dans les larmes et les pleurs.

La récitation de lamentations était censée transformer le cœur des prisonniers et permettre leur renaissance. La situation ne doit pas être rapprochée de ce qui est testé aujourd'hui dans certaines prisons, où les détenus pratiquent la musique de manière active : en Mésopotamie, les prisonniers écoutaient des lamentations censées les convertir au bien.

Un texte de Sippar précise que la « porte de Nungal » est « le lieu du serment ». On voit donc que le serment était prononcé dans une pièce appelée é-sa-pàr, « la Maison du filet », à la « porte de Nungal », qui était sans doute une sorte de porche. L'homme reconnu coupable était mis en prison : on le faisait entrer dans une dépendance du temple de Šamaš, vouée à Nungal, et nommée é-kur-ra.

Conclusion

Les temples de Šamaš avaient, certes, des activités bancaires, mais c'était également le cas de nombreux autres sanctuaires. Les temples de Šamaš entretenaient surtout un rapport spécial avec la justice. On a pu voir en particulier à Sippar qu'y étaient gardées des copies des rescrits royaux, qui aidaient les juges à prononcer des sentences justes. Une sorte d'annexe, vouée à la déesse Nungal, fonctionnait comme une véritable prison. Šamaš n'avait cependant pas de monopole en matière de justice : à Ur ou à Damrum, villes où le dieu principal était le dieu-Lune Nanna-Sin, pendant nocturne du dieu-Soleil Šamaš, on connaît un bâtiment jouant un rôle central dans les procès, le dub-lá-mah, où étaient prêtés des serments.

Chapitre 3

BUREAUX DES POIDS ET MESURES

Kittum ne figure pas au sommet du panthéon mésopotamien, mais fait partie de ces divinités considérées comme « mineures » ; elle appartenait à l'entourage du grand dieu-soleil, Šamaš, dont on a vu que la justice constituait le domaine de compétence. Th. Richter décrit Kittum comme un dieu auquel aucun culte ne semble avoir été rendu :

> Kittum, qui est présenté comme fils du dieu-soleil (...) peut simplement être mis en rapport avec une unité de capacité (...), ce qui ne suffit pas pour en déduire l'existence d'un culte.

Cet auteur présente ensuite Šamaš et ses proches selon la grande liste dite « AN-Anum », qui énumère le panthéon mésopotamien. Il y distingue deux divinités : Kittum, qui serait fils de Šamaš, et Nigina, fille de Šamaš. Il est frappant de voir ces divinités porter un nom qui est un nom commun. Or le mot *kittum* est, dans la langue akkadienne, l'équivalent du sumérien nigina (nì-gi-na) : c'est l'un des mots qui signifie « justice ». En fait, il n'existait qu'une divinité, nommée « Justice », dont le nom était écrit tantôt en babylonien (Kittum) et tantôt en sumérien (Nigina), et qui était, selon les textes, considérée comme un dieu ou comme une déesse : en effet, Kittum (avec son nom akkadien) apparaît aussi comme « fille de Šamaš » dans une prière du devin à l'époque paléo-babylonienne.

Que savons-nous du culte de Kittum ? J. Klein a indiqué : « Elle était probablement adorée dans les temples Ebabbar de Sippar et Larsa. » Une telle affirmation est gratuite : on n'en a aucun indice. Mais ni Th. Richter, ni J. Klein n'ont prêté attention à une découverte archéologique qui va nous permettre de montrer l'existence d'un temple de Kittum qui était une sorte de bureau des poids et mesures.

Une découverte à Larsa

Les fouilles officielles du site de Larsa, après un début sans suite en 1933, ont repris en 1967 jusqu'en 1989. Un des principaux bâtiments explorés a été le grand sanctuaire de la ville, voué au dieu Šamaš et dénommé Ebabbar, « le temple brillant ».

Description de la découverte

Lors de la campagne de 1976, la poursuite du dégagement des pièces bordant la cour I du temple conduisit à une découverte très intéressante. Dans la pièce 13 fut exhumée une jarre qui avait été volontairement enterrée. On y retrouva de nombreux morceaux d'argent qui « appartiennent à diverses catégories : la plupart sont de simples feuilles non décorées, souvent repliées volontairement sur elles-mêmes. On trouve aussi des fragments d'anneaux, parfois repliés, des morceaux de bijoux cassés (croissants, bélières), deux petits anneaux torsadés entrelacés, des fragments plus lourds en forme de disques ou de petites plaques »[34]. D'autres fragments du même genre, moins nombreux, étaient en or. La jarre contenait aussi des séries entières de poids en pierre, ainsi que divers outils en bronze : pierre de touche, pincette, enclume de bijoutier. Les

34. D. Arnaud *et al.*, *Syria* 56, 1979, p. 41.

archéologues crurent donc qu'on avait affaire aux restes de l'atelier d'un orfèvre. Comme on avait retrouvé dans la jarre un sceau-cylindre ayant appartenu à un certain Ilšu-ibnišu, on supposa que ce dernier était l'orfèvre qui, après avoir mis dans une jarre ses instruments et les matériaux destinés à son travail, l'avait enterrée sous le sol de son atelier.

Figure 3-1. Jarre telle qu'elle a été découverte dans la pièce 13 de l'Ebabbar de Larsa (d'après D. Arnaud *et al.*, *Syria* 56, 1979, p. 7 fig. 4 et 5).

Le contexte historique de cet enfouissement a été décrit ainsi par Jean-Louis Huot :

> Le scénario au sein duquel nous avions replacé cette trouvaille me paraît toujours valable. Si les causes générales de l'effondrement politique du Sud mésopotamien à partir du milieu du XVIIIe siècle sont vraisemblablement – entre autres – d'ordre écologique, en liaison avec un déplacement possible du cours du bras principal de l'Euphrate, il n'en reste pas moins que, pour mater une rébellion dont on ignore la cause immédiate, les armées du roi Samsuiluna intervinrent violemment, à deux reprises, dans la région d'Ur, de Larsa et d'Uruk. La disparition subite des textes cunéiformes, à Larsa, après l'année 1738 (en chronologie traditionnelle), indique la date de l'événement, et, par conséquent, la date à laquelle le trésor de Larsa a été caché volontairement par son propriétaire, qui espérait ainsi le dérober à la rapacité des troupes babyloniennes (...). Nous avons donc bien affaire à un dépôt clos, enfoui en 1738.

Figure 3-2. Contenu de la jarre de Larsa (série de poids, perles, fragments d'argent, petits outils de bronze, scellements en argile, etc.) (Photo Mission Archéologique française de Larsa-'Oueili, ARCH. MAE, JLH251_33_01).

Les interprétations successives

L'interprétation des fouilleurs fut remise en question par J. Bjorkman, à qui J.-L. Huot répondit peu après. Ce dernier fut d'accord pour admettre que cette jarre ne prouvait pas l'existence d'un atelier d'orfèvrerie au sein du temple :

> Nous avions envisagé la possibilité que la pièce 13 de l'*E. Babbar*, sous le sol de laquelle fut retrouvée la jarre, ait pu servir, malgré son aspect somme toute banal, d'atelier. Nous avions cependant pris soin de souligner combien la pièce en elle-même était dépourvue d'installations spécifiques. Rapidement, J. Margueron avait exprimé son scepticisme. J. Bjorkman y revient longuement et il n'est pas nécessaire de s'y attarder à nouveau. J'en suis désormais d'accord, la pièce 13 ne peut en aucune façon être considérée comme un *atelier*, au sens strict du terme, ni même au sens large. La jarre aurait probablement pu avoir été enfouie sous le sol de n'importe quelle autre pièce du pourtour de la grande cour I.

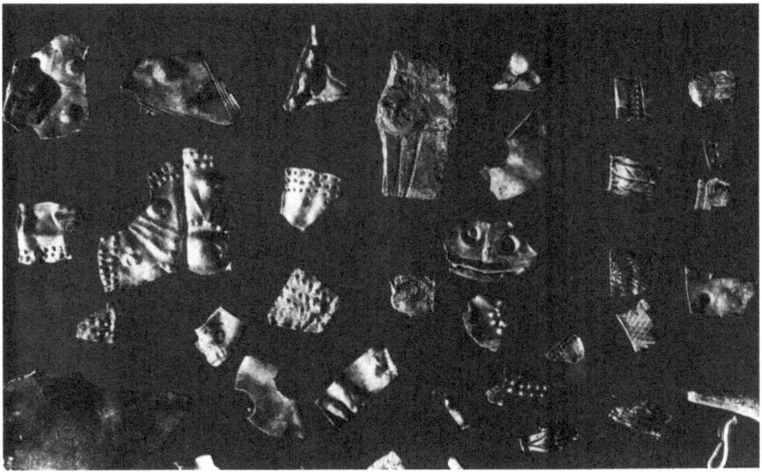

Figure 3-3. Résidus en argent découverts dans la jarre de Larsa (d'après D. Arnaud *et al.*, *Syria* 56, 1979, p. 15).

Une dernière mise au point a été récemment publiée. Reprenant le détail de la démonstration de J. Bjorkman sur les différents outils, J.-L. Huot conclut :

> On voit donc, au total, que ces « outils d'orfèvre » ne sont, à l'exception de la pierre L.76.46, qu'un rassemblement d'objets divers en bronze qui ne présentent que l'intérêt de leur poids en métal. Ils ne peuvent, en aucun cas, soutenir l'hypothèse d'un ensemble d'outils caractéristiques du métier de leur propriétaire. L'orfèvre de l'*E. babbar* s'évanouit, au même titre que son atelier. Mais on peut supposer qu'il s'agit d'une cache de marchand (Bjorkman, 1993, p. 4) ou de riche personnage. Le nombre de poids conservés dans la jarre est beaucoup plus important qu'il ne serait nécessaire pour un usage artisanal par une seule personne.

Et de finir en soulignant « l'abondance de "rebuts" d'argent contenus dans la jarre. On suppose depuis longtemps que ces petits morceaux de métal argent peuvent jouer le rôle de "monnaie" ». Pour approfondir ce point, l'archéologue, au lieu de citer la Bible, aurait dû prendre en compte les inscriptions qu'il avait lui-même découvertes...

Des scellements inscrits

Dans cette jarre ont en effet également été retrouvés dix-huit scellements en argile, la plupart étant en forme de pyramide tronquée à base carrée ; ils étaient couverts d'empreintes de sceaux.

Figure 3-4. Traces d'un petit sac en textile ou en cuir fermé par une cordelette, visibles à l'intérieur d'un scellement en argile découvert en trois morceaux (ici photographiés avant recollage) (d'après D. Arnaud *et al.*, *Syria* 56, 1979, p. 7 fig. 11).

La photo de l'intérieur de ces scellements montre clairement de quoi il s'agissait : ils servaient à clore de petits sacs en textile ou en cuir, fermés par une cordelette. Ces petits sacs contenaient manifestement les fragments d'argent qui se sont ensuite répandus dans la jarre, lorsque le contenant s'est décomposé.

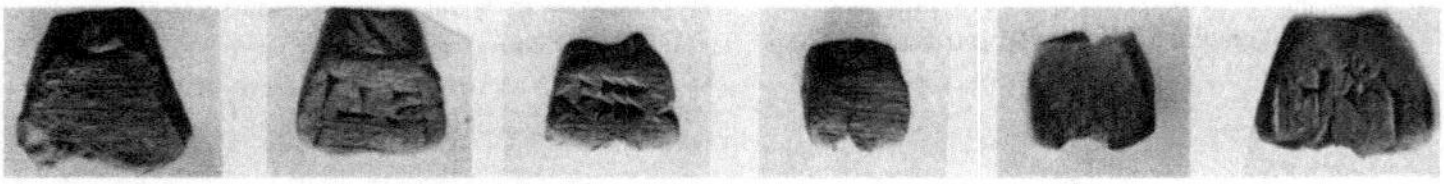

Figure 3-5. Vue de l'extérieur des scellements en argile, inscrits et couverts d'empreintes de sceaux (d'après D. Arnaud *et al.*, *Syria* 56, 1979, p. 7 fig. 13).

Douze des scellements comportaient une courte inscription, l'indication d'un poids. Les plus petits sont de « 1/3 sicle, vérifié (gi-na) », soit un peu moins de 3 grammes. Le poids le plus important est de « 15 sicles, vérifié », soit environ 125 grammes. L'inscription indiquait donc le poids d'argent « vérifié » contenu dans chaque sac.

De manière très intéressante, on a également retrouvé dans la jarre une tablette où figurait seulement ce texte :

> 1/2 mine 4 <sicles> 1/6.

Ce montant correspond au total des sommes notées sur les douze scellements inscrits ; malheureusement, la publication ne donne pas le poids total des résidus en argent retrouvés dans la jarre, qui devrait correspondre à ce montant (ca. 250 g.). De toute façon, l'érosion pourrait avoir diminué le poids du métal précieux.

Les scellements portent les empreintes du sceau d'un personnage nommé Sin-uselli, où est gravée cette légende :

> Sin-uselli, fils de Ilšu-bani, peseur (kù-lá) de l'Egina d'Ur, serviteur de Samsu-iluna.

L'existence de scellements en argile apposés sur une corde ou cordelette est une caractéristique de la Mésopotamie dès le quatrième millénaire : cela permettait de clore un espace quelconque de façon sécurisée, qu'il s'agisse d'un coffre, d'un panier, d'une jarre ou d'une porte. Celui qui refermait déroulait son sceau sur l'extérieur de la surface d'argile : cela permettait de connaître le responsable. Refermer une pièce où était entreposée de la vaisselle précieuse était un acte qu'on ne prenait pas à la légère ; il en allait de même quand il fallait en ouvrir la porte scellée. En l'occurrence, le sceau de Sin-uselli, combiné avec l'indication chiffrée figurant sur les scellements, garantissait le poids d'argent contenu dans chaque sac ; d'après la légende de son sceau, il était en effet intervenu en tant que « peseur (kù-lá) de l'Egina d'Ur ». L'épigraphiste de la mission de Larsa avait commenté ce titre en ces termes :

> Sîn-uselli (...) s'intitule kù-lá, c'est-à-dire, d'après les listes lexicographiques, à la fois celui qui pèse et celui qui vérifie les métaux

> précieux, pesée et vérification étant à l'évidence des opérations complémentaires.

Dans l'économie prémonétaire de la Mésopotamie antique, l'argent était en principe pesé à chaque transaction. On en trouve la preuve dans certains contrats de vente de terrains, où l'on précise que l'argent correspondant au prix de vente sera pesé par un métallurgiste (simug). On notera qu'il est ici uniquement question de pesée : il s'agit de vérifier le *poids* du métal précieux et non la *qualité* de l'alliage. D. Arnaud continuait son commentaire du sceau de Sin-uselli en ces termes :

> Mais qu'est l'institution à laquelle il déclare appartenir ? (...) Egina ne peut qu'être un nom commun et désigner une sorte de bureau des poids et mesures.

C'est ce point qu'il nous faut maintenant examiner.

L'Egina : temple, ou bureau des poids et mesures ?

Le temple de Kittum

L'intuition de D. Arnaud rejoint une observation faite par Landsberger dès 1915. Elle reposait sur une lettre de Hammu-rabi à Sin-iddinam, qui avait été installé par le roi de Babylone comme gouverneur de la région de Larsa après son annexion en 1731 :

> Dis à Sin-iddinam : ainsi (parle) Hammu-rabi. Šep-Sin, le chef des marchands, m'a informé de la sorte : « Etel-pi-Marduk ne cesse de me créer des problèmes à propos de l'argent du temple de Kittum de Bad-Tibira et (de la région) du Tigre et je ne peux en conséquence collecter la totalité de cet argent. Gimil-Marduk m'a également créé des problèmes à propos de l'argent du temple de Kittum de la ville de Rahabu et ses environs et on ne m'a pas donné la totalité de l'argent. Mais le palais m'a contraint à livrer la totalité de l'argent ! »

Cette lettre mentionne par deux fois l'argent du temple de Kittum (é ^{d}*ki-it-tim*). Landsberger traduisit é ^{d}*ki-it-tim* par « Maison de la légalité personnifiée » et commenta ainsi ce texte :

> Il est donc possible, que la « Maison de la légalité personnifiée » ait été une place centrale pour les redevances réglementaires, pour tout le royaume ou (...) pour certains districts.

Il comprenait donc le terme comme désignant un bâtiment officiel, mais pas un sanctuaire. Il s'agit en réalité du temple de Kittum, la « justice » personnifiée ; des membres du personnel rattaché à ce « temple » avaient pour fonction de certifier l'argent en circulation. Le texte commenté par Landsberger était à l'époque unique. Deux autres lettres appartenant à la correspondance de Hammu-rabi à Sin-iddinam, publiées en 1994, ont complété notre documentation. La première reproduit de manière moins circonstanciée les plaintes du chef des marchands Šep-Sin et s'achève par un ordre du roi :

> Sur l'argent du temple de Kittum de Šep-Sin, le chef des marchands de Larsa, 9 mines d'argent n'ont pas encore été collectées. Ainsi (parle) Šep-Sin : « Les gouverneurs des zones fluviales ne cessent de me créer des problèmes, de sorte que cet argent n'a pas pu être collecté. » Place un gendarme avec (chaque) collecteur qui doit collecter l'argent du temple de Kittum, de sorte qu'on collecte la totalité des 9 mines d'argent et qu'on les apporte à Babylone[35].

Un document administratif appartient au même dossier de la collecte d'argent pour le compte du palais de Babylone par Šep-Sin, chef des marchands d'Ur :

> « 10 sicles d'argent, de l'année 40 de Hammu-rabi, reçus par le chef des marchands Šep-Sin d'Amurrum-tayyar, que Sin-uselli, du temple de Kittum d'Ur, lui a donnés. » Le 11/v/an 41 de Hammu-rabi. La tablette porte l'empreinte du sceau de Šep-Sin (M. Stol, *JCS* 34, 1982, p. 157, n° 4).

35. AbB 13 31 : 4-22.

Sin-uselli est ici désigné comme « appartenant au temple de la déesse Kittum » (*ša bît Kittim*). Il ne peut s'agir que du même personnage que le « peseur » (kù-lá) de l'Egina documenté par les scellements des petits sacs d'argent de Larsa. On a donc ici la preuve définitive qu'Egina était non pas un nom commun, mais le nom cérémoniel du temple de Kittum.

On peut enfin citer une dernière lettre, adressée par Nabium-malik aux maires de la région riveraine du Tigre :

> L'homme du temple de Kittum qui vi[endra] collecter l'argent ne doit pas collecter cet argent. Chaque maire devra collecter l'argent de la ville. Il devra (le lui) remettre et prendre un document scellé par lui[36].

On voit ici « l'homme du temple de Kittum » recevoir l'argent collecté par chaque maire, à qui il doit remettre un reçu scellé (*kanîkum*). Cet homme était sûrement un « peseur » (kù-lá), comme Sin-uselli, rattaché au temple Egina.

Argent scellé et argent « libre »

Le dossier réuni ci-dessus permet de comprendre la différence qui existait entre l'argent scellé (*kankum*) et l'argent « libre » (*piṭrum*), selon une distinction dont témoigne la lettre suivante :

> Dis à Lumur-gimil-Šamaš : ainsi (parle) Zababa-qarrad. Que les dieux Šamaš et Marduk te fassent vivre ! Je ne t'ai jamais écrit sur aucun sujet, mais j'ai un besoin de 10 sicles d'argent scellé et c'est pourquoi je t'écris. Fais-moi porter 10 sicles d'argent scellé et pour ces 10 sicles d'argent scellé que tu me feras porter, on te livrera, à la maison, à la fenêtre, du grain de qualité d'une quantité équivalente à 10 sicles d'argent. Je t'envoie donc Awil-Adad : ne lui refuse pas cet argent, fais-le moi porter ! J'en ai un besoin urgent. Ne me fais pas porter de l'argent « libre », fais-moi porter de l'argent scellé[37].

Sur le modèle de ce qui a été découvert dans l'Ebabbar de Larsa, il faut conclure que l'argent « scellé » (*kankum*) se trouvait

36. AbB 13 109 : 4-12.
37. AbB 14 181.

dans un petit sac scellé par un « peseur » (kù-lá) appartenant au temple de Kittum. L'argent « libre » (*piṭrum*) circulait au contraire sans garantie : il fallait donc chaque fois le peser.

La circulation de l'argent dans de petits sacs scellés tels que ceux découverts dans la jarre de Larsa est confirmée par une série de textes provenant du palais de Sin-kašid à Uruk : le mot désignant ces bourses scellées est *kinkum*. Une tablette énumère 73 sacs-*kinkum* de 1 sicle chacun, 296 sacs d'1/2 sicle et pas moins de 1999 sacs d'1/3 de sicle, soit un total de 14 1/3 mines d'argent. Que les morceaux d'argent retrouvés dans la jarre de Larsa aient été conservés dans ces petits sacs est certain ; un texte de Mari confirme que des petits morceaux de ce genre étaient désignés par le mot akkadien *šibirtum*.

L'Egina et les mesures de capacité

Le temple de Kittum ne servait pas qu'à vérifier l'argent : on trouve aussi des allusions à une mesure de capacité de cette divinité servant à la vente de céréales :

> Tu m'as écrit au sujet de la vente du grain. S'il doit être vendu selon la mesure de Kittum, qu'il soit vendu selon la mesure de Kittum. S'il doit être vendu selon la mesure de Šamaš, de quel montant diminuera-t-il plus que de 10 qa par gur ? S'il doit être vendu selon la mesure de Kittum, envoie-moi ton rapport complet, et n'accepte d'argent de personne jusqu'à ce que je t'écrive[38].

On rappellera que Kittum est présenté(e) comme fils ou fille de Šamaš : il n'est donc pas étonnant que cette déesse ait été particulièrement chargée de veiller à l'équité des transactions, aussi bien pour les échanges effectués en argent que pour ceux effectués en nature (grain). La question qui se pose, c'est de savoir comment concrètement l'utilisation des mesures de la déesse Kittum pouvait être marquée : doit-on imaginer des jarres scellées comme les bourses contenant des fragments d'argent ? À ma connaissance, on n'en a pas encore repéré de

38. AbB 12 70.

témoignages. Du moins existe-t-il des lettres telles que celle-ci, où on préconise l'emploi d'une mesure de capacité « juste » (gi-na), donc sans doute la mesure de Kittum :

> Donne 300 l. de grain à Apil-Kittim. (Utilise) la mesure-*sûtum* « juste » (gi-na)[39].

On remarquera que l'emploi de la mesure est indiqué dans une sorte d'ajout, sans verbe.

Kittum n'avait pas l'exclusivité de cette responsabilité au sein du panthéon, comme en témoigne ce passage d'un hymne à la déesse Nanše :

> Elle place dans leurs mains la pesée de l'argent avec un poids fixe (gi-na), la mesure avec un panier d'1 gur fixe et une mesure-ban fixe pour tous les pays.

On voit ici une fois de plus la complémentarité entre la pesée de l'argent et la mesure du grain : argent et grain étaient en effet les deux moyens de paiement couramment utilisés dans l'économie mésopotamienne.

Dans une étude récente, Z. Földi a repris l'étude du dossier que j'avais rassemblé en 2011. Sa conclusion est ambiguë :

> On peut conclure de ces documents que le bît Kittim n'était pas, en fait, un simple sanctuaire, mais plutôt un bureau officiel travaillant sous la protection divine.

Mais il ajoute en note :

> Le dieu/déesse Kittum est décrit(e) comme fils ou fille de Šamaš (*cf.* Klein, 1999 : p. 311-312). Cependant, je ne suis pas sûr que les poids ou les mesures de capacités désignés par son nom appartiennent vraiment à son temple, ou, selon les mots de Charpin (2010 : p. 33), à un « bureau de poids et mesures ». Je pense plutôt qu'il faut les comprendre comme poids et mesures de capacités « réguliers » ou « justes ».

À mes yeux, cela s'appelle nier l'évidence... En effet, les textes distinguent parfaitement entre ce qui est « régulier » ou « juste », désigné par le sumérien gi-na, et ce qui relève du

39. AUCT 4 69.

temple de Kittum, désigné tantôt comme *bît Kittim*, tantôt par son nom sumérien de é-gi-na. Et un objet conservé au British Museum confirme cette conclusion.

Des temples Egina, où ?

Le British Museum conserve une petite tablette inscrite avec trois lignes seulement, qui se révèle très importante pour notre enquête. On peut y lire :

> 1 mine, poids de Šamaš, Egina[40].

Figure 3-6. La tablette BM 97327 (Cliché D. Charpin).

M. Stol avait pensé que le texte pouvait être une empreinte laissée dans l'argile par une matrice, mais l'examen de l'original

40. BM 97327.

exclut cette possibilité. Z. Földi a cru que cette petite tablette pouvait être une étiquette d'un sac ayant contenu de l'argent : cependant, de telles étiquettes gardent des traces de la ficelle ayant servi à les attacher, ce qui n'est pas ici le cas. On a simplement affaire à une petite tablette aux bords arrondis, écrite dans le sens de la largeur, chaque ligne d'écriture étant séparée par un trait. Il me semble qu'il s'agit d'un modèle destiné à un lapicide chargé de graver cette inscription sur un poids en pierre. L'existence de poids inscrits est en effet bien attestée. Par ailleurs, on connaît des modèles sur tablettes d'inscriptions commémoratives qui devaient être gravées dans la pierre ou dans le métal ; on a également retrouvé des modèles d'inscriptions de légendes de sceaux.

Ce texte est surtout remarquable en ce qu'il montre le lien étroit entre Šamaš et l'Egina, puisque le poids est défini par rapport au dieu Šamaš, mais qu'est mentionné ensuite le temple Egina : il me semble qu'il faut imaginer l'Egina comme une sorte de chapelle dans un temple, où étaient conservés les poids et mesures de référence. Combien de temples Egina existait-il ? Il est impossible de le dire, mais en ce qui concerne la grande province de Larsa sous la domination de Hammurabi et de son fils Samsu-iluna, une chose est sûre : si Sin-uselli fit graver sur son sceau la précision « peseur de l'Egina *d'Ur* », c'est que des temples de Kittum existaient ailleurs qu'à Ur.

Du coup, on peut se demander si les poids découverts dans la jarre de Larsa n'ont pas un rapport avec les petits sacs scellés qui s'y trouvaient aussi et dont on n'a retrouvé que les étiquettes et le contenu, à savoir les fragments d'argent. Il est vrai qu'on n'a pas retrouvé de balance, mais ces poids pourraient être les instruments de travail de peseurs professionnels. Il faut donc aller jusqu'au bout du raisonnement et proposer que la pièce 13 de l'Ebabbar soit à considérer comme l'Egina, qui serait une sorte de chapelle à l'intérieur du sanctuaire. Il est vrai que Sin-uselli était, d'après la légende de son sceau, rattaché à l'Egina *d'Ur*. Cependant, dans les temps troublés qui ont précédé la destruction des villes du sud du royaume de Babylone, il aurait pu être contraint de se réfugier à Larsa ; on connaît déjà le cas du chef des marchands d'Ur, Sin-muštal, qui est alors devenu gouverneur de Larsa...

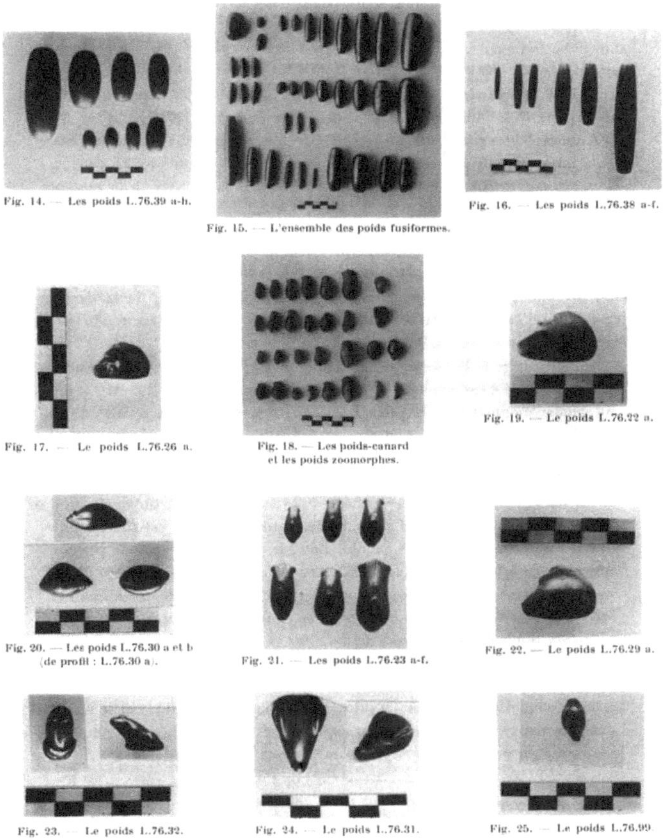

Figure 3-7. Ensemble des 67 poids retrouvés dans la jarre de Larsa, avec vue détaillée de certains (d'après D. Arnaud *et al.*, *Syria* 56, 1979, p. 10).

Et le temple de Mišarum ?

Le dossier du temple de Kittum, l'Egina, étant instruit, on peut se demander ce qu'il en était du temple de la déesse Mišarum. Kittum n'était en effet qu'une des deux divinités formant une paire : Kittum et Mišarum étaient les deux visages de la Justice personnifiée et divinisée. De fait, la conception mésopotamienne de la justice avait deux aspects. On trouve d'abord *kittum*, un mot formé sur la racine KûN qui signifie « être stable » (sumérien : gi-na). Il s'agit de la justice en tant que « garante de l'ordre établi », comme nous dirions ; c'est aussi le mot qui désigne la « loyauté ». Mais il existait un autre concept, celui de *mîšarum* : ce mot dérive de la racine 'ŠR « aller droit » (le verbe sumérien si-sá a le même sens et donne nì-si-sá, « justice »). Il s'agit de la justice qui « redresse » les situations injustes. Un exemple permet de présenter ces deux faces de la justice. Normalement, un débiteur devait rembourser son créancier, en fonction de la justice-*kittum* ; l'esclavage pour dettes est d'ailleurs attesté. Cependant, quand un trop grand nombre de ses sujets étaient écrasés sous le fardeau de leurs obligations, le roi prenait un décret de *mîšarum* et annulait les dettes des plus pauvres.

On a vu que le temple de Kittum était désigné en écho au nom sumérien de la déesse (^{d}nì-gi-na = > é-gi-na). Par symétrie, on s'attendrait à ce que le nom de la déesse Mišarum, en sumérien Nisisa, ait donné naissance au nom de son temple, Esisa (^{d}nì-si-sá = > é-si-sá). Un bâtiment nommé é-nì-si-sá est effectivement attesté ; A. George l'a compris comme « Maison de Justice », sans être certain qu'il s'agisse d'un sanctuaire. La question mérite d'être examinée de près.

La construction de ce bâtiment fut commémorée par Lipit-Ištar, qui fut roi d'Isin de 1936 à 1926. Cette inscription est connue par une centaine de clous de fondation ; elle a donné lieu à une abondante bibliographie, car elle est encore mal comprise. Je commencerai par reprendre l'interprétation de D. Frayne :

> Lipit-Ištar, humble berger de Nippur, cultivateur fidèle d'Ur, qui n'a de cesse pour Eridu, prêtre qui convient à Uruk, roi d'Isin, roi de Sumer et d'Akkad, favori de la déesse Inanna
> le jour où j'ai instauré la justice (nì-si-sá) dans Sumer et Akkad, j'ai bâti la « Maison de Justice » (é-nì-si-sá-a) près du canal d'irrigation, la place prééminente des dieux[41].

Il s'agit d'une inscription classique à trois parties : elle débute par le nom et la titulature du roi, se poursuit par le rappel d'un événement et s'achève par la commémoration de la construction d'un bâtiment.

La titulature ne pose pas de problème : outre la capitale, Isin, sont mentionnées les villes principales du royaume avec les épithètes traditionnelles.

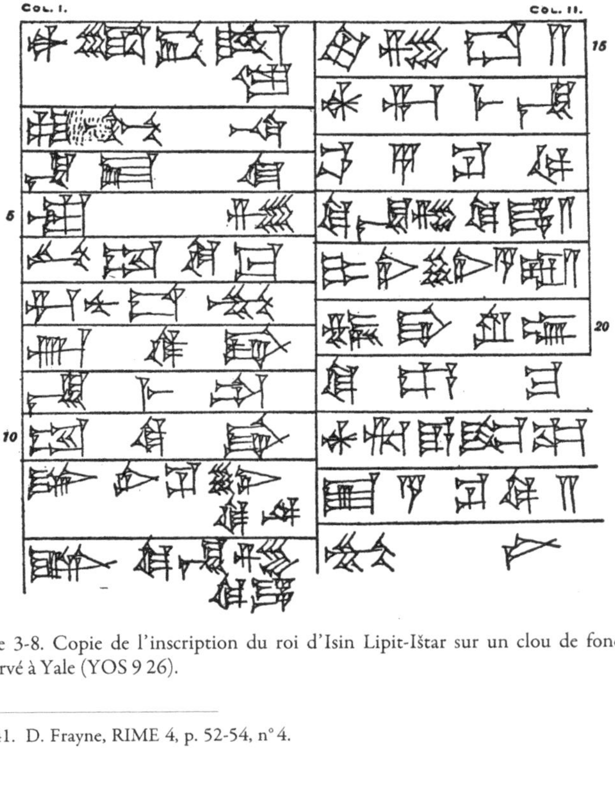

Figure 3-8. Copie de l'inscription du roi d'Isin Lipit-Ištar sur un clou de fondation conservé à Yale (YOS 9 26).

41. D. Frayne, RIME 4, p. 52-54, n° 4.

L'événement rappelé est la promulgation d'un code de lois par Lipit-Ištar. Ce texte, rédigé en sumérien, est héritier de celui du roi d'Ur Ur-Nammu, mais antérieur de plus d'un siècle et demi au célèbre code de Hammu-rabi, qui est rédigé en akkadien. Si le code de Lipit-Ištar est moins célèbre que celui du roi de Babylone, c'est en partie dû au hasard des découvertes. On n'en a pas retrouvé d'exemplaire sur une stèle aussi spectaculaire que celle qui se trouve aujourd'hui au Louvre : il est essentiellement connu par des copies sur tablettes effectuées comme exercices par de jeunes scribes dans le cadre de leur apprentissage.

Ce qui fait problème, c'est la dernière partie du texte, surtout le mot qui suit le nom du bâtiment. Certains ont cru qu'il s'agissait du mot *namkarum* « canal d'irrigation ». Sollberger avait considéré qu'on avait affaire à un nom géographique :

> Je bâtis l'E-nisisa dans le Namgarum, la place prééminente des dieux.

Reprenant une ancienne suggestion, W. Sallaberger a proposé d'y voir une attestation du mot *namgarum*, dérivé de *magârum* « être d'accord », d'où cette traduction :

> J'ai bâti une place d'accord dans le lieu prééminent des dieux, une Maison de la Justice (é-nì-si-sá-a).

Récemment M. Guichard a commenté le passage ainsi :

> Une centaine de cônes trouvés à Isin évoquent une « maison de la justice » (...). La fonction et la nature de ce bâtiment non autrement documenté restent à l'heure actuelle incertaines : il s'agit peut-être d'un lieu consacré (mais il n'a pas l'air d'être dédié à une divinité en particulier et ce n'est sûrement pas un temple). [...]. Une « divinisation de la justice » (^{d}nì-si-sá) est enfin bien connue, elle est notamment attestée à Larsa. Si la « maison de la justice » d'Isin était localisée sur un espace officiel dont le nom (la « place suprême des dieux ») évoque la notion d'assemblée divine, voire de tribunal divin, elle devait malgré tout plutôt représenter une structure qui était dépendante du palais.

M. Guichard n'accepte pas la solution de W. Sallaberger :

> La nouvelle interprétation de Walther Sallaberger (...) suppose une dérivation sur *magârum*, « accepter » (d'où sa traduction par « *Verständigungstelle* »). L'installation de cette structure devient dès lors le motif principal. En raison de l'ambiguïté du sumérien, la compréhension du texte n'est pas entièrement assurée. Remarquons que l'ajout de -a après nì-si-sá peut être interprété comme une marque de locatif : « Dans la maison (de la/où <se tient> la) justice. » [...] Il faudrait en conclure que la maison de la justice n'était pas l'objet de la commémoration dans RIME 4.1.5.4 et qu'elle existait déjà à l'avènement de Lipit-Eštar. Le sens de *namGArum* reste incertain, mais désigne plus probablement une sorte de bâtiment, peut-être une réserve ou un édifice dont la fonction aurait un rapport avec le contrôle des transactions commerciales et des tarifs. (*Makārum* signifie « manipuler l'argent pour faire des affaires » : « J'ai construit, lorsque j'ai instauré la justice dans Sumer et Akkad, une chambre du commerce (??) sur la place suprême des dieux, dans la maison (de la) justice. »)

J'avoue n'être pas convaincu par cette dernière interprétation, pour une raison précise : par un décret de *mîšarum*, ce que le roi annulait, c'étaient les créances qui n'avaient pas été remboursées correspondant à des prêts de nécessité : en période de soudure, les plus pauvres empruntaient pour se nourrir jusqu'à la prochaine récolte. Les édits connus, notamment celui d'Ammi-ṣaduqa, n'annulaient pas les prêts de nature commerciale et il n'y a pas de raison de penser qu'il en était autrement à l'époque de Lipit-Ištar.

Il me semble que, sans forcer les témoignages, on ne peut plus désormais envisager le cas de l'Enisisa sans faire le parallèle avec l'Egina, ce qui n'a été le cas d'aucun des auteurs qui ont traité de l'inscription de Lipit-Ištar. Il est clair que l'Enisisa doit être compris comme un temple de la déesse Mišarum, donc ayant un rapport avec le code de justice (*mîšarum*) que Lipit-Ištar avait fait rédiger.

Il faut ici rappeler que les fouilles de Nippur ont retrouvé deux fragments d'une stèle en basalte où le texte de ce code était gravé : l'un provient des fouilles du XIXe siècle et a été publié par L. Legrain, l'autre a été exhumé lors de la IXe campagne en 1964/1965 et publié par R. D. Biggs. Il est vrai que ces fragments viennent de Nippur et pas d'Isin, mais les deux villes avaient des liens étroits : qu'une copie du code de Lipit-Ištar ait été installée à Nippur n'interdit pas de penser qu'il était aussi visible dans la capitale, Isin. Il en allait de même pour le code de Hammu-rabi, présent dans l'Esagil de Babylone, mais aussi dans d'autres temples, comme l'Ebabbar de Sippar : c'est là que la stèle aujourd'hui au Louvre fut pillée par les Élamites au XIIe siècle, ce qui explique qu'elle ait été retrouvée à Suse. Dans l'épilogue de son code, Hammu-rabi demandait à l'homme lésé de venir lire sa stèle :

> Que l'homme lésé qui a un procès aille devant ma représentation en tant que roi juste, qu'il lise ma stèle inscrite, qu'il écoute mes paroles très précieuses et que ma stèle lui révèle son procès, de sorte qu'il voie la sentence qui le concerne et qu'il s'apaise[42].

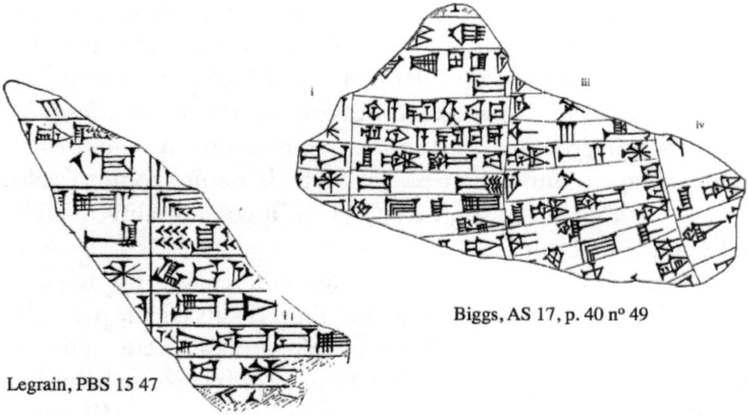

Figure 3-9. Deux fragments d'une stèle portant le texte du code de Lipit-Ištar découverts à Nippur (L. Legrain, PBS 15 47 et R. D. Biggs, AS 17, p. 40 n° 49).

42. xlviii 3-17 ; M. Roth, WAW 6, p. 134.

Une hypothèse serait alors possible : à l'intérieur d'un temple plus important, l'é-(nì-)si-sá serait une sorte de chapelle vouée à la déesse Mišarum et abritant une stèle du code de lois du souverain. Puisqu'on sait que la stèle du code de Hammu-rabi fut installée par le roi dans l'Esagil, on peut supposer que la sorte de chapelle dans laquelle elle se trouvait était également désignée comme Enisisa. Il pourrait en avoir été de même pour tous les temples dans lesquels un exemplaire du code avait été placé, comme l'Ebabbar de Sippar.

Conclusion

Finalement, s'intéresser au temple d'une divinité aussi mineure que Kittum se révèle profitable… On voit qu'il existait à l'époque paléo-babylonienne des temples de la déesse Kittum, nommés Egina, qui servaient de « bureaux des poids et mesure ». Le seul membre de ce temple que nous connaissions, Sin-uselli, le peseur rattaché à l'Egina d'Ur, est décrit sur son sceau comme « serviteur de Samsu-iluna ». On ne doit pas s'étonner qu'il ne soit pas serviteur de la déesse Kittum, puisque les légendes des sceaux des membres du clergé ne renvoyaient pas à la divinité dont ils étaient desservants, mais à leur divinité familiale. En l'occurrence, Sin-uselli était un serviteur de Samsu-iluna : cela montre que la fonction qu'il remplissait était sous le contrôle du roi. De fait, l'emploi de mesures justes faisait partie des tâches que le roi en tant que garant de la justice se devait d'accomplir. Il ne faudrait pas imaginer une opposition entre prérogative régalienne et monde des temples. L'Egina n'était pas seulement le lieu où étaient conservés des étalons des poids et mesures. Des agents rattachés à ce temple circulaient, munis de poids ; ils pesaient des débris d'argent, puis les enfermaient dans des sachets qu'ils scellaient, après avoir inscrit le poids de métal précieux qu'ils renfermaient. Il semble que les redevances dues au palais devaient obligatoirement être versées de cette manière, à en croire le dossier du chef des marchands Šep-Sin.

On voit que les choses ne sont pas aussi assurées concernant la divinité sœur de Kittum, à savoir Mišarum ; il existait cependant un temple Esisa qui jouait sûrement un rôle par rapport à la justice, au moins dans le royaume d'Isin.

Chapitre 4

ÉCOLES, BIBLIOTHÈQUES ET ARCHIVES

L'écriture constitue une des inventions majeures de la civilisation mésopotamienne. Elle a été placée initialement sous le patronage d'une déesse nommée Nisaba, mais on a ici un cas particulier : dans le courant du deuxième millénaire, la patronne de l'écriture a été éclipsée par une figure masculine, celle du dieu Nabu.

Nisaba est une divinité bien curieuse dans le panthéon mésopotamien : elle est à la fois la déesse du grain et la déesse de l'écriture. Cette double compétence a été expliquée par P. Michalowski comme conséquence d'une évolution liée au contexte de l'apparition de l'écriture :

> Nisaba était la déesse du grain et des arts du scribe au sens le plus large du mot, à savoir l'écriture, la comptabilité et l'arpentage. Étant à l'origine une divinité agricole, elle est devenue la patronne des scribes peu après l'invention de l'écriture. Dans la littérature académique traditionnelle en sumérien, ce dernier aspect tendait à dominer, mais on se la rappelait aussi comme une déesse du grain.

Ce serait donc parce que l'écriture serait issue des techniques comptables que Nisaba, déesse du grain, serait devenue la patronne des scribes. On notera toutefois qu'à l'époque paléo-babylonienne, la légende liait l'apparition de l'écriture, non pas à la comptabilité, mais aux besoins de la communication à distance dans le cadre des relations diplomatiques. Quoi qu'il en soit de la question des origines, de nombreux textes scolaires comportent la doxologie en sumérien « louange à Nisaba » (^{d}nisaba zà-mí) et cela dès le XXIVe siècle (tablettes de Fara). On trouve aussi, à la fin de certaines tablettes scolaires, cette mention : « Je suis Nisaba », ce qu'il faut comprendre comme : si j'ai réussi cet exercice, ce n'est pas à cause de mon mérite, mais grâce à l'aide de la déesse Nisaba. On retrouve ici un aspect essentiel de la conception qu'avaient les Mésopotamiens des activités artisanales. Un orfèvre déclare ainsi à propos d'une statue de culte : « C'est Kusibanda, (c'est-à-dire) Ea le divin patron des orfèvres, qui l'a faite, ce n'est pas moi qui l'ai faite. » De la même manière, dans le préambule de l'hymne au temple de Keš (l. 1-12), il est dit que c'est Enlil qui a entonné cet hymne de louange et que la déesse Nisaba en a assemblé les mots comme des pierres précieuses sur un fil en les écrivant sur une tablette qu'elle tenait en main. Cet hymne n'est donc pas l'œuvre des hommes : ces sont les dieux qui l'ont créé et transmis. On a ici une légitimation d'une partie importante de la littérature sumérienne : depuis l'origine des temps, la mise par écrit des hymnes a été le fait des dieux.

Nisaba est souvent associée à son époux, Haya, comme le montre la doxologie qui figure sur d'autres exercices scolaires : « louange à Nisaba, louange à Haya » (^{d}nisaba zà-mí ^{d}ha-ià zà-mí). C'est un hymne retrouvé dans la maison de purificateurs à Ur qui décrit le mieux la personnalité de Haya. Dans ce texte, les thèmes afférents au monde de l'écrit peuvent être rangés en trois catégories. Viennent en premier lieu les mentions de Haya comme scribe : il est « celui qui tient les grandes tablettes » (l. 2), « l'économe-archiviste (*šandabakkum*) du palais » (l. 4), « celui qui tient en main le saint roseau » (l. 5), instrument par excellence du scribe ; Haya est aussi « celui qui connaît le sens des tablettes obscures (et) en fait des chefs-d'œuvre pour les dieux » (l. 20). Il est également en charge d'un type particulier d'écrit, puisqu'il « inscrit les grandes (tablettes d') argile du destin » (l. 5). D'où la demande qu'on lui adresse pour le roi (l. 52) : « Sur la tablette de Vie, inaltérable à jamais, inscris les années du (règne) de Rim-Sin ! » Cette figure de Haya comme scribe a deux prolongements. Dans le domaine technique, il sait non seulement écrire, mais aussi calculer, puisqu'il est le « comptable de Halanku » (l. 3) ; ses aptitudes en ce domaine expliquent qu'Enlil lui ait confié la gestion du Trésor de l'Ekur (l. 7), et qu'il perçoive le tribut dû aux dieux (l. 15). D'autre part, sa connaissance de l'écriture fait de lui le sage par excellence : il est « le seigneur accompli en sagesse sublime, doué pour bien conseiller » (l. 1), « celui qui a la plus vaste intelligence » (l. 2), « source débordante d'intelligence de l'é. geštu$_2$.^{d}nisaba » (l. 3), « le plus savant du sanctuaire Ekišnugal » (l. 10), « celui qui possède la sagesse » (l. 14) ; il est « doué d'un esprit juste » (l. 37). On doit ajouter que la purification formait le second pôle des activités de Haya.

Cependant, dans le mouvement de « masculinisation » du panthéon mésopotamien qui eut lieu au deuxième millénaire, ce n'est pas Haya qui supplanta Nisaba, mais Nabu. Nabu est un dieu à l'histoire très étonnante. D'abord parce que son apparition est récente : sa première attestation datable est le nom de l'an 16 de Hammu-rabi (1777). Fils de Marduk, il n'était pas encore le dieu de la ville de Borsippa : c'était alors Tutu, comme le montre le prologue du code de Hammu-rabi. Nabu a pris rapidement le relais de Nisaba et Haya comme divinité tutélaire des scribes. Cela se voit en particulier dans les légendes de sceaux : alors que beaucoup de scribes étaient décrits sur leur sceau comme serviteurs de Nisaba au début de l'époque paléo-babylonienne, à partir du règne de Samsu-iluna (1749), la plupart des scribes se disent serviteurs de Nabu. Dans l'adresse d'une lettre envoyée à un scribe, on trouve cette formule :

> À Nabium-malik, le gentilhomme dont les dieux Marduk et Nabu guident le calame[43].

43. AbB 3 33 : 1-4.

Le dieu Nabu fut, à partir de l'époque kassite, représenté sous la forme d'un stylet, attribut de sa fonction. Les apprentis-scribes prirent l'habitude de lui vouer des tablettes comme leurs prédécesseurs le faisaient avec Nisaba et Haya. C'est ce que montrent des colophons tels que celui-ci, qui clôt la copie d'une liste lexicale :

> Extrait (de la série) *A = nâqu*. Collationné. Non fini. Modèle de Borsippa. Nabu-kuṣuršu, fils de Bel-eriba, descendant de Huṣabi, l'a écrite et collationnée pour Nabu, son seigneur, conformément à son original, pour la sauvegarde de sa vie et pour sa lecture. Que celui qui révère Nabu ne l'emporte pas[44] !

Le changement ne fut cependant pas complet : Nisaba ne disparut pas totalement, son nom a quelquefois survécu. Nabu et Nisaba peuvent être associés, comme dans ce colophon qui mentionne « Nabu et Nisaba, les maîtres du *bît mummi* », ou dans cette injonction : « Par Nabu et Nisaba, n'efface pas mon nom inscrit ! » Mais il s'agit là de coquetteries d'érudits : dans les faits, Nabu a rapidement et complètement éclipsé Nisaba.

Le présent chapitre abordera trois aspects du domaine de l'écrit, protégé par Nisaba (et Haya), puis Nabu. On analysera d'abord la formation des scribes dans des écoles ; on verra ensuite comment furent constituées des bibliothèques d'œuvres littéraires ; on s'attachera finalement à la conservation des documents dans des archives.

Écoles

Le plus souvent, les assyriologues considèrent que les écoles dépendaient des palais, ou que la formation des scribes se faisait dans le cadre de maisons privées. On verra comment en réalité les temples de Nisaba, puis ceux de Nabu, jouèrent un rôle essentiel dans la formation des scribes.

44. H. Hunger, AOAT 2, p. 52, n° 129.

Le temple de Nisaba

Les écoles retrouvées lors des fouilles, pour l'époque paléo-babylonienne, avaient le plus souvent pour cadre des maisons privées, comme celles des purificateurs du n° 7, Quiet Street, à Ur. La question a été reprise par A. George dans une communication très intéressante au colloque de Bagdad de 2001 qui célébrait les 5 000 ans de l'invention de l'écriture à Sumer, et qu'il a publiée sous forme d'une contribution parue dans les *Mélanges Klein*. Dans cette étude, A. George commence par citer un texte rendu célèbre par S. Kramer sous le titre de *Schooldays*, mais qui est aujourd'hui mieux compris que du temps de son premier éditeur. Un écolier y raconte ses déboires à l'école (sumérien é-dub-ba-a) :

> Le gardien de la porte (m'a dit) : « Pourquoi es-tu sorti sans mon (autorisation) ? » Il m'a battu.
> Le responsable de la jarre (m'a dit) : « Pourquoi as-tu pris... ? » Il m'a battu.
> Le responsable du sumérien (m'a dit) : « Tu as parlé akkadien ! » Il m'a battu.
> Mon maître (m'a dit) : « Ton écriture n'est pas belle ! » Il m'a battu[45].

Ce passage suscite plusieurs remarques. On a cru que la mention de la jarre l. 39 faisait allusion à une boisson : A. George a restitué « [eau *ou* bière] » (« [water *or* beer] »). Il est vrai qu'en général la jarre-lahtan sert à stocker de la bière, mais pas seulement, puisque on précise parfois « jarre de bière ». Dans le contexte de *Schooldays*, on pourrait y avoir conservé l'eau qui servait à remodeler l'argile des tablettes ; dans ce cas, l'objet du verbe « prendre » pourrait être de l'« argile » (im = *ṭîdum*). On observe par ailleurs que c'est le professeur de sumérien qui bat l'élève qui en classe parle akkadien (l. 40) : quelle meilleure preuve pourrait-on avoir du fait que le sumérien était alors une langue morte ? Car une langue morte peut très bien être parlée

45. *Schooldays*, l. 38-41.

comme l'a été le latin pendant bien longtemps : on peut ici rappeler que jusqu'aux frères des Écoles chrétiennes on apprenait dans les écoles de notre pays à lire et écrire en latin, pas en français. On remarquera enfin le nombre d'intervenants : pas moins de quatre personnes ! On a ici bel et bien affaire à une école au sens institutionnel du terme.

Résumant les travaux antérieurs sur les écoles paléo-babyloniennes, A. George a souligné le contraste entre l'image des textes descriptifs tels que celui qu'on vient de citer et la réalité découverte lors des fouilles. D'un côté, on a de grosses structures avec de nombreux élèves et un personnel important et de l'autre les écoles retrouvées sont des bâtiments de petite taille, dont on peut montrer dans certains cas comme au n°7, Quiet Street à Ur qu'il s'agissait de la maison d'habitation de membres du clergé. Si l'on remonte dans le temps, une étape essentielle semble avoir été la création de l'é-dub-ba-a par Šulgi. G. Jonker a souligné le rôle de Šulgi dans la perpétuation de la mémoire des rois : conscient que l'exécution des chants à leur louange risquait de s'interrompre assez vite, le roi d'Ur créa une école de scribes dont l'une des fonctions était explicitement de recopier sans cesse le texte de ces hymnes, décision qui a d'ailleurs donné d'excellents résultats. Dans cette optique, A. George cite l'hymne B de Šulgi :

> En aval, à Ur, dans un endroit pur (mon hymne) est chanté
> La Maison de sagesse (é-geštu$_2$) de l'Étoile Nisaba est (le lieu) de mon hymne.
> En amont, à Nippur, dans le Grand Lieu (mon hymne) est établi,
> Pour ma bénédiction dans l'Ekur, le lieu que j'ai installé fermement.
> Le scribe doit venir, sa main doit capturer (le chant par écrit),
> le chantre doit venir, il doit le déclamer.
> L'Edubba à jamais ne doit pas changer
> le Lieu de l'apprentissage (ki-umun$_2$) à jamais ne doit cesser de fonctionner[46].

A. George relève que « Maison de sagesse de Nisaba » (é-geštu$_2$-^{d}nisaba) et « Lieu de l'apprentissage » (ki-umun$_2$)

46. Šulgi B : 308-315.

ressemblent à un nom cérémoniel de temple ; mais plus bas, il décrit les é-dub-ba de l'époque d'Isin comme des annexes du palais. Il cite seulement le cas d'Uruk, écartant avec raison le cas du palais de Mari ; il faut ajouter le palais d'Enlil-bani à Isin. A. George propose donc de déconnecter complètement le témoignage des textes descriptifs, qui remontent aux XXe et XIXe siècles, et les réalités retrouvées lors des fouilles, qui datent des XVIIIe et XVIIe siècles : pour lui, les écoles de l'époque d'Ur III et Isin étaient des institutions rattachées à des palais.

Il faut aller plus loin dans la piste qu'A. George a esquissée mais pas suivie : il me semble qu'on doit considérer que les écoles de l'époque d'Ur III étaient incorporées aux temples de Nisaba. C'est ce qu'avait déjà pressenti M. Green dans son édition de la *Lamentation sur Eridu* : commentant le passage où l'on voit Subaréens et Élamites détruire la ville d'Eridu et notamment son é-geštu$_{2}$ (4 : 11), elle releva qu'il y existait aussi un é-geštu$_{2}$-^{d}nisaba à Ur et un à Uruk et concluait :

> Au lieu d'un seul temple à Eridu nommé EGEŠTU-NISABA, le nom pourrait renvoyer à un type particulier de bâtiment, peut-être en connexion avec une école scribale, dont il existait plusieurs exemplaires dans différentes villes sumériennes Eridu y compris.

Pourquoi « en connexion avec » (*connected with*) ? On retrouve ici la même timidité que dans les autres dossiers qu'on a déjà examinés. Cette position a été reprise par P. Michalowski :

> Il y a de bons témoignages reliant cette « maison de sagesse de Nisaba » avec les arts du scribe et avec la ville d'Eridu, quoique des références littéraires suggèrent qu'il puisse s'agir d'un nom générique pour les institutions scribales.

L'hymne B de Šulgi met d'ailleurs clairement en parallèle E-geštu comme nom du temple de Nisaba à Ur (l. 309) et l'Ekur, temple d'Enlil à Nippur (l. 311). Les temples de Nisaba, déesse de l'écriture, peuvent très bien avoir servi d'écoles et nous en avons des attestations à Ur, à Eridu et à Uruk. Il faut ici faire remarquer que é-geštu$_{2}$ signifie littéralement la

« Maison de l'oreille », *i.e.* de la sagesse : dans la civilisation mésopotamienne, le sage est celui qui a de grandes oreilles pour bien écouter les conseils de sagesse que lui donne son père ou son maître.

De même qu'on priait Gula pour recouvrer la santé, on invoquait Nisaba pour avoir une belle écriture :

> Que Nisaba rende beau ton roseau à écrire, qu'elle te fasse repérer l'erreur dans tes exercices (litt. « tablettes de main »)[47] !

P. Michalowski, dans sa synthèse sur Nisaba, avait indiqué que l'archéologie n'avait jusqu'à présent pas retrouvé un seul temple de Nisaba. On peut toutefois revenir sur le cas de Tell Harmal, l'antique Šaduppum. Les archéologues irakiens y auraient retrouvé des textes lexicaux et littéraires dans deux temples voués à Nisaba et Haya. L'identification du principal temple découvert à Tell Harmal, à l'entrée duquel se tenait la fameuse paire de lions en argile cuite, comme voué à Nisaba et Haya repose sur la découverte de deux grandes tablettes comportant une dédicace à ce couple divin. Cependant, on a exhumé à Tell Harmal des tablettes également vouées à Nisaba et Haya en un autre endroit, comme ce grand texte lexical muni de ce colophon :

> (Pour) Nisaba, Haya (et) Geštinanna, Irra-imitti, scribe, fils de Nurum-liṣi, a inscrit (cette tablette)[48].

Cette tablette a été découverte dans la pièce 44, qui fait partie de deux petits sanctuaires jumeaux proches de la porte de la ville, d'où la conclusion du fouilleur que ces temples étaient également voués à Haya et Nisaba. Il est cependant peu vraisemblable qu'il y ait eu deux sanctuaires voués à Nisaba et Haya à Šaduppum, l'un assez grand (28 x 18 mètres), l'autre plus petit (14 x 15 mètres). En réalité, on sait maintenant que la divinité poliade de Šaduppum était le dieu Bel-gašer, à qui devait être

47. Edubba A : p. 75-76.
48. IM 51144.

Figure 4-1. Grande tablette lexicale découverte à Šaduppum (Tell Harmal), avec à gauche un colophon comportant une louange aux dieux Nisaba, Haya et Geštinanna (IM 5144, Bagdad, musée national ; d'après N. Veldhuis, *Religion, Literature, and Scholarship...*, CM 22, Leyde, 2004, pl. 37).

voué le principal sanctuaire de la ville. Le petit temple double était logiquement voué au couple formé par Haya et Nisaba ; on y a retrouvé de nombreuses tablettes scolaires, dont certaines avec dédicace aux deux dieux de l'écriture. Malgré l'absence d'inscription de fondation, on peut penser qu'on a ici un (modeste) exemple de ces é-geštu$_2$ voués à Nisaba (et Haya) qui servaient d'écoles dans la première moitié de l'époque paléo-babylonienne.

Figure 4-2. Reconstruction moderne du sanctuaire double voué à Nisaba et Haya à Šaduppum (Tell Harmal) (cliché D. Charpin).

Le temple de Nabu au premier millénaire

Comme on l'a déjà vu, Nabu a pris dans le courant du deuxième millénaire le relais de Haya et Nisaba comme divinité tutélaire des scribes. Plusieurs de ses temples portaient le nom d'Ezida, soit « Temple fiable », ce qui n'indique rien sur leurs fonctions.

L'enquête commencera par les tablettes découvertes en 1979 à Babylone, à l'ouest de la voie processionnelle, dans un bâtiment identifié comme un temple de Nabu grâce à une inscription de fondation d'Asarhaddon (680-669). Sur le sol de certaines pièces, ou dans le remplissage sous-jacent, plus de 2 000 tablettes d'exercices ont été retrouvées. Elles ont à l'évidence servi de matériau de construction pour rehausser le sol de l'édifice, lorsque Nabuchodonosor II le rénova ; certaines étaient même incorporées dans les marches d'un escalier ! Bien qu'il s'agisse de tablettes mises au rebut, elles avaient un lien avec le temple dans lequel elles ont été retrouvées. Certaines comportent en effet un colophon avec une prière à Nabu, comme par exemple :

Figure 4-3. Temple de Nabu *ša hare* à Babylone tel qu'il a été restauré (cliché D. Charpin).

> À Nabu, l'héritier prééminent, maître suprême, quintessence de sagesse, maître d'ingéniosité, qui réside dans l'E-gidri-kalama-suma, la demeure bien nommée qui confère le sceptre et le trône en vue de la royauté, Nabu-zer-iddina a rédigé une tablette et l'a offerte pour son salut et le développement de son entendement. Ô Nabu, maître suprême, développe son entendement !

Le temple de Nabu à Babylone se nommait en sumérien E-gidri-kalama-suma, ce que le colophon glose ensuite en akkadien comme « la demeure bien nommée qui confère le sceptre et le trône ». La tablette montre que l'apprenti-scribe a conçu son exercice comme une offrande à sa divinité tutélaire ; de façon plus précise, on indique parfois que les tablettes ont été données au portier du temple pour qu'il les dépose dans une sorte de récipient nommé *gunnu*. Ces dépôts votifs auraient été effectués lors d'une cérémonie, au moment d'une fête du dieu Nabu. L'éditeur de ces textes a estimé qu'il ne faut pas considérer que le temple de Nabu comportait une école et a souligné que nous ignorons tout des lieux et conditions dans lesquels nos apprentis reçurent leur formation : il est vrai que les témoignages directs font défaut, mais il est très probable cependant que cette formation ait eu lieu dans le temple de Nabu ou du moins en liaison étroite avec lui.

Bibliothèques

On peut continuer cette revue par le cas des temples de Nabu qui fonctionnaient comme des bibliothèques. La plus connue est celle de Ninive, mais les fouilles en ont retrouvé plusieurs autres, tant en Assyrie qu'en Babylonie. Cependant, il existait des bibliothèques dans d'autres temples que ceux de Nabu : il nous faudra voir quel était leur statut.

Les temples de Nabu comme bibliothèques

Au point où nous en sommes de notre enquête, il n'y a rien d'étonnant que les temples de Nabu, dieu de l'écriture, aient abrité des bibliothèques. Mais les situations sont très différentes. Les fouilles ont parfois été décevantes par rapport à ce que les textes laissaient espérer, comme à Ninive, à Babylone ou à Borsippa ; à Khorsabad, la bibliothèque qui a été retrouvée est très importante par ce qu'elle nous apprend du mode de stockage des tablettes, mais on n'y a retrouvé que peu de choses. Inversement, les tablettes de la bibliothèque de l'Ezida de Kalhu sont intéressantes, mais retrouvées dans des déblais.

Le temple de Nabu à Ninive

L'histoire des fouilles de Ninive est surtout connue pour ses débuts et la façon dont le jeune G. Smith découvrit en 1873 la suite du récit du Déluge qu'il était venu chercher, après en avoir déchiffré une partie au British Museum, rapportée lors d'une campagne précédente de Layard. Les fouilles, suspendues après son décès prématuré en 1876, continuèrent entre 1878 et 1882 sous la houlette de H. Rassam. Elles reprirent près d'un demi-siècle plus tard, grâce à R. Campbell Thompson, assyriologue anglais surtout connu par son édition de l'*Épopée de Gilgameš*, parue en 1930. Il retourna à Ninive de 1927 à 1932, dans l'espoir de mettre au jour la bibliothèque du temple de Nabu dont l'existence semblait assurée par de nombreux colophons de tablettes déjà découvertes. Il trouva en effet les fondations de ce bâtiment, mais ne dégagea que trois tablettes explicitement décrites comme ayant fait partie de la collection du temple de Nabu. Le reste des 1 200 textes ou fragments qu'il rapporta à Londres provient de divers emplacements ; leur inventaire n'a été publié qu'en 1968.

Les colophons des tablettes de Ninive permettent de distinguer deux réalités. On a d'abord affaire à la bibliothèque privée du roi dans son palais, comme le montrent plusieurs colophons :

> Palais d'Assurbanipal, roi de l'univers, roi d'Assyrie, qui se fie à Aššur et Mulissu, à qui Nabu et Tašmetu ont donné un large entendement, qui a acquis un œil clair, le plus haut niveau de l'art du scribe, ce que personne n'a appris parmi les rois qui m'ont précédé. La sagesse de Nabu, les signes cunéiformes autant qu'il en existe, je

> l'ai écrite sur des tablettes, vérifiée et collationnée et j'ai installé ces tablettes à l'intérieur de mon palais pour les lire (et) me les faire lire. Celui qui se fie à toi ne connaîtra pas la honte, ô roi des dieux, Aššur ! Celui qui emporterait (cette tablette) ou bien inscrirait son nom à la place du mien, qu'Aššur et Mulissu le maudissent furieusement (et) avec rage et que son nom (et) sa descendance disparaissent du pays[49] !

Ou :

> Assurbanipal, grand roi, roi fort, roi de l'univers, roi d'Assyrie, fils d'Asarhaddon, roi d'Assyrie, fils de Sennacherib, roi d'Assyrie. Conformément au contenu des tablettes d'argile et des polyptyques de bois, exemplaires d'Assyrie et du pays de Sumer et d'Akkad, j'ai écrit, vérifié et collationné cette tablette dans l'assemblée des savants et pour ma lecture royale, je l'ai placée dans mon palais. Celui qui effacerait mon nom inscrit et inscrirait son nom, que le dieu Nabu, le scribe de l'univers, efface son nom[50] !

Ou encore :

> Palais d'Assurbanipal, roi d'Assyrie, fils d'Asarhaddon, roi de l'univers, roi d'Assyrie, gouverneur de Babylone, roi du pays de Sumer et d'Akkad, roi des rois de Kuš et Muṣur (= de la Nubie et de l'Égypte), roi des quatre rives du monde, fils de Sennacherib, roi de l'univers, roi d'Assyrie – qui a confiance en Aššur et Mulissu, Nabu et Tašmetu. Celui qui a confiance en toi ne connaîtra pas la honte, ô Nabu[51] !

Les colophons de ce genre commencent par indiquer que les tablettes appartiennent au « palais d'Assurbanipal » et précisent éventuellement qu'elles ont été placées par le roi à l'intérieur de son palais pour sa propre lecture. Assurbanipal indique : « pour ma lecture royale » (*ana tâmarti šarrûtiya*), « pour (la) lire (et) me (la) faire lire » (*ana tâmarti šitassiya*), « pour que je (l')examine » (*ana tamrirtiya*), ou encore à la troisième personne « pour s'y référer (lors) de sa lecture » (*ana tahsisti šitassišu*). La conclusion est donc claire : on a affaire à la bibliothèque *privée* d'Assurbanipal, qui n'oublie

49. H. Hunger, AOAT 2, p. 97-98, n° 319.
50. H. Hunger, AOAT 2, p. 97, n° 318.
51. H. Hunger, AOAT 2, p. 100, n° 22.

pas qu'il est roi d'Assyrie, certes, mais se présente comme n'importe quel lettré érudit de son temps. Nulle part il n'est précisément question d'une « bibliothèque » (*girginakku*) du palais royal : le terme n'est employé que pour les tablettes déposées dans le temple de Nabu.

Une deuxième catégorie de tablettes peut en effet être définie comme des offrandes votives déposées dans le temple de Nabu. C'est ce que montre ce colophon :

> J'ai écrit sur des tablettes, vérifié et collationné la sagesse d'Ea, la science de l'exorciste, le secret des sages, qui convient parfaitement pour apaiser le cœur des grands dieux, d'après des exemplaires d'Assyrie et de Babylonie et je les ai déposées dans la bibliothèque (*girginakku*) de l'Ezida, temple du dieu Nabu, mon seigneur, à l'intérieur de Ninive. Ô Nabu, roi de la totalité du ciel et de la terre, regarde donc favorablement cette bibliothèque et donne chaque jour ta bénédiction à Assurbanipal, ton serviteur qui révère ta divinité, afin que je loue sans cesse ta divinité[52].

On voit donc comment cette bibliothèque fonctionnait à deux niveaux. Concrètement, elle fournissait aux savants de l'entourage royal les instruments de référence qui leur permettaient d'accomplir leur tâche avec le maximum d'efficacité. Mais symboliquement, elle constituait une offrande votive au dieu Nabu, qui en retour assurerait la protection religieuse du souverain. Cette bibliothèque du temple de Nabu à Ninive n'était cependant pas un cas isolé.

Le temple de Nabu à Khorsabad

Les ruines de Khorsabad, la capitale fondée par Sargon (721-705) qu'il nomma Dur-Šarrukin, sont avant tout célèbres par les découvertes effectuées au XIXe siècle, et dont une bonne partie fait légitimement la fierté du département des Antiquités orientales du musée du Louvre. Cependant, les travaux de Botta et Place eurent lieu alors que l'archéologie

52. H. Hunger, AOAT 2, p. 102, n° 328.

était encore à ses débuts, de 1843 à 1853. Soixante-quinze ans plus tard, l'Oriental Institute de l'Université de Chicago décida de reprendre la fouille du site. Une bibliothèque a été découverte en 1933-1934 dans le temple de Nabu de Khorsabad : des sortes de niches y avaient été construites sur trois côtés d'une pièce. La hauteur de conservation n'a laissé subsister que trois niches superposées en hauteur, mais il a pu y en avoir davantage ; le mur du fond comportait 7 niches en longueur et chacun des deux murs adjacents, 4 niches en longueur. C'est une structure de ce genre qui était désignée en akkadien comme *girginakku*. Les archéologues ont signalé que « des fragments de nombreuses tablettes, y compris une complète inscrite avec un syllabaire, ont été trouvés dans les débris, suggérant que cette pièce pourrait peut-être avoir été une bibliothèque ». Les fouilleurs ont estimé que l'essentiel du contenu de la bibliothèque avait dû être déménagé à Ninive lorsque Sennacherib choisit d'en faire sa capitale : on aurait donc affaire à un bel écrin pratiquement vide...

Figure 4-4. Niches dans la bibliothèque découverte dans le temple de Nabu à Dur-Šarrukin (d'après G. Loud & C. B. Altman, *Khorsabad Part II. The Citadel and the Town*, OIP 40, Chicago, 1938, pl. 19c).

Le temple de Nabu à Kalhu

De 1955 à 1957, une équipe anglaise dirigée par Sir Max Mallowan procéda au dégagement du temple de Nabu à Nimrud, l'antique Kalhu. Face aux « cellas » de Nabu et Tašmetum, de l'autre côté de la cour, s'étendait une rangée de pièces désignées comme NT11, NT12 et NT13 : c'est là que furent retrouvées de nombreuses tablettes « littéraires ». Il semble qu'à l'origine la bibliothèque se trouvait en NT12, une pièce de 8x4 m située exactement en face de l'entrée de la cella de Nabu. Elle fut sans doute créée lors de la rénovation de l'Ezida de Kalhu par Adad-nirari III vers 800. Elle connut une première destruction au moment du sac de Kalhu, entre 616 et 612. Malheureusement, à l'époque achéménide, des squatteurs creusèrent à cet endroit des fosses à la recherche de matériaux de construction : ce qui était encore une belle bibliothèque néo-assyrienne ensevelie sous les décombres du bâtiment qui l'avait abritée devint alors un ramassis de fragments plus ou moins gravement endommagés. De ce fait, on n'a aucun indice sur la façon dont les tablettes étaient conservées à l'origine : la situation est donc l'inverse de celle de Khorsabad, dont on a retrouvé les « étagères », mais dont le contenu a pratiquement entièrement disparu.

La composition de cette bibliothèque n'a rien de surprenant. Comme de bien entendu, la divination se taille la part du lion : présages astronomiques, tératologiques, tirés de la vie quotidienne ; hémérologies et ménologies ; extispicine ; présages « médicaux » et physiognomonie. On trouve aussi des textes magiques et médicaux ; des prières et des hymnes ; des rituels. Enfin, quelques textes à caractère plus technique, comme une recette pour la fabrication de parfums, une liste de divinités avec leur sanctuaire, ou divers textes relatifs aux plantes. Les textes littéraires sont peu nombreux, surtout si on compare la situation avec celle de la « bibliothèque » de

Sultantepe, d'importance numérique à peu près comparable ; la plupart ont déjà été publiés. On trouve enfin les inévitables listes lexicales.

Les colophons étant peu nombreux et les textes administratifs retrouvés dans ce temple étant pour la plupart restés inédits, on ne peut guère faire d'étude prosopographique des copistes de ces tablettes et déterminer précisément quel fut le statut et l'histoire de cette bibliothèque.

Le temple de Nabu à Borsippa

La bibliothèque de l'Ezida de Borsippa demeure mal connue. On relève toutefois l'existence d'offrandes « à Nusku, [à...], au divin Écritoire et au divin Calame ». Même si les fouilles, anciennes au demeurant, n'ont pas découvert de bibliothèque *in situ*, il est sûr que le temple de Nabu de Borsippa en possédait une, comme le montrent certains colophons tels que celui-ci :

> Écrit et collationné conformément à l'original. Tablette en long, propriété de l'Ezida. Nabu-nadin-ahi, fils de Arkat-ilani-damqa, exorciste, l'a écrite pour la santé de son existence et l'a installée dans l'Ezida[53].

On voit comment la bibliothèque du temple fut, au moins en partie, constituée par des offrandes votives du personnel religieux lettré.

Le temple de Nabu ša hare *à Babylone*

À part les tablettes votives qui furent retrouvées incorporées comme matériau de construction, ce temple a été retrouvé vide, à une exception près : dans un four de la pièce 15, on a retrouvé un fragment du rituel du Nouvel An ainsi qu'une prière au dieu Ea. Ces tablettes sont bien différentes des exercices retrouvés par milliers dans le bâtiment, déjà examinés :

53. H. Hunger, AOAT 2, p. 53, n° 135.

elles sont sans doute les seuls vestiges de la bibliothèque qui se trouvait dans le temple et dont rien d'autre ne nous est parvenu. On a sans doute l'explication d'un tel vide, comme on le verra p. 132.

Autres bibliothèques de temples

Je ne prétends naturellement pas que seuls les temples de Nabu aient possédé une bibliothèque : la chose est désormais bien connue pour le temple de Šamaš à Sippar à l'époque achéménide.

Bibliothèque de l'Ebabbar de Sippar

Cette bibliothèque a été découverte sur le site de Abu Habbah par une mission de l'Université de Bagdad en 1985-1987. La pièce qui l'abritait ne mesurait que 4,40x2,70 mètres. On y a retrouvé une structure presque exactement semblable à celle découverte par les fouilles américaines de Khorsabad. Les niches destinées à abriter les tablettes formaient une sorte de meuble le long du mur du fond (6 niches en largeur) et des murs latéraux (4 niches en largeur) ; selon les endroits, il y avait de deux à quatre niches en hauteur, en fonction du niveau de conservation. Au total, l'ensemble comportait donc 56 niches à l'origine. Ces niches mesuraient 17 cm de haut, 30 cm de large et 70 cm de profondeur. Les tablettes n'y étaient pas disposées comme des livres sur les rayonnages de bibliothèques modernes, mais couchées sur le côté et rangées en profondeur, comme des fiches dans un fichier ; on a retrouvé jusqu'à 60 tablettes dans une niche. Toutes les niches n'étaient pas remplies, de sorte que c'est seulement environ 500 tablettes qui ont pu être exhumées.

Malgré le très grand intérêt de cette découverte, il faut bien avouer qu'elle n'a rien livré d'extraordinaire : de nombreuses listes lexicales (20 % du total), les séries divinatoires habituelles

Figure 4-5. La bibliothèque du temple de Šamaš à Sippar (D'après W. Al-Jadir, *XXXIV Rencontre assyriologique internationale, 6-10/VII/1987 Istanbul*, Türk Tarih Kurumu, Ankara, 1998, p. 211).

(28 %), des hymnes et prières, rien de cela n'est original. La place restreinte des textes « littéraires » est également sans surprise : on a des tablettes d'*Atra-hasis*, du *Lugal.e* et de l'*Enûma eliš*, mais des œuvres célèbres comme l'*Épopée de Gilgameš* ou *Angindimma* sont entièrement absentes. Ce qui est plus spécial, mais caractéristique de l'époque, c'est l'intérêt porté au passé : on a retrouvé des copies de documents authentiques, généralement effectuées en modernisant l'écriture. Il s'agit essentiellement d'inscriptions royales paléo-babyloniennes : dédicace d'un roi de Larsa, prologue du code de Hammu-rabi et deux autres inscriptions de ce roi, inscription d'Ammi-ditana. On relève également des lettres royales bilingues médio-babyloniennes, ainsi que quelques documents apocryphes. La copie de la « chronique Weidner » présente un élément intéressant : le scribe a non seulement indiqué qu'il copiait à partir d'un exemplaire endommagé, mais il a

même reproduit les passages cassés en dessinant des hachures et des triangles. Les textes qui semblent nouveaux sont très limités : une prière, un hymne, deux lamentations. Il n'est pas exclu qu'on en trouve un jour des duplicats dans les réserves de quelque musée ; c'est ce qui s'est passé pour le *Conte du pauvre homme de Nippur*, découvert dans la bibliothèque de Sultantepe, mais dont des duplicats ont été identifiés par la suite.

Les questions ne manquent pas à propos de cette découverte de l'Ebabbar de Sippar : qui pouvait accéder à cette pièce ? Dans quel but ? Comment était organisée la consultation des tablettes ? Nous ne pouvons actuellement répondre à aucune d'entre elles. Cependant, M. Hilgert a formulé quelques remarques intéressantes. Il a d'abord fait observer que les 56 niches de Sippar pouvaient théoriquement contenir jusqu'à 3 400 tablettes ; seulement 500 y ont été retrouvées. Il s'agit de manuscrits d'œuvres déjà connues, écrits par pas moins de 44 individus différents entre 635 et 550 av. J.-C. ; ces copies, souvent de qualité médiocre, avaient été faites comme exercices par des apprentis. Une telle réalité est donc loin de correspondre à l'idée d'une « bibliothèque de temple », à l'image de certains monastères médiévaux, conçus comme centres de savoir aussi complets que possible. On a affaire au rassemblement, dans une pièce aménagée à cet effet, de manuscrits ayant été copiés par des membres du clergé local, le plus souvent lors de leur formation, qui ont très bien pu garder à domicile de nombreuses autres tablettes : il ne s'agit pas d'une « bibliothèque de référence » à laquelle les membres du clergé auraient eu recours dans l'exercice de leur profession.

Bibliothèque du temple d'Ištar à Uruk

On en connaît l'existence grâce à ce colophon, qui interdit de porter atteinte aux biens de l'Eanna, le temple d'Ištar à Uruk :

> L'érudit (*ummânu*) qui ne changera pas une ligne et (re)placera (cette tablette) dans la bibliothèque (*girginakku*), qu'Ištar le regarde

> favorablement ! Mais celui qui (la) fera sortir de l'Eanna, qu'Ištar le poursuive avec colère[54] !

Cet ensemble formé d'une bénédiction et d'une malédiction a l'intérêt de nous informer sur le mode de consultation de cette bibliothèque destinée à des spécialistes (*ummânu*) : on pouvait y emprunter des tablettes pour consultation, à condition de ne pas les faire sortir de l'enceinte du sanctuaire. En termes modernes, on pourrait dire que le prêt à domicile était interdit. La formulation de ce colophon fait davantage penser à l'existence d'une bibliothèque de référence.

Archives

La conservation des documents de la pratique se faisait dans des archives ; on distingue généralement celles des grands organismes, palais et temples, et celles des particuliers, conservées à domicile. Nous allons voir que les temples des dieux de l'écriture, Nisaba puis Nabu, pouvaient aussi servir à l'archivage de documents liés au pouvoir royal.

Les temples de Nisaba et de Nabu comme sièges d'activités comptables

Il existe un texte paléo-babylonien qui nous montre que les temples de Nisaba pouvaient avoir une fonction très particulière : celle d'archives. Cette lettre fut écrite par Lu-Ninurta, « ministre de l'économie » de Hammu-rabi, à Šamaš-hazir, l'intendant du domaine royal dans l'ancien royaume de Larsa après la conquête babylonienne :

> Dis à Šamaš-hazir : ainsi (parle) Lu-Ninurta : que Šamaš et Marduk te fassent vivre ! Gimillum, le fils de Ṣilli-Amurrum, ressortissant de Razama, m'a appris ceci :

54. H. Hunger, AOAT 2, p. 46, n° 106.

> « Dans le district de la localité de Mehrum se trouve le champ de ma famille. Parmi les anciennes tablettes du temple de Nisaba, j'ai vu ceci :
> "– champ d'un *bur* quatre *ikû* du soldat Adallalum ;
> – champ d'un *bur* quatre *ikû* du soldat Wardum.
> Territoire Albana, district de Mehrum et Muhattat."
> Voilà ce qui était écrit sur une ancienne tablette de service-*ilkum*. »
>
> Voilà ce qu'il m'a appris. À présent, je te l'envoie. Qu'il te conduise des hommes âgés, qui connaissent leur famille et le champ de leur famille et que les Anciens de la ville et les hommes âgés se tiennent et (l')établissent par l'« arme » du dieu de la ville. S'il te plaît, établis pour moi grâce à l'« arme » du dieu de la ville lequel d'Adallalum ou Wardum est son père et lequel des champs est le champ de sa famille. Envoie-moi un rapport complet là-dessus, afin que je puisse envoyer une réponse à son message[55].

Ce texte est très intéressant à bien des égards. Il y est question d'« anciennes tablettes », ce qui fait sans doute allusion à la situation politique : le royaume de Larsa avait été récemment annexé par Hammu-rabi de Babylone, et plus d'une fois on se réfère de cette manière à la situation qui prévalait du temps du roi vaincu, Rim-Sin. La fin de la lettre montre par ailleurs la complémentarité entre l'écrit et la mémoire : en dépit de l'existence d'un texte, il faut avoir recours au souvenir des survivants. On notera au passage la distinction qui est faite ici entre les « Anciens », au rôle officiel, et les « hommes âgés ». Par ailleurs, cette lettre montre une nouvelle fois à quel point la capacité à lire (et écrire) était plus répandue en Mésopotamie qu'on ne le croit généralement : en effet, Gimillum dit ce qu'il a *vu* sur les tablettes et il est capable de citer le passage concernant le champ de sa famille. Il n'est pas ici question de la médiation d'un scribe.

Dans le mythe *Enki et l'Ordre du monde*, Nisaba est présentée comme l'archétype de l'arpenteur (l. 412-417) :

55. AbB 4 118.

> Que mon illustre sœur, la pure Nisaba,
> reçoive le roseau à mesurer !
> Que la précieuse corde d'arpentage soit suspendue à son bras !
> (...)
> Qu'elle fixe les limites et marque les frontières : qu'elle soit le scribe du pays !

Son temple aurait donc bel et bien un lien avec l'arpentage et le cadastre. Cependant, la lettre de Hammu-rabi montre que le temple de Nisaba contenait les archives, non pas du cadastre, mais des « tablettes des services » (*ṭuppî ša ilkâtim*), dans lesquelles étaient inscrites les parcelles de champ attribuées par le pouvoir royal en contrepartie du service-*ilkum*, en l'occurrence celui de soldat-*rêdûm*. Malheureusement, le texte est très laconique : Gimillum ne dit pas où se trouve ce temple de Nisaba, ni comment il a pu avoir accès à une telle tablette. P. Michalowski a mis en doute qu'il soit ici question d'un temple de Nisaba :

> Une lettre paléo-babylonienne (AbB 4 118) mentionne un É. ^{d}NI-SABA qui a été parfois interprété comme un temple, mais se réfère très probablement à la localité de ce nom attestée par des textes paléo-akkadiens.

Il n'y a en réalité aucune raison de considérer qu'il s'agit ici d'un toponyme.

On peut se demander s'il n'est pas aussi question d'un temple de Nisaba dans une lettre qui mentionne une « Maison des comptes ». En effet, l'affaire porte également sur une affaire de service-*ilkum* :

> Il a été constaté dans la « Maison des comptes » (é-nì-ka$_{9}$) que la corvée de portage n'était pas leur ancien service (*ilkum*) et depuis lors, le roi a ordonné qu'on ne leur fasse plus d'ennui à propos de la corvée de portage[56].

Dans le répertoire des noms de temple d'A. George ne figure pas un é-nì-ka$_{9}$ comme temple de Nisaba ; mais

56. AbB 10 13.

on se rappelle qu'on n'y trouve pas non plus de é-gi-na comme temple de Kittum. On peut donc conclure qu'il existait bien des temples de Nisaba, nommés é-nì-ka_9 (akkadien *bît nikkassî*), qui servaient d'archives, au moins pour des registres d'État. Certains personnages, rattachés à ces archives, étaient décrits comme « appartenant à la Maison des comptes » (*ša* é-nì-ka_9). Il y avait donc deux types de temples de Nisaba : ceux qui servaient d'écoles, appelés é-$geštu_2$-^{d}nisaba, et ceux qui servaient d'archives, dénommés é-nì-ka_9.

D'une manière fort intéressante, qui n'a à ma connaissance pas encore été relevée, Nabu a également recueilli cet héritage de Nisaba. Le temple de Nabu *ša harê* de Babylone s'appelait en effet d'abord é-giš-lá-an-ki, ce qu'une liste traduit par « temple de Nabu *ša nikkassê* », soit le « temple des comptes (du ciel et de la terre) ». L'explication de ce nom qui pourrait paraître étrange peut être trouvée dans une lettre néo-assyrienne découverte à Nimrud :

> Le 7e jour est le jour des comptes : que Nabu sur sa « tablette de vie » [fasse] les comptes du roi mon seigneur et des enfants de mon seigneur pour toujours[57].

L'extrait pourrait faire croire qu'il s'agit ici de considérations théologiques, et c'est bien le cas. La suite de la lettre est d'autant plus surprenante : elle porte en effet sur un compte de chevaux. L'auteur de cette lettre est Nabu-šumu-iddina, inspecteur du temple de Nabu à Kalhu, auteur d'une quarantaine de rapports de ce genre, ce que leurs éditeurs ont ainsi commenté :

> Il est tentant ici de postuler l'existence d'une force d'attaque d'élite du dieu Nabu, considéré par les Assyriens comme le dieu de la victoire, à qui ces animaux étaient envoyés, mais il n'y a pas de témoignages directs de cela. Néanmoins, la connexion entre les rapports et le culte de Nabu est intrigante et reste à étudier.

57. SAA 13 100.

Le cas est tout à fait différent de ce que montre ce rapport relatif au temple de Nabu de Borsippa :

> Faites le compte des bœufs et des moutons appartenant à Nabu[58].

Il est ici question du gros et petit bétail du temple. Dans la lettre de Nimrud, ce n'est pas du côté d'un lien entre les chevaux et Nabu qu'il faut chercher, mais dans la tenue des comptes : Nabu, à la suite de Nisaba, était le dieu-patron non seulement de l'écriture, mais aussi de la comptabilité. L'existence de temples de Nabu dénommés « temple des comptes », comme l'avaient été des temples de Nisaba antérieurement, est donc manifestement un héritage ; ces noms gardent le souvenir du fait que l'écriture était en partie conçue comme servant à tenir les comptes par écrit, exprimant ce lien organique sous forme théologique. On notera que le temple de Nabu *ša harê* de Babylone reçut un nouveau nom lors de sa rénovation à l'époque de Nabuchodonosor II, comme indiqué ci-dessus (E-gidri-kalama-suma) : se pourrait-il que l'on n'ait alors plus très bien compris la portée du nom « Maison des comptes » – qui de fait ne figure pas dans les grands *compendia* de noms de temples ?

Archives d'État dans les temples de Nabu

On a vu que Nabu avait pris dans le courant du deuxième millénaire le relais de Nisaba et Haya comme divinité tutélaire des scribes. Il n'était pas seulement le scribe des dieux, mais également le gardien de la « tablette des destinées ». À ce titre, c'est dans une annexe de son temple (à Assur ou à Kalhu) que l'on écrivait et scellait les documents d'État. Comme l'a indiqué A. George :

> Si les temples de Nabu à Kalhu (Nimrud) et Assur étaient bâtis d'après un modèle commun (et ils ne diffèrent pas dans leur plan), il se pourrait qu'on doive considérer que les importantes

58. SAA 10 353 : 16-17.

> annexes au nord des deux temples aient été dévolues au même genre d'activité : l'écriture, le scellement et le stockage de documents d'État. Une telle activité convient bien à un temple de Nabu, bien sûr, non seulement parce que, en tant que patron divin des arts du scribe, ses temples abritaient souvent des bibliothèques et des écoles, mais plus spécifiquement parce que Nabu est souvent invoqué, en particulier en Assyrie et Mésopotamie du Nord, en tant que « porteur des tablettes des destinées des dieux ».

Nabu est aussi « celui qui tient le calame de la tablette des destinées ». Et A. George d'ajouter : « En pratique, il est le dieu sous le patronage de qui d'importants documents d'État étaient rédigés puis ratifiés avec les sceaux du dieu Aššur. » On ne peut manquer de rappeler que plusieurs exemplaires des « traités de vassalité » (akkadien *adû*) entre Asarhaddon et différents princes ont été retrouvés dans une suite de pièces attenantes au temple de Nabu à Nimrud ; ils portaient les empreintes de trois sceaux du dieu Aššur, l'un d'époque paléo-assyrienne, un autre médio-assyrien et le plus récent néo-assyrien. Ce qu'on peut ajouter au commentaire d'A. George, c'est qu'en devenant gardien de la « tablette des destinées » Nabu n'a fait là aussi que reprendre un des attributs de Nisaba et Haya.

Que s'est-il passé à l'époque néo-babylonienne dans le temple de Nabu *ša harê* à Babylone ? Le sanctuaire fut rénové par Nabuchodonosor II et reçut alors un nouveau nom, qui soulignait son importance politique : « Temple qui confère le sceptre et le trône » (é-gidri-kalam-suma). A. George a proposé que ce temple ait été l'endroit où le sceptre royal était déposé sous la responsabilité de Nabu, qui était à la fois le fils et le « premier ministre » (*sukkallum*) de Marduk ; c'est là qu'avait lieu la désignation officielle du prince héritier, Nabu ayant ici hérité une prérogative qui avait été celle de Ninurta, comme on le verra en conclusion. On voit donc ici qu'à un changement de nom d'un temple peut correspondre un changement de fonction.

Figure 4-6. Partie supérieure d'un des exemplaires des traités de vassalité d'Asarhaddon découvert à Nimrud, l'antique Kalhu (BM 132548).

Conclusion

Voilà donc trois fonctions liées à l'écrit pour lesquelles on voit que des temples spécialisés ont existé : ceux de Nisaba (et Haya), puis de Nabu qui a pris le relais comme dieu de l'écriture. Cela signifie qu'on a bien affaire à une activité ressentie comme de nature divine. Mais il faut aussi réfléchir au remplacement d'une divinité féminine par une divinité masculine dans ce contexte, ce qui n'a curieusement jusqu'à présent pas donné lieu à une abondante bibliographie...

Chapitre 5

LES TEMPLES D'IŠTAR, DES « MAISONS DE PLAISIR » ?

Depuis un certain temps, le lecteur se sera peut-être déjà posé la question : que se passait-il donc dans les temples d'Ištar ? Dans l'optique développée jusqu'à présent, la spécialité des sanctuaires de la déesse de l'amour n'est guère difficile à deviner : il devrait s'agir de « maisons de plaisir », ce qui nous engage sur un périlleux chemin : celui de l'étude de la « prostitution sacrée ». Les très vifs débats contemporains à ce sujet trouvent leur origine dans un passage célèbre d'Hérodote :

> Les Babyloniens ont une loi bien honteuse. Toute femme née dans le pays est obligée, une fois en sa vie, de se rendre au temple d'Aphrodite, pour s'y livrer à un étranger. Plusieurs d'entre elles, dédaignant de se voir confondues avec les autres, à cause de l'orgueil que leur inspirent leurs richesses, se font porter devant le temple dans des chars couverts. Là, elles se tiennent assises, ayant derrière elles un grand nombre de domestiques qui les ont accompagnées ; mais la plupart des autres s'asseyent dans la pièce de terre dépendante du temple d'Aphrodite, avec une couronne de ficelles autour de la tête. Les unes arrivent, les autres se retirent. On voit en tout sens des allées séparées par des cordages tendus : les étrangers se promènent dans ces allées, et choisissent les femmes qui leur plaisent le plus. Quand une femme a pris place en ce lieu, elle ne peut

> retourner chez elle que quelque étranger ne lui ait jeté de l'argent sur les genoux, et n'ait eu commerce avec elle hors du lieu sacré. Il faut que l'étranger, en lui jetant de l'argent, lui dise : J'invoque la déesse Mylitta. Or les Assyriens donnent à Aphrodite le nom de Mylitta. Quelque modique que soit la somme, il n'éprouvera point de refus, la loi le défend ; car cet argent devient sacré. Elle suit le premier qui lui jette de l'argent, et il ne lui est pas permis de repousser personne. Enfin, quand elle s'est acquittée de ce qu'elle devait à la déesse, en s'abandonnant à un étranger, elle retourne chez elle. Après cela, quelque somme qu'on lui donne, il n'est pas possible de la séduire. Celles qui ont en partage une taille élégante et de la beauté ne font pas un long séjour dans le temple ; mais les laides y restent davantage, parce qu'elles ne peuvent satisfaire à la loi : il y en a même qui y demeurent trois ou quatre ans. Une coutume à peu près semblable s'observe en quelques endroits de l'île de Chypre[59].

Depuis le XVIIIe siècle, ce texte a donné lieu à un abondant débat, à commencer par celui qui opposa Voltaire et Larcher, traducteur d'Hérodote : Voltaire tenait le texte d'Hérodote pour un ramassis de ragots invraisemblables, alors que Larcher soupçonnait qu'il faisait écho à des pratiques réelles. Je voudrais montrer que le véritable sens de cette question est à rechercher dans le contexte qu'on a étudié jusqu'à présent : les fonctions des temples par rapport au domaine de compétence de la divinité à laquelle ils étaient voués. Aphrodite, déesse de l'amour chez les Grecs, correspondait à Ištar dans le panthéon mésopotamien ; de fait, Ištar de Ninive était aussi connue à l'époque néo-assyrienne comme Mullissu, donc la Mylitta d'Hérodote. À Babylone, elle avait un temple sous le nom de « Dame de Ninive » (Belat-Ninua). Ce sont donc les temples d'Ištar qui sont censés avoir servi de cadre à l'étonnante activité décrite par Hérodote.

59. *Clio*, livre I, CXCIX, traduction Larcher, 1786.

Figure 5-1. Bel exemple de fantasme orientalisant à partir du récit d'Hérodote déformé : *Le mariage aux enchères à Babylone* d'Edwin Long (Royal Holloway, University of London, Surrey, Grande-Bretagne).

Pour essayer de comprendre la situation, on commencera par examiner ce qu'on sait de la prostitution « ordinaire » en Mésopotamie ; on dressera ensuite un portrait de la déesse Ištar, avant de revenir à la question de ce qu'on désigne comme la « prostitution sacrée ».

La prostitution en Mésopotamie

La prostitution fait partie des sujets qui occupent plus de place dans la bibliographie que dans les sources, en particulier suite à de récentes polémiques. Néanmoins, on dispose d'un assez grand nombre d'informations, dans les listes lexicales, dans les documents d'archives et surtout dans les textes littéraires, qui permettent d'y voir plus clair.

Il y a eu ces dernières années des débats pour savoir si l'on pouvait parler de prostitution dans la civilisation mésopotamienne. J. Assante a publié à partir de 1998 plusieurs études, dans lesquelles elle nie vigoureusement l'existence de la prostitution en Mésopotamie. Selon elle, il s'agit d'une interprétation biaisée de mots et de textes par des savants qui n'ont pas compris qu'on avait affaire en réalité à des femmes célibataires, sans mari. Elle nie bien entendu encore davantage l'existence de ce qu'une certaine historiographie appelle « prostitution sacrée » ; elle a été suivie par divers auteurs, tandis que d'autres ont réfuté ses arguments, à juste titre me semble-t-il.

Terminologie

Si l'on définit la prostitution comme le fait de se livrer à des activités sexuelles contre rétribution, la réponse est sans ambiguïté : oui, la prostitution a existé en Mésopotamie.

« Prostituée » se dit en sumérien kar-kid, en akkadien *harimtu*, l'activité étant dénotée par l'abstrait nam-kar-kid = *harimûtu*. Un texte mythologique sumérien célèbre, *Inanna et les me*, raconte comment toutes les activités (me) furent volées à Enki par la déesse Inanna et apportées d'Eridu à Uruk. Dans la longue liste qui occupe l'essentiel du texte, on trouve le terme nam-kar-kid (= *harimûtu*), juste après la mention de l'acte sexuel en lui-même.

L'étymologie est-elle révélatrice ? Comme au troisième millénaire est attestée une graphie kar-AK, à lire kar-kìd, M. Civil a suggéré : « Le sens ne serait-il pas "faire le quai" ? », sous-entendu, comme on dit en français « faire le trottoir » ? Plus assurée est la dérivation de l'akkadien *harimtu* à partir de la racine HRM « être à part, être interdit », ce qui montre qu'une telle activité n'était pas considérée comme n'importe quel métier. Il existe en akkadien un autre terme, moins spécifique, pour désigner une sorte de prostituée : *šamhatum/šamkatum* « (la) voluptueuse ». Ce mot peut être aussi un nom propre féminin ; c'est en particulier celui de la prostituée-*harimtu* qui, dans l'*Épopée de Gilgameš*, initie le sauvage Enkidu à l'amour et à la vie civilisée.

L'image de la prostituée dans les textes littéraires

Les textes littéraires donnent une image contrastée de la prostituée ; il peut s'agir de « courtisanes » appréciées, mais le plus souvent l'impression gagnée à la lecture des textes est celle d'un statut social dévalué.

Attitudes à l'égard de la prostitution et des prostituées

C'est dans l'*Épopée de Gilgameš* que figure le passage le plus connu : Enkidu, sur son lit de mort, maudit la prostituée Šamhatum, avant de formuler tout de même quelques bénédictions. Le passage le plus clair, quoique endommagé, est le manuscrit médio-babylonien d'Ur :

> Puisses-tu ne pas fonder de maison qui fasse ta joie !
> Puisses-tu ne pas résider dans la chambre de la jeune femme !
> Que le sol souille ton beau vêtement,
> Que l'ivrogne recouvre de poussière ton habit de fête,
> Puisses-tu ne jamais posséder de maison avec son mobilier (...)
> Que le lit de tes délices soit un *banc* [...],
> Que le carrefour (du quartier) des potiers soit l'endroit où tu t'assoies,
> Que des ruines soient l'endroit où tu couches,
> Que l'ombre de la muraille (de la ville) soit l'endroit où tu te tiens[60] !

Ce texte constitue à l'évidence une description de la réalité : la malédiction d'Enkidu fut suivie d'effet pour Šamhatum, figure emblématique de toutes les prostituées. On voit donc que le sort de celles-ci était peu enviable : elles ne connaissaient pas la vie d'une jeune femme ordinaire, mariée et maîtresse de maison, mais s'asseyaient par terre aux carrefours ou restaient debout devant les murailles des villes, dormant dans des ruines, sujettes à la violence des hommes et associées aux tavernes.

60. UET VI 394 ; A. George, *Babylonian Epic of Gilgamesh* I, p. 298.

Dans les bénédictions qui suivent, c'est une autre image qui apparaît :

> Viens, Šamhat, [que je fixe] ton [destin],
> Que maintenant ma bouche qui t'a maudite te bénisse :
> Que gouverneurs et nobles t'aiment,
> Que celui qui est à 10 kilomètres se frappe la cuisse (d'impatience),
> Que celui qui est à 20 kilomètres dénoue les boucles de sa chevelure,
> Qu'aucun soldat ne soit lent à défaire sa ceinture !
> Qu'il te donne coupe-ongles(?) et colliers,
> Qu'il couvre tes oreilles de boucles d'oreilles !
> Que chez un homme dont la maisonnée est aisée et les greniers remplis
> Ištar, la plus capable des divinités, te fasse entrer !
> Qu'à cause de toi soit délaissée l'épouse, mère de 7 (enfants) !

La prostituée est ici présentée comme la maîtresse d'aristocrates, recevant des bijoux en présent : c'est une femme irrésistible pour laquelle des hommes riches abandonnent épouse et progéniture.

On retrouve donc dans ce passage de l'*Épopée de Gilgameš* les deux figures de la prostituée et de la courtisane, qu'on peut considérer à la suite de J. Cooper comme les deux pôles du « travail sexuel », que de nombreuses autres civilisations connaissent également.

Un statut social inférieur

La malédiction d'Enkidu reflète l'image très négative des prostituées qui apparaît dans la littérature mésopotamienne dès le milieu du troisième millénaire. Dans un recueil de sagesse, un père conseille à son fils :

> N'achète pas une prostituée, c'est une bouche avec des dents aiguisées[61] !

Le terme de « prostituée » figure dans des catalogues d'insultes misogynes. On relève aussi dans un dialogue paléo-babylonien bilingue entre deux femmes cette réplique :

61. Instructions de Šuruppak 154 ; B. Alster, *Wisdom of Ancient Sumer*, Bethesda, 2005, p. 84.

> Pourquoi as-tu calomnié la fille d'un gentilhomme, ton égale, en disant : « Prostituée ! », de sorte que son mari l'a répudiée[62] ?

Quelques références supplémentaires montrent que le terme de *harimtu* était bien une insulte et le statut des prostituées clairement inférieur.

Les conseils de sagesse du premier millénaire mettent en garde contre le fait d'épouser une prostituée :

> N'épouse pas une prostituée, dont les maris sont innombrables !, sinon elle se montrera moqueuse, irrespectueuse, dominatrice et facteur de perturbations[63].

Un présage néo-babylonien indique l'avenir de celui qui n'écoute pas un tel conseil :

> S'il épouse une prostituée, sa maison ne prospérera pas[64] !

Beaucoup d'assyriologues soulignent cependant que la prostitution n'avait pas en Mésopotamie le caractère moralement condamnable qu'elle a eu dans la civilisation occidentale sous l'influence du christianisme. Le sexe en soi n'avait en Mésopotamie rien de répréhensible. Et si la plupart des prostituées n'avaient pas une réputation très enviable, elles avaient néanmoins un statut social reconnu.

Le statut juridique des prostituées

Que disent les textes juridiques à propos des prostituées ? Nous examinerons d'abord les codes et autres recueils de lois, puis les documents d'archives.

Ce que disent les codes de lois

Deux paragraphes du code du roi d'Isin Lipit-Ištar (seconde moitié du XIXe siècle) traitent de la prostitution. Le § 27 prévoit que si la femme d'un homme est stérile, et qu'il a un

62. TIM 9 6 ; J. Cooper, RlA 11, p. 13b.
63. W.G. Lambert, BWL, p. 102, l. 72-80.
64. S. Moren, *JCS* 29, 1977, p. 66 : 4.

enfant avec une « prostituée de la rue » (kar-kid-a tilla$_2$-a), il devra entretenir cette dernière ; l'enfant sera son héritier légitime, mais la prostituée ne pourra pas entrer dans sa maison tant que l'épouse sera en vie. Au § 30, le roi estime que si un jeune homme marié fréquente une « prostituée de la rue » et que les juges l'ont sommé de cesser cette fréquentation, s'il répudie ensuite son épouse, il n'aura pas le droit d'épouser la prostituée.

Les lois assyriennes s'inquiètent surtout de confusions possibles sur le statut d'une femme dans la rue : les épouses et filles d'hommes libres doivent porter un voile, alors que les prostituées ou les femmes esclaves n'ont pas le droit de se voiler sous peine d'un grave châtiment.

Ce que disent les documents d'archives

La consultation de la base de données ARCHIBAB donne des informations intéressantes sur les prostituées-*harimtum* d'après les documents paléo-babyloniens.

On relève ainsi une liste de plusieurs dizaines de créances qui n'ont pas encore été recouvrées par un certain Ibni-Amurrum (AUCT 5 99). Ces créances portent sur de petites quantités d'argent (pour un total supérieur à 1/3 mine tout de même, soit 160 g) ou de petites quantités d'huile. La plupart des débiteurs sont désignés seulement par leur nom, mais on a parfois une indication géographique ou un nom de métier, comme l. 14' : « 1 litre d'huile, Atta, le jardinier ». La l. 22' enregistre « 1 litre d'huile, Beltani, la *harimtum* ». On voit donc ici que le nom de métier n'a rien de stigmatisant, puisqu'il est mis sur le même plan que celui d'un jardinier, dans les deux cas sans doute pour éviter un problème d'homonymie, car Atta comme Beltani sont des noms très communs. On voit donc que la position de J. Assante, pour qui *harimtum* désigne seulement une femme célibataire, est intenable : il s'agit bel et bien d'un nom de métier.

La situation est très différente dans une lettre adressée par le gouverneur de Qaṭṭunan au roi de Mari. Des prostituées-*harimtum* sont entrées dans le palais de Qaṭṭunan et l'affaire semble avoir fait scandale :

> Au sujet des informations concernant les prostituées-*harimtum* qui sont entrées au palais de mon seigneur (et que) j'ai exposées devant mon seigneur, après que mon seigneur se fut plaint à Haqba-ahum, les Anciens de la ville, Haqba-ahum et La'um ont siégé et ces informations ont été exposées devant eux : ces faits ont été confirmés. Ils ont alors battu le lieutenant du majordome avec les verges du... et Haqba-ahum a apostrophé le majordome en ces termes : « S'il y a des informations sur lui... »[65].

Par ailleurs, il ne faut pas s'attendre à trouver beaucoup de traces des prostituées dans les documents d'archives : les transactions ne se faisaient pas à crédit mais au comptant... J. Cooper a toutefois signalé dans une notice comptable d'un marchand paléo-assyrien la mention d'une dette de 2 1/2 mines de cuivre auprès d'une prostituée-*harimtum*, mais on ignore à quel titre le prêt a été consenti.

Le statut de la femme célibataire existait, mais il était différent de celui de la prostituée. Un procès de Sippar est très intéressant à cet égard. Des militaires voulaient enrôler le fils d'un homme décédé, mais le frère et la sœur de la mère de celui-ci déclarèrent que le défunt n'était pas le père. Ils décrivirent alors le style de vie de la mère :

> Nous n'avons pas donné notre sœur Šimat-Ištar en mariage. Elle est allée vivre sa vie (librement). Šumum-libši, fils de Ana-Šamaš-liṣi, est fréquemment entré chez elle, ainsi que d'autres hommes, mais il n'a pas établi un contrat (de mariage) la concernant, il n'a pas établi son *kasûm* et nous n'avons pas reçu sa *terhatum*[66].

On ne dit nulle part que cette Šimat-Ištar était une *harimtum*, alors que de nombreux autres textes juridiques ne craignent pas de le faire. Ce texte me semble définitivement donner tort

65. ARM 27 60.
66. BM 96998 : 28-34.

à J. Assante : il existait bel et bien des femmes vivant librement, sans mari, mais le terme de *harimtum* ne servait pas à désigner leur genre de vie. Les proches de Šimat-Ištar ont ici recours à l'expression *âlikûtam alâkum*, ici traduite par « vivre sa vie (librement) », alors même que l'expression « exercer la prostitution » (*harimûtam epêšum* ou *ana harimûtim alâkum*) est connue.

Où et comment ?

Les prostituées exerçaient leur activité dans des lieux privilégiés, et de manière tarifée.

Les lieux de la prostitution

Les témoignages des textes littéraires ont montré plus haut quels étaient les lieux fréquentés par les prostituées : les rues, les murailles, les ruines. L'endroit privilégié de leur activité était constitué par les cabarets ou tavernes (sumérien éš-dam = akkadien *aštammu*).

À vrai dire, le terme est de ceux qui posent un problème de traduction. Les tavernes étaient des lieux où on venait avant tout boire de la bière, mais pas seulement : la consommation d'alcool y était souvent prolongée par des activités sexuelles et l'association de la prostituée-*harimtum* aux tavernes est fréquente dans les textes. On peut en trouver encore un exemple, extrait de la *Malédiction d'Akkade*. Parmi les malheurs décrétés par les dieux pour toute la population de la ville, figure cette malédiction :

> Que ta prostituée se pende elle-même à la porte de sa taverne[67].

J. Cooper a traduit : « *May your prostitute hang herself at the entrance of her brothel* ». Cependant, cette traduction de éš-dam par « bordel » est sans doute trop forte et inappropriée. Comment se présentaient de tels établissements ?

---

67. *Malédiction d'Akkade*, l. 240 ; J. Cooper, *The Curse of Agade*, p. 60-61.

L'archéologie a sans doute retrouvé un exemple d'une taverne de ce genre.

Un « cabaret » à Suse

La « Ville royale » de Suse a été fouillée par R. Girschman durant 21 campagnes sur une surface d'environ 1 hectare et une profondeur de 15 mètres. En 1962-1963, la couche A XII a révélé un quartier d'habitation daté du milieu du deuxième millénaire, dans lequel se trouve un bâtiment relativement petit, mais aux installations particulièrement soignées. Dans presque toutes les pièces, on a retrouvé de grands vases enterrés – sept au total –, dont l'ouverture se trouvait au niveau du sol plâtré : ils servaient manifestement à la consommation de bière, celle-ci étant de cette manière maintenue au frais : on en a donc conclu qu'on avait affaire à un cabaret. Il faut s'imaginer les clients, assis ou allongés par terre sur des nattes autour des vases, buvant le liquide alcoolisé, sans doute à l'aide de chalumeaux comme cela est parfois représenté. Or, juste devant ce bâtiment, on a retrouvé pas moins de 200 plaquettes de terre cuite. Elles représentent notamment des femmes nues, les mains se couvrant le sexe ou soutenant leurs seins. Le fouilleur les avait considérées comme des représentations de « la déesse nue élamite », mais d'autres plaquettes conduisent vers une interprétation différente : elles ont la forme de lits, sur lesquels on trouve une femme nue seule ou un couple, nu également et visiblement engagé dans une relation sexuelle. On note également des représentations de musiciens, l'un d'eux ayant un singe sur son épaule. Malheureusement, ces terres cuites n'ont pas été retrouvées à leur emplacement originel, mais il n'y a guère de doute qu'elles étaient liées au cabaret et elles confirment les activités érotiques qui se déroulaient dans ces établissements. On notera pour finir que le bâtiment de Suse – jusqu'à présent le seul exemple de cabaret découvert lors de fouilles – se trouvait à proximité de la muraille de la ville : là encore, la concordance avec les données textuelles est remarquable.

Figure 5-2. Terre-cuite de Suse (GS 5229 ; cliché R. Girschman, *Ironica Antique* XVI, 1981, pl. IIa).

Le prix de la passe

Dans un hymne sumérien à la déesse Nanaya, qui appartenait au cercle d'Ištar, on trouve cette déclaration :

> Quand je suis debout contre un mur, c'est un sicle (d'argent) ;
> Quand je me penche, c'est 1 1/2 sicle.

Ce texte a été publié par Å. Sjöberg en 1977, mais avec une mauvaise lecture : il avait cru que le prix à verser par le client était de… 1 agneau (en lisant 1 $sila_4$). P. Attinger a publié une note pleine d'humour rectifiant la lecture :

> Comme on lit souvent que le prix d'une passe ordinaire avec une prostituée de luxe se montait à un agneau (par ex. B. Alster, Mél. Hallo 15), il n'est peut-être pas inutile de répéter que les deux textes en question (JCS 29 39 i 10' et ib. 43 5c : 12') ont selon toute vraisemblance 1 gín (pas 1 sila$_4$). Un mode de paiement plus commode pour tout le monde !

On ajoutera que l'erreur de lecture de Sjöberg n'était pas si grave, dans la mesure où le prix d'un mouton était… 1 sicle d'argent ! Par ailleurs, la phrase finale de P. Attinger, pour être drôle, n'en est sans doute pas moins erronée : un texte de Nuzi documente en effet un cas de paiement en nature. Un homme alla trouver les juges, se plaignant qu'on lui avait volé un porcelet. On retrouva la viande de celui-ci dans la maison d'une femme, qui expliqua sa présence par ces simples mots : « Ma fille est une *harimtum* ». Il est difficile de comprendre autre chose que ceci : l'homme avait eu recours aux services de sa fille et l'avait rémunérée en nature. Il fit ensuite semblant d'avoir été victime d'un vol pour tenter de récupérer son animal, ou la valeur de celui-ci.

Le texte sumérien cité auparavant montre que la tarification dépendait des positions, mais on doit relever le prix assez élevé de la prestation de base (si j'ose dire) : 1 sicle d'argent, soit l'équivalent d'un mouton. Ce texte a beaucoup gêné J. Assante, qui en a écarté le témoignage en disant qu'il s'agissait d'une interpolation tardive. Une telle désinvolture prouve seulement une grande ignorance dans l'histoire de la transmission des textes – en l'occurrence, on ne possède pas de manuscrit postérieur à l'époque paléo-babylonienne. Mais surtout, même s'il s'agissait d'une interpolation postérieure, cela ne règlerait pas le problème : il existait bel et bien des relations sexuelles tarifées.

La figure de la déesse Ištar

La déesse sumérienne Inanna, Ištar dans les textes akkadiens, constitue une des personnalités les plus complexes du panthéon mésopotamien : S. Parpola a donné en 2008 au Collège de France une conférence très intéressante. Je ne partage pas entièrement son point de vue, qui me semble anachronique sur certains points, mais son début est très juste, lorsqu'il insiste sur l'ambiguïté fondamentale de cette figure divine :

> Les sources mésopotamiennes nous présentent une image déconcertante et apparemment contradictoire de la déesse Ištar. D'un côté, elle était l'auguste Reine des Cieux assise sur un trône avec une bordure d'étoiles (...). Elle était la Pure, la Sainte, l'Innocente, la Sage et la Fille vierge de la Lune ou « Ištar de la Sagesse », une épouse voilée, dont la caractéristique primaire était la pureté, la chasteté, la prudence, la sagesse et la très grande beauté (...). Elle était associée à la planète Vénus et sa représentation symbolique la plus courante était l'étoile à 8 branches. (...) Par ailleurs, elle apparaît aussi comme une sorcière, une prostituée et une maquerelle à la tête d'un troquet ou d'un bordel. Dans la VIe tablette de l'Épopée de Gilgamesh, elle est à la tête d'une armée de prostituées et approche Gilgamesh en femme séductrice, charnelle, brûlant pour le beau héros.

Inanna/Ištar était à la fois la déesse de l'amour et la déesse de la guerre. Toujours selon S. Parpola :

> Sa figure complexe, qui combine les traits de la Madone avec ceux de la prostituée et d'un guerrier, a été correctement caractérisée par R. Harris comme un « paradoxe et une coïncidence de contraires ».

Les ambivalences d'Ištar

Mais Inanna/Ištar était aussi ambivalente du point de vue sexuel : c'était une déesse, mais il existait aussi une forme d'Ištar virile. Plus encore, Ištar pouvait transformer chaque sexe en son contraire, comme le dit explicitement l'hymne *Ininšagura* :

> Transformer un homme en femme et une femme en homme, cela t'appartient, ô Inanna[68].

S. Parpola a également commenté cet aspect de la déesse :

> Femme, elle était aussi mâle et elle est occasionnellement représentée avec une barbe. En assumant un caractère androgyne, elle était

68. *Ininšagura* 120.

comme la planète Vénus, qui était féminine en tant qu'Étoile du soir mais mâle, en tant qu'Étoile du matin, et elle possédait le pouvoir de changer les femmes en hommes et les hommes en femmes.

Ištar et la prostitution

Ištar apparaît comme patronne des prostitué(e)s, dans des textes littéraires mais aussi dans des documents d'archives ; elle est elle-même parfois décrite comme une prostituée.

On peut d'abord réunir les témoignages de textes littéraires qui placent les prostituées sous la protection d'Ištar. On relève ainsi dans l'*Épopée d'Irra* :

> Uruk, demeure du dieu Anu et de la déesse Ištar, cité des *kezertu*s, *šamhatu*s et *harimtu*s qu'Ištar a privées de maris[69].

On reviendra plus tard sur le terme de *kezertu*. La même séquence de femmes se retrouve dans l'*Épopée de Gilgameš* :

> Ištar a rassemblé les *kezertu*s, les *šamhatu*s et les *harimtu*s[70].

Enfin, on citera les malédictions de l'inscription de Kapara à Guzana (Tell Halaf, IXe siècle) :

> Qu'il brûle sept de ses fils (en sacrifice) pour Adad », « qu'il procure sept de ses filles à Ištar comme prostituées (munus*harimâtu*)[71].

On peut également citer le témoignage de documents d'archives. C'est ainsi qu'un texte de Nuzi mentionne le fait qu'une personne a offert sa fille comme prostituée-*harimtum* à la déesse Šauška, forme locale d'Ištar.

La protection d'Ištar s'étendait également à des hommes désignés par différents termes, comme *kurgarrû* et *assinnu*, qu'on traduit souvent par « travestis ». On les voit en particulier jouer un rôle dans une sorte de carnaval qui avait lieu au mois de Tammuz et qu'on connaît par un groupe de textes à contenu érotique désignés par les assyriologues comme « *Love*

69. *Épopée d'Irra* IV, 52.
70. *Épopée de Gilgameš* VI, 158.
71. AfO Beih. 6, p. 73 n° 8 : 7.

lyrics ». Selon l'interprétation de R. Da Riva et E. Frahm, ce carnaval était l'occasion de toutes sortes de transgressions :

> Vraisemblablement, à l'occasion de cette fête, les hommes – tout comme le dieu Marduk – étaient autorisés pour un temps délimité à être infidèles à leur épouse, et peut-être étaient-ce des prostituées du temple qui étaient pour cela à leur disposition.

Non seulement Inanna/Ištar est la patronne des prostitué(e)s, mais plus encore : elle est elle-même parfois décrite comme une prostituée. Ainsi, la déesse apparaît à Lugalbanda dans le ciel du soir comme la planète Vénus. Elle est

> la prostituée qui sort vers la taverne, afin de rendre le lit agréable[72].

On a aussi des textes où la déesse se présente elle-même comme prostituée :

> Quand je suis assise à la porte de la taverne[73].

On doit enfin souligner la façon dont Ištar de Babylone était présentée comme amante du dieu Marduk, dont l'épouse était par ailleurs la déesse Zarpanitum ; on a pu parler à ce sujet de « mariage à trois ».

Ištar et la « prostitution sacrée »

Il nous faut maintenant revenir à la question initialement posée dans ce chapitre : la « prostitution sacrée » a-t-elle existé en Mésopotamie et quels liens pouvait-elle avoir avec la déesse Ištar ? Les assyriologues sont partagés en deux camps : ceux qui nient qu'une forme de prostitution ait eu lieu dans les temples, comme par exemple D. Arnaud, J. Assante, B. Menzel ou J. G. Westenholz, et ceux qui estiment qu'il s'agit bien d'une réalité, au nombre desquels figurent W. G. Lambert, G. Wilhelm ou K. Radner.

---

72. *Lugalbanda et Hurrum*, l. 170.
73. SBH, p. 106 : 49-50.

Le nom des temples d'Ištar et autres déesses

Des textes de toutes époques et de genres différents affublent des temples d'Ištar du nom de « taverne » (éš-dam = *aštammu*). Plusieurs textes littéraires sumériens nous donnent un nom étonnant : « temple, taverne pure » (é-éš-dam-kù). Ainsi en est-il de la *Descente d'Inanna aux Enfers* :

> À Girsu, elle (= Inanna) a quitté l'é-éš-dam-kù[74].

Un hymne d'autolouange d'Inanna donne :

> À Girsu, l'é-éš-dam-kù <est à moi>[75].

Un texte littéraire assyrien parle du

> sanctuaire d'Arbèles, *aštammu* sublime[76].

Un texte donne la liste de 17 « tavernes » (éš-dam) d'Ištar, ce que le *Dictionnaire assyrien de Chicago* a commenté ainsi :

> In the list of the 17 èš.dam of Ištar (OECT 1 pl. 15 iii 8ff.) the expression èš-dam refers to the entire temple of the goddess, not to a specific part of it.

Il existe aussi une inscription d'Adad-nirari Ier assez curieuse, qui raconte ses travaux de restauration du temple d'Ištar à Assur. Il énumère :

> ce temple, ses tours, la pièce du *šuhuru* de la cour-*tarbaṣum*, le magasin (*hu-ru-uš*) d'Ištar également de la cour-*tarbaṣum*, que l'on appelle « taverne (*altammu*) d'Ištar », et la pièce d'Išhara également de la cour-*tarbaṣum*[77].

À partir de tous ces textes, A. George a conclu que é-éš-dam-kù était bien le nom cérémoniel du temple d'Ištar. Il traduit ce nom : « Maison, bordel sacré » (« *House, sacred Brothel* »). La traduction est sans doute trop forte : comme

74. l. 8.
75. l. 33.
76. LKA 32 : 6.
77. RIMA 2, p. 150, n° 16 : 18.

on l'a vu, *aštammu* désigne une sorte de taverne ou de bar, où des prostituées s'adonnaient à leurs activités. Néanmoins, le lien est parfaitement clair entre ces lieux de plaisir et les temples d'Inanna/Ištar.

Les noms des temples d'autres déesses avaient également de fortes connotations sexuelles : on relève en effet beaucoup de noms de temples qui comportent le mot hi-li, comme « Maison, hi-li du Ciel » (é-hi-li-an-na ; temple de Nanaya à Uruk), « Maison dotée de hi-li » (é-hi-li-gar ; temple de Zarpanitum à Babylone), « Maison du hi-li du Pays » (é-hi-li-kalam-ma), etc. Le sumérien hi-li (*kuzbu* en akkadien) est traduit par le *Dictionnaire assyrien de Chicago* par « luxuriance, abondance », mais aussi « attirance, charme » et pour finir « vigueur sexuelle » : il est clair que ces noms de temples de déesses font bien allusion à des activités sexuelles. Peut-on préciser de quoi il s'agissait ?

Des témoignages textuels

Un premier ensemble de textes peut être sollicité ; il date de l'époque paléo-babylonienne tardive, de l'an 35 d'Ammi-ditana à l'an 5 de Samsu-ditana (1649 à 1620). Il s'agit de quelques dizaines de tablettes originaires de Kiš, qui ont appartenu aux archives des « chefs » (ugula) de femmes décrites comme *kezertum*. Au nombre de trois, ils étaient notamment chargés de gérer ensemble l'argent résultant de l'exécution de « rites »-*parṣum* « à l'extérieur ou à l'intérieur de la ville » (YOS 13 202). La plupart des documents enregistrent une substitution de débiteur à propos d'une somme d'argent due au titre d'un rite-*parṣum* effectué par une femme-*kezertum*, l'argent étant dû à son « chef » (ugula). Aucun des commentateurs de ces textes n'a relevé que les tablettes qui nous ont été conservées correspondent à des impayés, puisqu'en principe elles auraient dû être détruites au moment du remboursement : les transactions étaient donc beaucoup plus nombreuses que celles qui nous sont documentées. On a manifestement affaire à des activités très bien organisées, les femmes étant regroupées sous l'autorité de responsables qui tenaient une comptabilité détaillée. Malheureusement, la nature exacte du « rite » accompli par les *kezertum* n'est nulle part précisée. Leur titre dérive manifestement du verbe *kezêrum*, « boucler des cheveux », et décrit par conséquent des femmes caractérisées par une coiffure particulière. C'est notamment en raison de la mention conjointe dans des listes lexicales et dans des textes littéraires des *kezertum* et des *harimtum* que les premières ont été considérées comme des sortes de prostituées. On doit ajouter que ces femmes faisaient partie d'un important groupe de desservants de divinités originaires d'Uruk, Ištar en tête, qui se sont réfugiés à Kiš sous le règne de Samsu-iluna et qui y poursuivaient les activités rituelles propres à leur ville d'origine : on a vu plus haut qu'Uruk était décrite dans l'*Épopée de Gilgameš* comme la ville des *kezertu*s, *šamhatu*s et *harimtu*s placées sous le patronage d'Ištar.

Cependant, une récapitulation des personnes dirigées par le chef de musique du roi de Mari mentionne 44 femmes *kezertum* : la musique devait donc faire partie de leurs compétences. En outre, la présence de *kezertum* parmi les femmes résidant en permanence dans le palais de Mari – jusqu'à une trentaine sous le règne de Zimri-Lim – montre qu'on n'a pas affaire au même registre d'activités que celles qui pouvaient avoir lieu dans les rues des villes : A. George a comparé ces courtisanes raffinées des palais aux geisha du Japon. On doit préciser que ces *kezertum* n'égayaient pas seulement le roi par leurs talents musicaux : deux d'entre elles en effet sont connues pour avoir donné des enfants au roi Yasmah-Addu.

À titre d'illustration, on peut citer une terre-cuite représentant un homme jouant du luth et une femme jouant du tambourin, qui semblent se livrer à une danse de nature clairement érotique.

Figure 5-3. Terre-cuite représentant une danse érotique d'un homme qui joue du luth et d'une femme qui joue du tambourin (musée du Louvre).

En raison de sa chevelure, F. Blocher a proposé d'identifier cette femme comme une *kezertum*.

Que les *kezertum* aient eu une relation particulière avec les temples d'Ištar n'est pas propre aux villes d'Uruk et de Kiš à l'époque paléo-babylonienne. Un contrat d'époque néo-assyrienne stipule en effet :

> Il devra donner 7 *kazru* et 7 *kazratu* à la déesse Ištar qui habite à Arbèles[78].

On ignore quel était le statut exact de ces hommes et de ces femmes (*kazratu* étant l'équivalent assyrien du babylonien *kezertum*), mais leur rattachement à la déesse Ištar d'Arbèles est notable. Par ailleurs, il s'agissait là encore d'un groupe organisé, puisque le titre de « responsable des *kazrâtu* » est attesté à cette époque.

78. SAA 12 76 : 6' et 36'.

Une dernière remarque s'impose. Que des dignitaires religieux aient supervisé des activités sexuelles rétribuées dans le cadre d'un temple est indiqué par les archives d'Ur-Utu. On a en effet retrouvé à Sippar-Amnanum, dans la maison de ce « chef lamentateur » (gala-mah) de la déesse Annunitum, des notices comptables qui montrent que ce personnage supervisait la perception d'argent résultant de l'exécution de différents rites, dont un qualifié de « prostitution » (*harimûtum*). M. Tanret et K. Van Lerberghe ont été gênés par ce fait et ont indiqué :

> Quoique les désignations *harimûtum* et *rêdûtum* soient considérées comme se référant au « statut de prostituée ou prostitution », il n'y a, dans nos textes, pas la moindre évidence en direction d'une nature sexuelle de ces rites.

C'est le contraire qui serait étonnant, s'agissant de documents comptables de ce genre.

Des témoignages iconographiques

Comment se présentaient plus concrètement les réalités évoquées de manière plus ou moins allusive dans les textes ? Il faut nous tourner vers les données archéologiques. Ce sont les temples d'Ištar à Ninive et à Assur qui ont fourni les éléments les plus intéressants.

Le temple d'Ištar à Ninive

Que le culte d'Ištar à Ninive ait eu des aspects érotiques est démontré par un objet unique dans tout l'art mésopotamien : il s'agit d'une statue en ronde-bosse représentant une femme nue, découverte à Ninive dans le secteur du temple d'Ištar. Elle comportait une inscription du roi Aššur-bel-kala (1073-1056), dans laquelle le roi déclarait :

> J'ai installé de telles statues dans les provinces, les villes et les caravansérails (?), pour le plaisir (*ṣiâhu*)[79].

79. A.K Grayson, RIMA 2, p. 108, n° 10 : 4-5.

Il est ici explicitement question de provoquer l'excitation sexuelle de ceux qui verront de telles statues partout dans le royaume. L'inscription ne fait pas allusion à la déesse Ištar et c'est seulement le lieu de découverte qui permet un éventuel rapprochement. On doit en outre noter qu'Aššur-naṣirpal Ier rappela dans une prière à Ištar de Ninive qu'il lui dédia un lit et lui offrit de la bière – ce qui nous rappelle ce que nous avons vu plus haut à propos des cabarets : la connotation sexuelle de ces offrandes est évidente.

Figure 5-4. Statue en ronde-bosse de femme nue, découverte dans le secteur du temple d'Ištar à Ninive (BM 124963).

Le temple d'Ištar à Assur

Le temple d'Ištar à Assur a également fourni des éléments très intéressants. Dans le niveau de l'époque de Tukulti-Ninurta Ier (1243-1207), W. Andrae a découvert des sortes de tessères en plomb, le plus souvent rondes, ayant généralement 2,7 cm de diamètre, parfois jusqu'à 3-12 cm. W. Andrae a mis ces jetons en rapport avec le culte d'Ištar, en raison de l'endroit où ils avaient été retrouvés, mais aussi à cause des motifs qui les décoraient : palmettes ou rosettes. On a aussi découvert des triangles pubiens en fritte avec trous pour fixation, et également 9 phallus en fritte. À vrai dire, c'est surtout une plaquette de taille plus importante représentant de manière particulièrement réaliste un couple en plein ébat, qui a conduit Andrae à interpréter l'ensemble comme témoignage d'activités sexuelles dans le temple d'Ištar : s'appuyant sur le récit d'Hérodote, Andrae a imaginé que les jetons servaient de preuve de paiement des visiteurs du temple pour des prestations sexuelles qui avaient lieu dans l'enceinte du temple. On notera que W. Meinhold a mis en doute cette interprétation ; sans exclure l'existence d'activités sexuelles, elle a souligné que parler de « prostitution cultuelle » (« Kultprostitution ») reste difficile tant qu'on ne comprend pas mieux le lien entre culte et prostitution.

Les témoignages du temple d'Ištar à Assur me semblent en tout cas de nature à confirmer le lien fort entre le culte de la déesse et la sexualité, même s'ils ne sont pas précis du point de vue de l'organisation concrète des activités qui s'y tenaient.

Figure 5-5. Plaque de plomb figurant un couple engagé dans des relations sexuelles ; temple d'Ištar, Assur, époque médio-assyrienne (Vorderasiatisches Museum, Berlin).

Bilan

Que les hommes de l'antique Mésopotamie aient eu besoin à l'occasion de stimulation apparaît clairement dans ce rituel, dont l'exécutant se place explicitement sous le patronage d'Ištar :

> « Copule sans peur ! Aie une érection sans crainte ! Par ordre des dieux Ištar, Šamaš, Ea et Asalluhi ! » Cette incantation n'est pas de moi : c'est celle des dieux Ea et Asalluhi, c'est l'incantation d'Ištar, déesse de l'amour. Incantation.

> Son rituel : [tu recueilleras] quelques poils arrachés à un bouc en rut, un peu de son sperme ? (...) ; tu amalgameras le tout ensemble pour le fixer aux reins (de l'homme), tu feras une libation d'eau pure, tu réciteras sept fois cette incantation[80].

On voit combien un tel texte mélange intimement ce que nous considérons comme relevant de la religion, de la magie ou de la suggestion psychologique. Là encore, l'incantation destinée à exciter le désir de l'homme se réfère explicitement à la déesse Ištar.

À l'époque contemporaine, c'est peut-être G. Bataille qui a donné la meilleure approche de la mentalité mésopotamienne antique, avec sa tentative de conjuguer mysticisme et érotisme. On peut citer ici ce qu'il écrivait en comparant la prostitution au mariage :

> Dans la prostitution, il y avait consécration de la prostituée à la transgression. En elle, l'aspect sacré, l'aspect interdit de l'activité sexuelle ne cessait pas d'apparaître : sa vie entière était vouée à la violation de l'interdit. Nous devons trouver la cohérence des faits et des mots désignant cette vocation : nous devons apercevoir sous ce jour l'institution archaïque de la prostitution sacrée. Toujours est-il que dans un monde antérieur – ou extérieur – au christianisme, la religion, loin d'être contraire à la prostitution, en pouvait régler les modalités, comme elle le faisait <avec> d'autres formes de transgressions. Les prostituées, en contact avec le sacré, en des lieux eux-mêmes consacrés, avaient un caractère sacré analogue à celui des prêtres[81].

Conclusion

On voit comment l'approche qui a été la nôtre jusqu'à présent permet de comprendre beaucoup mieux ce qui se passait dans ou autour des temples de la déesse Ištar, même si nous n'avons

---

80. R. D. Biggs, *ŠÀ. ZI. GA. Ancient Mesopotamian Potency Incantations*, TCS 2, Locust Valley, 1967, p. 38 n° 19.

81. G. Bataille, *L'Érotisme*, Paris, 1957, p. 147.

pas autant de détails que nous pourrions le souhaiter. Il faut revenir à ce que W. G. Lambert avait écrit, et qui lui a valu un certain nombre de moqueries :

> Ainsi donc, dans la Mésopotamie ancienne, toute prostitution était par définition sacrée, parce que l'acte sexuel était une force naturelle travaillant pour le bien-être de la race humaine et était un pouvoir personnifié par la déesse Inanna/Ištar.

On notera qu'il n'est pas question ici de « fertilité », et M. Silver me semble avoir fait un mauvais procès à Lambert à cet égard. Par ailleurs, les rieurs ont eu tort : oui, la sexualité avait une dimension religieuse, comme le commerce, comme la médecine, comme l'écriture. Et donc, puisqu'il existait des temples qui servaient de bureaux des poids et mesures, d'autres de centres de soins, d'autres d'archives ou de bibliothèques, pourquoi refuser d'admettre que certains temples abritaient des activités sexuelles ? D'où un curieux retournement historiographique : ce sont ceux qui ont prétendu avoir une approche critique par rapport à la thématique de la « prostitution sacrée » qui ont, en réalité, été piégés par une autre forme d'ethnocentrisme... Les spécialistes du monde indien ne ressentent quant à eux nulle gêne face à des réalités de cette sorte : le statut des *devadasi* de l'Inde du Sud ressemble certainement d'assez près à ce qu'ont vécu certaines femmes de Mésopotamie, de la même manière que les soins donnés aux statues divines dans cette région peuvent nous donner une bonne idée de ce qui se passait dans les temples mésopotamiens.

On notera enfin que les incompréhensions n'ont pas commencé à l'époque moderne. Il nous faut brièvement revenir sur le contresens d'Hérodote : comme souvent, ce qu'il rapporte contient une part de vérité, mais déformée parce qu'il n'a pas vraiment compris de quoi ses informateurs lui parlaient. C'est aussi une vision déformée qui a pénétré jusque dans la Bible. Babylone est en effet présentée dans l'Apocalypse comme « la Prostituée » par excellence :

Et l'un des sept anges qui tenaient les sept coupes s'avança et me parla en ces termes : « Viens, je te montrerai le jugement de la grande prostituée qui réside au bord des océans. Avec elle les rois de la terre se sont prostitués, et les habitants de la terre se sont enivrés du vin de sa prostitution ». Alors il me transporta en esprit au désert. Et je vis une femme assise sur une bête écarlate, couverte de noms blasphématoires, et qui avait sept têtes et dix cornes. La femme, vêtue de pourpre et d'écarlate, étincelait d'or, de pierres précieuses et de perles. Elle tenait dans sa main une coupe d'or pleine d'abominations : les souillures de sa prostitution. Sur son front un nom était écrit, mystérieux : « Babylone la grande, mère des prostituées et des abominations de la terre. » Et je vis la femme ivre du sang des saints et du sang des témoins de Jésus[82].

82. *Apocalypse* 17 : 1-6 ; trad. TOB.

Chapitre 6

AUTRES FONCTIONS : INHUMATIONS, ARTISANAT, ÉLABORATION DE DENRÉES

Le présent chapitre sera consacré à l'étude de fonctions plus disparates que celles qui ont été examinées dans ce qui précède : on commencera par les temples de Nergal, qui semblent avoir été des sortes d'entreprises de « pompes funèbres ». On examinera ensuite le cas des temples d'Enki, dieu des savoirs pratiques. Le chapitre s'achèvera par l'examen d'activités artisanales variées, qui avaient pour cadre des temples explicitement désignés comme des laiteries, des brasseries ou des parfumeries.

Les temples de Nergal et les funérailles en Mésopotamie

Le monde infernal, dans la mythologie mésopotamienne, était régi principalement par deux divinités : d'un côté, on trouve la déesse Ereškigal, sorte de reine des Enfers, et de l'autre le dieu Nergal, une divinité guerrière. Nergal n'était pas connu dans le sud de la Mésopotamie avant la fin du troisième millénaire : il serait venu du pays d'Akkad. On connaît plusieurs temples de Nergal nommés « temple, guerrier des Enfers » (é-mes-lam) ; le plus célèbre était celui de Kutha, non loin de Babylone, mais il y avait aussi un temple de ce nom à Maškan-šapir, un autre à Durum près d'Uruk et un à Tarbiṣu, non loin de Ninive, sans parler d'autres plus ou moins bien connus. Nergal fut d'ailleurs identifié à une divinité infernale sumérienne, Meslamtaea, dont le nom signifie « Celui qui sort du Meslam ». Le nom de certains temples de Nergal soulignait le caractère guerrier du dieu, comme à Ur, où le temple rebâti par Rim-Sin s'appelait « Temple qui écrase l'ennemi » (é-erim$_2$-haš-haš). Le lien de Nergal avec la vie après la mort est parfois bien décrit, comme dans cette dédicace d'une arme votive, où cette prière est adressée au dieu :

> Qu'il m'observe durant ma vie,
> Qu'après ma mort, dans le monde infernal,
> Il me procure une eau pure !

Quelle fonction les temples de Nergal pouvaient-ils remplir dans un tel contexte ?

Un texte d'Emar

La réponse me semble avoir été livrée il y a quelques années par une tablette de la seconde moitié du deuxième millénaire provenant d'Emar, l'actuelle Meskene sur le haut-Euphrate syrien. Ce document enregistre la récompense donnée par le roi d'Emar à un individu qui servit d'ambassadeur auprès du roi hourrite :

> En échange du mal qu'il s'était donné concernant les otages de sa ville et de son seigneur, le roi et la ville d'Emar l'ont nommé à la charge d'administrateur (*šangûm*) du temple de Nergal du marché et d'intendant (GAL) – (lui), son fils, son petit-fils, sa descendance. Pour tout le temps il est l'administrateur et l'intendant (*ra-be bi-ti*) de Nergal. À aucun moment, personne d'autre ne l'éloignera du temple de Nergal ni de la charge de fossoyeur (*qabbârûtum*). Celui qui l'en éloignera, que Dagan, Ninurta (et) Nergal détruisent son nom et sa race ! Qu'il érige une stèle funéraire pour sa maisonnée !

Dans un premier temps, le document mentionne deux charges, celles de prêtre-*šangûm* et celle de « grand (du temple) », la seconde étant notée d'abord par le sumérogramme GAL, puis de manière syllabique (*ra-be bi-ti*). Dans la fin du texte, on parle en revanche d'une « charge de fossoyeur » (*qab-bârûtum*). Cet abstrait en *-ûtum* révèle l'existence du terme de *qabbârum*, qui n'était pas encore attesté, mais dont le sens est clair : c'est un dérivé du verbe *qabârum* / *qebêrum*, qui signifie « enterrer », en particulier « enterrer un mort ». L'administrateur du temple de Nergal était donc également détenteur de la « charge de fossoyeur ».

L'enterrement en Mésopotamie

La civilisation mésopotamienne ne pratiquait pas l'incinération : les rares cas connus de crémation correspondent à des châtiments. Même en cas d'épidémie, on enterrait les morts, comme le montre cette lettre de Mari :

> La « Main du dieu » s'est calmée en ce qui concerne les Bords-de-l'Euphrate et le pays tout entier : elle n'a plus frappé. En un jour, 10 hommes et 5 enfants mouraient. Maintenant, la « Main du dieu » s'est calmée : en un jour, pas un homme n'est mort. Le dieu s'est apaisé. J'ai fait prendre des présages pour [faire enterrer] le tas des morts. Suite à cette tablette de moi, j'enverrai un rapport complet chez mon seigneur[83].

On pourrait être déçu en constatant que le verbe de la l. 12 est restitué : *a-na ku-ru-ul-li-im* [*qa-ba-ri-im*]. Mais on possède une autre lettre sur le même sujet, où la même expression est conservée :

> Au mois de Tirum, le 10, j'ai fait prendre les présages pour enterrer le tas des morts (*a-na ku-ru-ul-*[*li-im*] *qa-ba-ri-im*)[84].

On relève par ailleurs que, même quand il s'agit de supprimer des otages dans un contexte de guerre, l'exécution doit être

83. ARM 26/1 260 : 5-17.
84. ARM 26/1 263 : 12-13.

suivie par un enterrement en bonne et due forme, comme le montre cette lettre de Samsi-Addu :

> Envoie des instructions pour que les Mar Ya'ilanim, tous ceux qui sont chez toi, à divers titres, meurent dans la nuit même. Qu'il n'y ait plus de garde sans relâche ni de dépense de nourriture ! Qu'on leur fasse des tombes (*qubûrum*). Qu'ils meurent et qu'ils soient enterrés dans les tombes[85] !

Les deux éléments centraux des funérailles étaient la déploration et la mise au tombeau. Un exemple est fourni par ce passage de l'*Épopée de Gilgameš*, où le héros déclare après la mort de son ami Enkidu :

> Jour et nuit je le pleurai, je ne le donnai pas à enterrer (*ana qebêrim*), au cas où mon ami se lèverait suite à mes cris[86].

La séquence « pleurer » / « enterrer » de cet extrait ne correspond pas à la succession chronologique normale : en principe, on enterrait les morts dans la journée qui suivait le décès. C'est ce que montre par exemple ce « certificat de décès et d'enterrement » :

> Depuis le 12 du mois iii, Betta est morte ; on l'a enterrée le 13. Le 13/iii/Samsu-ditana « a » = 11[87].

Les déplorations duraient plusieurs jours, donc au-delà de l'enterrement proprement dit.

Les pleureuses

On connaît l'existence de pleureuses (akkadien *bakkîtum*). À vrai dire, les références sont rares et se limitent à des textes administratifs où elles reçoivent des rations, comme dans YOS 5 216 : on y notera la présence auparavant de musiciens et de musiciennes. Le texte datant de la dernière année du roi de Larsa Sin-iddinam, il pourrait s'agir de la déploration suivant

85. *ARM* 1 8 [= *LAPO* 17 679] : 11-17.
86. Gilg. OB VA+BM ii : 5'-7', A. George, *Babylonian Gilgamesh Epic* I, p. 278-279.
87. S. Dalley, *A Catalogue of the Akkadian Cuneiform Tablets...*, Édimbourg, 1979, n° 21.

la mort de ce roi. Dans ARM 9 175, une importante quantité de grain (3 600 litres) est donnée « aux pleureuses ». Le document date du 9/iv/Zimri-Lim 7 ; il a de ce fait été mis en relation avec la mort du jeune prince Yahdun-Lim, pour le tombeau duquel des dépenses avaient été enregistrées trois mois plus tôt.

Il ne faut cependant peut-être pas tenir ces pleureuses pour des professionnelles : il pourrait s'agir d'une tâche rétribuée, mais néanmoins temporaire. Un texte met d'ailleurs cette occupation en parallèle avec celle de nourrice, qui n'est par définition pas un métier (je parle d'une vraie nourrice-*mušêniqtum*, pas d'une gardienne d'enfant pour laquelle il existe un autre mot en akkadien).

Les lamentateurs-**kalû**

Les lamentateurs-*kalû* (gala en sumérien) étaient en revanche de véritables professionnels. On a déjà vu leur importance pour calmer la colère des dieux. Ils jouaient aussi un rôle dans le contexte des enterrements. Le texte de la statue B de Gudea indique ainsi :

> Aucune houe ne fut utilisée dans le cimetière (ki-mah) de la ville,
> aucun cadavre ne fut enterré ;
> aucun lamentateur-gala ne joua de l'instrument de musique-balag
> ni ne fit retentir de lamentation,
> aucune pleureuse (ama-ér) ne se lamenta[88].

Ce passage offre un intéressant contraste. En effet, les musiciens spécialistes de la lamentation et les pleureuses sont cités par leur titre ; en revanche, quand il est question de l'enterrement, on ne désigne pas par un titre ceux qui manient la houe avec laquelle des tombes auraient pu être creusées.

Dans les archives d'Ur-Utu, chef-lamentateur à Sippar sous Ammi-ṣaduqa, figure à plusieurs reprises le mot *muqabbirûtum*. Ce terme est absent des dictionnaires de l'akkadien,

88. D. O. Edzard, RIME 3/1, Toronto, 1997, p. 32 : col. v 1-4.

mais il ne peut étymologiquement que désigner ce qui a trait à la « charge de fossoyeur » ; il est attesté par des lettres et des textes administratifs, pour la plupart encore inédits. On a donc l'impression que les lamentateurs-gala et leurs chefs, les gala-mah, intervenaient bien dans les rites d'enterrement.

Une affaire de famille ?

On n'avait jusqu'à présent aucun indice de l'existence de fossoyeurs professionnels : il n'est question que de membres de la famille qui enterrent l'un des leurs. Tel est le cas dans des textes littéraires, comme l'*Épopée d'Irra*. Le dieu de la peste y déclare :

> Je mettrai le fils à mort et le père devra l'enterrer, puis je mettrai le père à mort et il n'aura personne pour l'enterrer (*qêbira ul iši*)[89].

On notera l'emploi du participe *qêbirum* : il ne s'agit pas d'un professionnel. Le texte met l'accent sur le caractère scandaleux de la situation : normalement, ce sont les enfants qui enterrent leurs parents.

Tel est également le témoignage des documents d'archives, comme cette lettre d'une religieuse-*nadîtum*. On sait que ces femmes n'avaient pas le droit d'enfanter, d'où leur souci pour leurs vieux jours et pour leur sort après leur mort :

> J'ai élevé un seul garçon, pensant : « Qu'il grandisse pour qu'il puisse m'enterrer ! »[90].

Il ne s'agit pas là d'un phénomène propre à l'époque paléo-babylonienne ni au milieu de ces religieuses. Dans les archives de Nuzi, du XIVe siècle, on relève dans un contrat d'adoption cette clause :

> Tant que Pai-Teššup vivra, Kinni le révérera (= le servira). Lorsque Pai-Teššup mourra, alors Kinni le pleurera et l'enterrera[91].

89. L. Cagni, *L'Epopea di Erra*, StSem 34, Rome, 1969 : IV, 97-98.
90. AbB 9 228 : 24-28.
91. HSS 19 39 : 7-11.

On voit ici encore le lien étroit entre déploration et enterrement, les deux actions étant effectuées par des proches du défunt, nullement par des professionnels.

Le contexte habituel de ces enterrements était constitué par des caveaux funéraires sous les maisons. Les fouilles des maisons de Larsa en 1987-89 ont confirmé ce que Woolley avait décrit lors de son dégagement d'un grand quartier d'habitation à Ur : les caveaux sous les maisons étaient bien construits en même temps que celles-ci et destinés dès le départ à recueillir la dépouille des défunts de la famille. Cependant, toutes les maisons n'étaient pas pourvues de caveaux : ceux-ci ne doivent pas faire oublier l'existence de véritables cimetières dans les villes ou à proximité. C'est ce que nous a montré l'extrait du texte de la statue B de Gudea cité plus haut, racontant comment, lors de l'inauguration du grand temple Eninu, « aucune houe ne fut utilisée dans le cimetière de la ville, aucun cadavre ne fut enterré ».

Même dans des cas exceptionnels comme dans l'épidémie mentionnée plus haut, ce sont des particuliers qui procédaient à l'enterrement :

> Au mois de Tirum, le 10, j'ai fait prendre les présages pour enterrer le tas des morts : le dieu a alors répondu (oui). Tout un chacun de ceux qui subsistaient a enterré le cadavre qui lui incombait. Au mois de Tirum, le 14, les exorcistes et les lamentateurs ont purifié la ville. Le dieu vient de s'apaiser envers le pays. Que mon seigneur le sache[92].

On voit dans ce cas dramatique l'intervention de professionnels avant et après l'enterrement : devins chargés de déterminer si celui-ci pouvait avoir lieu, puis exorcistes et lamentateurs qui devaient ensuite purifier la ville. Mais l'enterrement lui-même est le fait des survivants, chacun enterrant celui ou ceux de ses proches ayant succombé à l'épidémie.

---

92. ARM 26/1 263 : 11-23.

Figure 6-1. Caveau sous une maison de Larsa.

Des fossoyeurs professionnels rattachés au temple de Nergal

Il faut alors revenir à la tablette d'Emar par laquelle nous avons commencé ce chapitre. Elle a été publiée par M. Sigrist sans aucun commentaire ; celui de J.-M. Durand a porté sur les circonstances de la donation et sur l'emplacement du temple de Nergal, mais pas sur la charge elle-même. Le terme de *qabbârum* induit par le texte d'Emar est construit sur le schéma classique des noms de métier PaRRâS : il s'agit donc d'un

« fossoyeur ». L'association de cette charge avec celle d'administrateur du temple de Nergal montre que ce dernier jouait le rôle de « maison de pompes funèbres ». La question qui se pose est de savoir si l'on a affaire à une particularité d'Emar, où si l'on peut généraliser l'image qui ressort de ce texte unique. Au vu de tous les cas que nous avons examinés jusqu'à présent, j'aurais tendance à penser que l'on ne doit pas tenir ce texte pour exceptionnel.

Il existe un autre exemple à Emar où un individu et sa descendance reçoivent la responsabilité du temple du dieu des Enfers, sous son nom occidental de Rašap :

> Aux jours de Li'[mi-šarri], fils d'Ir'ib-[Ba'al], Pilsu-Dagan, fils de [Dagan]-malik, avait construit un temple à Rašap au bétyle : (Li'mi-šarri) avait fait siéger les Anciens de la ville d'Emar et ils avaient écrit la tablette suivante : « À compter de ce jour, Pilsu-Dagan est l'administrateur-*šangû* du temple de Rašap au bétyle : son fils, son petit-fils pour leur postérité sont *šangû* de Rašap »[93].

Ce dieu « Rašap au bétyle » était connu comme une divinité infernale. La différence est qu'ici on ne précise pas ce que comporte la charge de *šangûm*, au contraire du texte publié par M. Sigrist. On notera que dans ce dernier, la précision apparaît seulement à la fin du texte, dans la clause de non revendication.

On doit par ailleurs signaler ici le cas singulier du roi de Karkemiš Aplahanda, tel qu'il fut rapporté au roi de Mari Zimri-Lim :

> Dis à mon seigneur : ainsi (parle) Ištaran-naṣir, ton serviteur. J'ai parlé à Aplahanda des musiciens-*gerseqqûm* pour lesquels mon seigneur m'a envoyé. [Com] me je l'ai déjà écrit à mon seigneur auparavant, il ne fait que [vou] er des [musiciens] à Nergal. Il a dit : « Si jamais le [mu] sicien-*gerseqqûm*, à propos duquel Zimri-Lim m'a écrit, existe, mais que je (le) retiens, que ce dieu mette à l'épreuve Aplahanda ! » Voilà ce qu'il m'a répondu. Et, moi, je

93. D. Arnaud, TS 87.

> lui ai répondu : « Puisque le désir pour lequel mon seigneur m'a envoyé n'est pas (réalisable), je dois partir. Mais que répondrai-je donc à mon seigneur ? » Voilà ce que je lui ai dit, mais il ne m'a pas donné d'instructions. Que mon seigneur m'écrive, afin que je puisse partir[94].

L'affaire se situe peu avant la mort du roi de Karkemiš : celui-ci avait tellement voué de musiciens au dieu Nergal, qu'il n'en avait plus aucun à envoyer en présent au roi de Mari qui lui en faisait la demande. Il est vraisemblable qu'il s'agissait pour Aplahanda de se propitier le dieu des Enfers. Sa conduite n'avait en soi rien d'unique : on devait voir, quelques années plus tard, le roi de Babylone Hammu-rabi restaurer l'Emeslam, temple de Nergal, trois années à peine avant sa propre mort, comme en témoigne le nom de sa quarantième année de règne. Selon R. Pientka, une longue inscription pourrait avoir le même contexte ; ce texte commémore notamment la dédicace d'instruments de musique à Lugal-Gudua (= Nergal) dans l'Emeslam. Les lettres de Mari relatives au roi de Karkemiš ne précisent pas quel rôle concret ces musiciens étaient amenés à jouer lors des obsèques et par la suite, mais si l'on combine l'ensemble des informations disponibles, on dispose d'une image assez cohérente.

Que le temple du dieu des Enfers ait un rapport avec les enterrements n'est pas quelque chose de vraiment surprenant. Vu ce que nous avons déjà constaté, le nom de *bît sipittê* « Maison / temple des lamentations » pourrait aussi renvoyer à des sortes de pompes funèbres : mais dans la Babylone d'époque tardive pour laquelle ce terme est attesté, les rituels qui avaient lieu dans ce bâtiment étaient le fait du personnel de la Dame-de-Babylone (Belet-Babili), pas de Nergal.

94. FM 9 10.

Le temple d'Enki

L'environnement du sud de la Mésopotamie était marqué par l'abondance d'une eau plus ou moins saumâtre, qui formait de nombreux marais d'où les habitants tiraient une bonne partie de leur subsistance, sous forme non seulement de poissons, mais aussi de leurs prédateurs, comme certaines espèces d'oiseaux, etc. Cette eau était bien différente de celle qui tombe du ciel sous forme de pluie – rare dans cette région et qui ne permettait pas de cultures sans le recours à l'irrigation : on considérait qu'elle provenait d'une sorte de réserve souterraine, nommée abzu, dont le maître était le dieu Enki, connu plus tard sous le nom d'Ea. Celui-ci était souvent représenté en liaison avec des « eaux jaillissantes » et son temple, dans la ville d'Eridu qui lui était rattachée, s'appelait « temple des eaux souterraines » (E-abzu). L'autre facette de cette figure divine, une des plus importantes du panthéon sumérien, était l'intelligence : Enki était considéré comme source de la sagesse (*nêmequm*). À ce titre, il détenait le savoir permettant aux incantateurs de réciter les formules essentielles à leur art. Mais cette sagesse était avant tout considérée de manière pratique. La sagesse ainsi entendue (*nikiltum*) est la qualité qui permet de résoudre toutes sortes de problèmes, y compris les plus concrets ; le même terme peut dans certains contextes désigner l'« astuce », voire la « ruse ». C'est pourquoi Enki était le patron, non seulement des « savants », mais aussi des artisans, toutes ces catégories professionnelles étant regroupées sous le même vocable d'um-mi-a en sumérien, *ummânum* en akkadien. Cela n'allait pas sans conséquences sur la nature de son temple.

Enki et l'artisanat

On doit d'abord mentionner la définition du temple d'Enki comme centre d'artisanat dans le dernier tiers du troisième millénaire, grâce à un nom d'année. Cette formule, qu'on ne sait à quel roi rattacher de manière certaine, commémore la construction d'un « temple d'Enki » (é ^{d}en-ki), mais une variante donne à la place « temple-atelier » (é-giš-kin-ti) ; qu'il s'agisse bien du même bâtiment est prouvé par un troisième texte, où le premier terme est glosé par le second. On obtient donc l'équation : « temple-atelier = temple d'Enki » (é-giš-kin-ti = é ^{d}en-ki).

Plusieurs textes relatifs à la reconstruction du temple de Nippur à l'époque d'Agade mentionnent le rôle d'un « atelier » (giš-kin-ti) dans la fonte et le moulage de plusieurs centaines de kilos de cuivre et de bronze. On doit également souligner l'importance du personnage portant le titre d'« intendant des ateliers » (šabra é giš-kin-ti) : c'était l'un des plus hauts dignitaires de l'empire d'Akkad et il est mentionné dans des textes de Lagaš, Adab et Nippur.

On relève également dans des documents administratifs datant de la IIIe dynastie d'Ur des mentions des « grands ateliers (giš-kin-ti gu-la) du dieu Enki à Ur ». On aimerait naturellement en savoir plus : le hasard des découvertes ne le permet pas actuellement. Il faut cependant noter qu'é-giš-kin-ti n'était pas le nom cérémoniel d'un temple – rappelons que le nom du temple d'Enki à Eridu était é-abzu « temple de l'Abzu », i.e. du monde des eaux souterraines, paraphrasé en é-engur-ra (qui a le même sens). À Ur, le sanctuaire d'Enki s'appelait « temple de la sagesse sublime (et) parfaite » (é-geštu$_{2}$-mah-šu-du$_{7}$).

Comment comprendre cette étroite association des artisans avec le dieu Enki, au point qu'un « atelier » puisse être décrit comme un temple de ce dieu ? Il faut ici rappeler le caractère sacré que pouvait revêtir le travail artisanal. Un rituel relatif à la réparation d'une statue divine montre qu'à côté du prêtre-*mašmaššu* auquel s'adressent les instructions du texte, intervenaient un devin et un lamentateur-*kalû* : il s'agissait de « faire sortir » provisoirement le dieu de sa statue, avant que l'objet momentanément inanimé puisse être transféré dans l'atelier (*bît mummi*) pour réparation. De la même manière, la fabrication d'une statue ou du mobilier sacré était assurément le fait d'artisans. L'objet une fois achevé était soumis au rituel du « lavage de la bouche » (*mîs pî*) ; il ne faudrait pas croire que le travail « matériel », assuré par des artisans, était suivi par une consécration effectuée par des « prêtres ». En effet, une inscription d'Asarhaddon montre que le choix des artisans chargés de fabriquer une statue de culte était effectué par les dieux eux-mêmes, les devins étant à cette occasion divisés en plusieurs groupes. Plus encore, dans la théologie, on attribuait la fabrication des statues au dieu Enki/Ea en personne. Un orfèvre déclare à propos d'une statue de culte :

> C'est Kusibanda, (c'est-à-dire) Ea, le divin patron des orfèvres, qui l'a faite ; ce n'est pas moi qui l'ai faite.

Figure 6-2. Tête de statue d'une divinité représentée avec 4 paires de cornes (Tello, musée du Louvre, AO 4353).

On sait que des devins interrogeaient les dieux sur la façon dont il fallait les représenter, allant jusqu'à demander le nombre de paires de cornes devant orner leur tête. De la même manière, les instruments de musique étaient divinisés : on considérait leur rôle comme plus important que celui de l'exécutant. L'auteur, ou l'interprète, ou encore l'artiste devait constamment s'effacer, car la création était ressentie comme quelque chose qui dépassait l'individu. Enki était donc aussi le patron des musiciens : dans la conception des anciens Mésopotamiens, la distinction que nous faisons entre artisans et artistes n'existait pas – elle est d'ailleurs récente dans la civilisation occidentale.

Le bît mummim

Le lieu où ces deux branches des activités humaines – artisanat et musique – trouvaient leur unité était un bâtiment désigné en akkadien comme *bît mummim.* Pendant longtemps, ce mot a été surtout connu comme une sorte d'« atelier (utilisé pour fabriquer et réparer des objets rituels) » : les attestations réunies par le *Dictionnaire assyrien de Chicago* à l'appui de cette définition s'étagent de l'époque néo-assyrienne à l'époque hellénistique et proviennent surtout de rituels. La surprise est venue – une fois de plus – de Mari : dans son livre sur les musiciens et la musique, N. Ziegler a montré que le *bît mummim* (ou simplement *mummum*) était une sorte de conservatoire. C'était à la fois un atelier où l'on fabriquait des instruments de musique (FM 9 44) et l'endroit où répétaient les musiciens (FM 9 51) ; il s'agissait sans doute aussi du lieu de résidence du « chef de musique » des rois de Mari. On voit donc en l'occurrence comment s'opérait le lien entre deux faces de l'activité du dieu Enki : l'artisanat et la musique.

L'enquête trouve ici encore un prolongement inattendu. On connaît en effet un nom de temple cérémoniel formulé comme « Atelier-*mummu* sublime » (umun$_2$-sag), qui ne peut que faire écho au *mummum* / *bît mummim* qu'on vient d'examiner : ce bâtiment n'est pas en rapport avec Enki, mais il est qualifié de siège de la déesse-mère Belet-ili. Il faut souligner le lien de cette dernière avec Enki, en particulier pour la création de l'homme, telle que la raconte le mythe de *Atrahasis* dès le XVIIe siècle avant notre ère : on est donc bel et bien dans le même cercle divin. Ce bâtiment se situait à l'une des portes de l'Esagil ; le texte qui le mentionne appartient à une tradition plutôt tardive, au moment où Babylone – et son temple principal – sont devenus une sorte de résumé du cosmos. Mais on peut tenir cette mention pour significative : de même que les ateliers giš-kin-ti étaient considérés au troisième millénaire comme relevant du dieu Enki, un lieu particulier du sanctuaire de l'Esagil était au premier millénaire voué à une divinité proche d'Enki, sous le nom d'« Atelier-*mummu* sublime ».

Autres activités productrices

Cette section sera consacrée à l'examen d'autres activités productrices liées à différents temples en fonction de la spécificité de leur divinité principale. Il ne s'agit pas d'artisanat proprement dit, mais de la transformation de produits agricoles ou de matières premières : le lait dans des crèmeries, l'orge dans des brasseries, le sésame et les bois odoriférants dans des parfumeries.

Laiteries/crèmeries

Nous commencerons par étudier les laiteries ou crèmeries, documentées pour le dieu Lune Nanna/Sin et d'autres divinités de son entourage.

Temples de Nanna/Sin

Que le dieu Lune ait un rapport avec la production de fromage et autres produits laitiers pourra étonner certains lecteurs.

D'autres, qui connaissent les traditions populaires, le seront moins : ne dit-on pas que le lait caille plus vite au moment de la pleine lune ? En Mésopotamie, l'animal attribut de Nanna/

Partie A.

Partie B1.

Partie B2.

Figure 6-3. Décoration d'un vantail de porte du site d'Obeid (dessin Ph. Gouin).

Sin était le taureau, le croissant de lune étant vu comme les cornes de l'animal. Une incantation pour aider à la délivrance d'une femme qui accouche s'ouvre par un mythe étiologique qui montre comment le dieu Lune tout à la fois féconda une vache en tant que taureau et aida à sa délivrance en tant que berger. Ce patronage du dieu Nanna/Sin s'étendait à l'ensemble des bovins. Dans cette perspective, le nom du temple de Sin à Urum se révèle significatif : « temple des vaches innombrables » (é-áb-lu-a).

Il est remarquable que le temple de Nanna/Sin à Ur a livré pour l'époque paléo-babylonienne une documentation importante sur d'énormes troupeaux de bovins et des activités de laiterie. On en possède aussi un témoignage iconographique qui remonte à la période présargonique : la fameuse frise d'Obeid, site proche d'Ur, découverte par Hall en 1919. Hall et Woolley croyaient que ces panneaux décoraient les murs du temple ; Ph. Gouin, qui en a repris l'étude, a suggéré qu'ils aient plutôt formé la décoration du vantail de la porte du temple, sur le modèle de ce qui est connu beaucoup plus tard en Assyrie par les portes de Balawat.

La partie A est formée par une frise de bovins passant vers la droite. Dans la partie B, à droite, est représentée la traite du bétail sur le pâturage, les veaux étant attachés à leur mère par un licou qui forme muselière, de façon à les empêcher de téter. À gauche figure l'étable où sont préparés des laitages ; les vases représentés ont pu être très précisément rapprochés de formes céramiques attestées par les fouilles. La scène représente les trois étapes du barattage, du filtrage et du stockage du beurre ainsi obtenu. De façon très intéressante, Hall et Woolley avaient considéré les hommes représentés sur cette scène comme des prêtres : on aurait là une représentation d'une ferme sacrée. Ph. Gouin a commenté de cette manière :

> Tous les personnages des scènes laitières sont des hommes. Aucune femme n'y participe alors que de nos jours, la préparation des laitages est en Orient une activité presque exclusivement féminine. La pensée profonde des Sumériens mériterait peut-être, à travers leurs écrits, d'être interrogée à ce sujet. Selon H. R. Hall et Cl. Woolley et d'autres auteurs, ces hommes seraient des prêtres et nous aurions là une représentation de la ferme sacrée et des troupeaux de la déesse Nin-hursag. Il s'agit pour nous, dans le cadre de cette étude, d'un problème secondaire car la préparation des laitages, qu'elle soit cultuelle ou non, reste la même. Il nous semble pourtant difficile

de croire que la préparation des laitages ait pu être réservée exclusivement aux seuls prêtres[95].

Le temple de Nanna/Sin peut donc, à certains égards, être considéré comme une laiterie de taille quasi industrielle. Divers hymnes en donnent un écho très précis, comme celui-ci, connu par un manuscrit d'Ur :

> Quatre sont les enclos à bétail que Nanna a établis pour lui. (...)
> Ses vaches de différentes races sont 39 600,
> Ses génisses et veaux, 108 000,
> Ses jeunes taureaux 126 000 (etc.)
> Que les pures vaches de Nanna, chéries par le jeune Sin, soient louées !
> Le lait crémeux de l'abondance, dans les enclos à bétail sacrés,
> Il est toujours capable de l'accroître[96] !

On voit donc que le temple de Nanna à Ur n'était pas seulement propriétaire d'importants troupeaux de bovins : les activités de laiterie qu'il abritait étaient conçues comme intrinsèquement liées à la nature du dieu. Nanna lui-même n'était pas seulement compris comme protecteur des bovins : plus encore, il était lui-même l'un d'eux. La remarque ici est d'importance : elle confirme ce qu'on a vu sur le rapport entre la déesse Ištar et les « prostituées ».

Nin-E'igara

Parmi les divinités faisant partie du cercle de Nanna, il nous faut, arrivés à ce point, nous intéresser à Nin-E'igara. Elle était la parèdre de Nin-gublaga, fils de Nanna et lui aussi dieu des bovidés ; son nom signifie « Dame du temple à la Matière Grasse » et son temple était appelé « Temple de la Matière Grasse » (é-ì-gara$_4$). On a donc ici encore un nom de temple qui fait très concrètement allusion aux activités qui s'y tenaient, en lien direct avec le domaine de compétence de la divinité.

95. Ph. Gouin, *Iraq* 55, p. 139.
96. UET VI/1 68.

Une fois de plus, on retrouve dans la Babylone du premier millénaire un nom de temple qui fait écho à cette réalité du début du second millénaire : une chapelle d'Ištar (sous le nom de Telîtu) dans l'Esagil de Babylone est en effet connue sous le nom de « Temple qui convient au lait et au ghee » (é-ga-ì-nun-hé-du_7).

Temples de Dumuzi

Dumuzi est sûrement l'un des dieux les plus fameux du panthéon mésopotamien : c'est lui en effet qui meurt et ressuscite chaque année, passant la moitié de l'année dans les Enfers. On pourrait penser que cette célébrité est due à sa postérité, sous la forme de Tammuz, et à l'énorme littérature érudite qui a suivi : ce serait sans doute une erreur. En effet, les archives de Mari montrent indiscutablement que ce dieu-berger appartenait à ce qu'on désigne parfois comme la « religion populaire ». En témoigne cette lettre d'un chef nomade reprochant sa couardise à un de ses homologues :

> Tu n'as pas la moindre expérience. Au contraire, regarde-moi : jusqu'à présent, j'ai failli périr et me suis sauvé de la mort. Au milieu de la ville d'Ahuna, à dix reprises, j'ai réussi à me sortir d'une émeute. Pourquoi maintenant ne pas me tenir pour un Dumuzi ? Au comput de l'année, on le tue ; [à chaque...], il revient au temple d'Annunitum[97].

L'allusion au mythologème de la mort et de la résurrection de Dumuzi est indubitable ; il n'est guère étonnant que le dieu-patron des troupeaux ait été spécialement révéré par des éleveurs de petit bétail semi-nomades. Mais le culte de Dumuzi ne se limitait pas aux steppes syriennes qu'ils parcouraient : il était également bien implanté dans le Sud mésopotamien. À Isin, son temple s'appelait « Temple, Monde inférieur » (E-Arali), ce nom faisant allusion au séjour annuel du dieu dans les Enfers. Sa ville principale était Bad-tibira, où son temple,

97. A.1146 : 38-44 ; P. Marello, Mél. Fleury, p. 115-126.

nommé E-muš-kalama (« Temple, fondation du pays ») n'a rien de spécifique. Son sanctuaire d'Ur est plus intéressant dans notre perspective. Le roi Rim-Sin le rebâtit au début de son règne et son inscription commémorative cite son nom, littéralement « Temple empli de graisse » (é-ì-gara$_2$-sù) :

> (1-6) Pour le dieu Dumuzi, le dieu des offrandes, époux bien-aimé de la déesse Inanna, berger de la vaste steppe, qui sait parfaitement prendre soin (de toutes les créatures), son seigneur,
> (7-11) Rim-Sin, le prince qui respecte Nippur, pourvoyeur d'Ur, roi de Larsa, roi de Sumer et d'Akkad,
> (12-19) a bâti pour toujours l'E-igarasu, la demeure qu'il aime, qui convient à sa résidence, pour sa vie et la vie de Kudur-Mabuk, le père qui l'a engendré.
> (20-24) Que pour cela le dieu Dumuzi, son seigneur, se réjouisse à son sujet et qu'il multiplie pour lui bovins et ovins dans les étables et bergeries[98] ! »

On notera en particulier la l. 13, qui précise bien que ce temple est la demeure de Dumuzi : il est impossible ici de considérer qu'on a affaire à une sorte d'annexe ! C'est bien le sanctuaire lui-même qui s'appelait « Temple empli de graisse » (E-igarasu), faisant ainsi directement allusion aux produits dérivés des troupeaux du dieu. Un autre temple de Dumuzi portait le nom significatif de « Temple des Troupeaux surabondants » (é-nì-lu-lu).

Bilan

Tous ces temples doivent donc être considérés comme des centres de collecte et de transformation du lait produit par les ovins et les bovins de ces sanctuaires voués aux dieux protecteurs des troupeaux de gros et petit bétail.

Le temple de Ninkasi comme brasserie

On ne saurait sous-estimer l'importance de la bière dans la civilisation mésopotamienne : elle tient notamment au fait qu'il

98. D. Frayne, RIME 4, p. 276.

s'agissait d'une boisson saine du point de vue pathologique, alors que l'eau pouvait contenir des germes dangereux à une époque où la stérilisation était inconnue, et dont par ailleurs la valeur nutritive était importante. Inutile de souligner que cette boisson était bien différente de celle qu'apprécient de nos jours les amateurs ; elle semble avoir été beaucoup moins pétillante que son homologue actuelle. Mais le principe reste le même : il s'agit d'une boisson alcoolisée obtenue à partir d'une denrée sucrée (en l'occurrence de l'orge maltée), sans distillation.

En 1998-1999, les fouilles de Tell Bazi en Syrie du Nord-Ouest ont pour la première fois permis d'analyser des restes à l'intérieur de grandes poteries retrouvées semi-enterrées dans de nombreuses maisons, ce qui a prouvé qu'elles servaient bien à produire de la bière. Des essais de reconstitution avec les moyens de l'époque ont été pratiqués, qui ont montré que la bière était obtenue par fermentation à froid d'orge maltée. C'est dans le cadre d'un séminaire commun avec A. Otto, l'archéologue de Tell Bazi, que W. Sallaberger a repris l'étude d'un hymne en sumérien adressé à la déesse Ninkasi, déesse patronne de la bière. On ne doit pas s'étonner de l'existence d'une déesse de la bière : le processus de fermentation était pour les anciens Mésopotamiens un phénomène très mystérieux – qu'on a d'ailleurs encore de nos jours bien du mal à contrôler. Cet hymne consiste en un texte de 48 lignes, qui décrit la façon de brasser la bière. On note la façon dont chaque vers est repris en quelque sorte en écho : on a peut-être là l'indice que chaque ligne était d'abord chantée par un soliste, puis reprise par un chœur. Le texte de l'hymne est suivi dans les trois manuscrits par une chanson à boire de 30 lignes, très joyeuse – ce que W. Sallaberger attribue à l'alcool, bien que la bière sumérienne ne titre que 3,5° d'après les reconstitutions qui ont été pratiquées (W. Sallaberger parle à ce sujet, de façon amusante, de « philologie expérimentale »).

Figure 6-4. Jarre demi-enterrée dans une maison de Tell Bazi, qui servait à maintenir au frais de la bière. (photo A. Otto, dans *Anthropology of Food and Nutrition* 7, New York/Oxford, 2011, p. 48).

Dans la perspective qui est ici la nôtre, on doit noter qu'aucun nom n'est jusqu'à présent associé à un sanctuaire de Ninkasi ; on peut néanmoins supposer que les temples de cette déesse fonctionnaient bel et bien comme des brasseries, de même que les temples de Gula servaient de centres de cure ou ceux de Nanna de laiteries. On a de cela un indice. En effet, cette tradition perdura, malgré un changement : la déesse de la bière, Ninkasi, fut remplacée par le dieu Siraš/Siriš, tout comme Nisaba, déesse de l'écriture, fut évincée par Nabu comme on l'a vu au chapitre 4 ; il ne s'agit de rien d'autre que de la fonction de brasseur (*sirâšû*) divinisée. Or on connaît à Babylone un sanctuaire de Siriš nommé « temple de la boisson alcoolisée » (é-kurun-na). On en conclura donc qu'il a existé des temples voués à la divinité de la bière, qui fonctionnaient comme des brasseries. Ces « temples-brasseries » ne se trouvaient pas forcément inclus dans une zone spécifiquement religieuse. Certes, au sein de chaque sanctuaire, une zone était réservée à la préparation de la nourriture et de la boisson des dieux : les charges de cuisiniers et de brasseurs sont attestées sous forme de prébendes du début du deuxième millénaire jusqu'à l'époque hellénistique. Mais ces brasseries des temples étaient réservées à la consommation intérieure des sanctuaires et ne servaient nullement à l'approvisionnement de l'ensemble de la population. La question qui se pose désormais est donc de savoir quels liens il nous faut concevoir entre ces « temples-brasseries » et les brasseries où était produite la bière destinée à la consommation courante. Au vu du dossier réuni jusqu'à présent, on peut se demander si chaque brasserie n'était pas considérée comme un temple de Nisaba (ou plus tard de Siriš), la divinité de la bière veillant au bon déroulement des opérations de fermentation de ce liquide essentiel à l'alimentation des anciens Mésopotamiens. Ce patronage s'étendait éventuellement à toutes les maisons, lorsque la bière était élaborée à domicile.

En Mésopotamie, la consommation de vin n'était pas aussi courante que celle de la bière, mais on note que dans des textes de l'époque d'Ur III, le dieu Ningišzida est associé à la « Maison du vin » (é-geštin) : là encore, ce nom n'a pas été enregistré comme nom de temple par A. George, mais il faut considérer qu'il s'agit du même cas que l'Egina de Kittum. Une incantation cite d'ailleurs Ningišzida en lien avec la déesse Ninkasi.

Une parfumerie

La parfumerie constituait une autre activité très importante en Mésopotamie : dans une civilisation qui ne connaissait pas le savon, les soins corporels étaient effectués avec des huiles de qualités variables, les huiles parfumées étant naturellement les plus prisées. Or une inscription commémorative fragmentaire a conservé en partie le texte de la dédicace d'un temple par le roi de Larsa Rim-Sin à un dieu ou une déesse dont le nom a disparu, mais dont le nom cérémoniel du temple a été heureusement conservé :

> [Pour..., Rim-Sin,...], qui n'a de cesse pour Girsu et le district de Lagaš, qui exécute parfaitement les ordonnances et les rites d'Eridu,

> qui est en admiration pour l'Ebabbar, le roi de Larsa, roi de Sumer et d'Akkad, a bâti pour lui/elle l'E-irara, dont le parfum est agréable, dont les bois (aromatiques) sont précieux[99] [...].

Grâce aux équivalents donnés par des textes lexicaux, le nom du temple, é-ì-rá-rá, est connu comme *bît raqqîm*, qui n'est autre que le nom commun désignant une « parfumerie ». Vu tous les dossiers qui ont été instruits précédemment, il n'y a pas de raison de ne pas voir dans ce bâtiment un atelier produisant des parfums. Un lot de 63 textes administratifs du royaume de Larsa, datant de la fin du XXe et du début du XIXe siècle, se révèle à cet égard particulièrement intéressant. Les livraisons d'huiles parfumées étaient destinées à des rations pour des individus, mais aussi pour le roi ou pour des divinités ; l'huile servait aussi au nettoyage de divers objets, notamment en cuir, dans le palais ou dans des temples. De nombreuses fêtes et autres cérémonies sont mentionnées comme occasions de ces dépenses. On a affaire à un bureau centralisé, car les dépenses concernaient des lieux de culte dans de nombreuses villes du royaume : sont ainsi cités les temples de Nin-kimar à Ašdubba, de Dumuzi à Bad-tibira, d'Amurrum à Eduru-Šulgi, ou de Bawa à Girsu. Cet atelier de parfumerie s'appelait « Maison de l'huile de bonne qualité » (é-ì-du$_{10}$-ga) : il me semble néanmoins qu'il peut nous donner l'image de ce qu'était une « parfumerie » (é-ì-rá-rá).

À quelle divinité ce temple-parfumerie a-t-il été voué par Rim-Sin ? On a vu que le début de l'inscription, où figurait son nom, a disparu. Dans la mesure où le nom é-ì-gara$_4$ renvoie au temple d'une déesse nommée Nin-Eigara, on pourrait penser que l'é-ì-rá-rá renvoyait à Nin-Eirara : mais l'existence d'une déesse ainsi nommée ne semble pas attestée. On retiendra en tout cas, quelle que soit la divinité à qui le bâtiment était voué, qu'il s'agit clairement d'une inscription commémorant la construction d'un temple-parfumerie.

99. D. Frayne, RIME 4, p. 280.

Conclusion

Le bilan de ce chapitre est éloquent : de nombreux aspects de la vie quotidienne étaient placés sous le patronage d'une divinité, dont le temple était décrit comme centre de cette activité. Le temple de Nergal, dieu des morts, servait en quelque sorte de maison de pompes funèbres. Les ateliers étaient considérés comme des « temples d'Enki », le dieu de la sagesse et des savoirs techniques. Les temples de Nanna et d'autres divinités de son entourage abritaient des étables et des laiteries directement reliées à leur rôle de protecteurs du bétail. Ninkasi, puis Siriš, étaient les divinités sous le patronage desquelles la bière était préparée dans des « temples-brasseries ». Et l'on a vu pour finir qu'il existait même un « temple-parfumerie » !

CONCLUSION

Avant de dresser un bilan de l'enquête menée au cours de cet ouvrage, il nous faut examiner le cas des divinités qui n'ont pas été rencontrées jusqu'à présent, pour essayer de déterminer quelle(s) fonction(s) leurs temples ont pu remplir. C'est ensuite que nous essaierons de tirer des conclusions générales.

Et les divinités absentes ?

Le nombre de divinités concernées par les chapitres qui précèdent n'est pas très élevé par rapport à l'ensemble du panthéon, même en se limitant aux dieux les plus importants. Essayons d'en expliquer la raison en distinguant le cas des dieux spécialisés de celui des dieux placés au sommet du panthéon.

Les dieux spécialisés

Dieux de la guerre

Vu les cas qui ont été rencontrés jusqu'à présent, on s'attendrait à ce que les temples des dieux guerriers, comme Ninurta ou Zababa, aient joué le rôle d'arsenal. J'ai seulement relevé un cas où on pourrait avoir affaire à une armurerie. Ce temple avait pour nom « Hall où l'Arme est suspendue » (a. ga. tukul. lá) ; il s'agit d'une partie de l'Eninnu, le grand temple de Ningirsu à Girsu. Or Ningirsu est aussi une divinité guerrière, Ninurta lui étant virtuellement identique dans la mythologie sumérienne. On relève aussi dans une série de noms de temples ou d'épithètes liés à Nergal : « Temple qui rassemble les armes » (é-^{giš}tukul-ka-kéš). Or Nergal était non seulement le dieu des Enfers, comme on l'a vu au chapitre 6, mais aussi celui de la guerre. On doit avouer que ces indices sont bien ténus, mais on peut sans doute mettre cela sur le compte du hasard des découvertes.

Il faut ici revenir sur le cas de Ninurta. Fils du dieu Enlil, le chef du panthéon sumérien, il résidait dans l'Ešumeša. Or ce temple comportait une chapelle nommée « Temple du sceptre » (é-gidri = *bît haṭṭi*) : c'est manifestement là qu'était conservé le sceptre du roi. De part et d'autre de cette chapelle, des cours étaient appelées « cour intérieure/extérieure du Sceptre ». Que les *regalia* aient été conservés dans un temple n'étonne pas un Français outre mesure : ceux de nos rois étaient gardés dans l'abbaye de Saint-Denis jusqu'à la Révolution. Lorsque Marduk remplaça Enlil au sommet du panthéon mésopotamien, d'une façon très logique, c'est à son fils Nabu qu'échut cette charge qui incombait auparavant au fils d'Enlil, Ninurta, comme on l'a vu au chapitre 4.

Autres divinités importantes

Une place très importante au sein du panthéon mésopotamien était occupée par le dieu de l'Orage, Iškur/Adad. Son temple était nommé « Temple (de l')Abondance » (é-nam-hé). Cette dénomination s'explique fort bien, vu le rôle que les précipitations jouaient dans l'agriculture, mais elle ne dit rien de concret sur les fonctions que ce temple pourrait avoir jouées. Il en va de même d'un autre nom de temple, celui d'Iškur à Karkar, qui signifiait « Temple des grandes tempêtes » (é-u4-gal-gal-la).

Nanše était la divinité patronne des oiseaux et des poissons ; pourtant, son temple ne semble pas avoir joué le rôle d'une pêcherie. Le seul nom de temple en rapport avec les poissons est le très curieux temple de Ninurta nommé « Temple où l'on ne mange pas de poisson » (é-ku$_6$-nu-kú).

Les dieux au sommet du panthéon

La question se pose par ailleurs de savoir pourquoi les dieux majeurs du panthéon mésopotamiens n'ont pas été mentionnés jusqu'à présent : Enlil dans le monde de Sumer, puis parallèlement Marduk en Babylonie et Aššur en Assyrie.

Il convient de rappeler qu'Enlil était le dieu de tout le pays de Sumer, mais pas d'une ville en particulier, même si son temple, l'Ekur, était situé à Nippur. Le dieu de la ville de Nippur était Ninurta : à Nippur, c'est par Ninurta que les serments étaient prêtés dans les contrats, c'est à Ninurta qu'étaient vouées les religieuses-*nadîtum*. À titre d'approximation, on peut comparer les situations de Nippur et de Rome. La basilique Saint-Pierre est le siège du pape en tant que chef de l'Église universelle ; en revanche, la basilique Saint-Jean-de-Latran est l'église du pape en tant qu'évêque de Rome, donc avec une dimension locale. La comparaison vaut ce qu'elle vaut, mais permet de comprendre qu'à Nippur, l'Ekur, temple d'Enlil, avait un horizon qui englobait toutes les villes de Sumer, au contraire de l'Ešumeša, qui était le sanctuaire principal de la ville de Nippur, voué à Ninurta.

Marduk remplaça Enlil à la tête du panthéon, dans le courant du deuxième millénaire ; à partir du moment où il devint un dieu créateur et omnipotent, il ne pouvait avoir de fonction privilégiée et donc l'Esagil, temple de Marduk à Babylone, ne pouvait avoir de fonction précise. On a au contraire constaté ci-dessus que l'Esagil a eu tendance à concentrer *toutes* les fonctions qui étaient auparavant la spécialité de différentes divinités : on a ainsi vu que s'y trouvait un « Atelier-*mummu* sublime », sans doute hérité d'Enki/Ea (chap. 6, p. 176), ou encore un « Temple qui convient au lait et au ghee », qui rappelle ce que nous avons vu à propos de Nanna/Sin ou d'autres divinités comme Dumuzi (chap. 6, p. 181). On peut ajouter ici un exemple supplémentaire. Une niche ou chapelle de l'Esagil s'appelait « temple (qui procure) la justice à l'opprimé » (é-gú-si-sá) ; il s'agissait de l'endroit où était conservée l'arme divine nommée Muštešir-hablim (litt. « qui fait droit à celui qui est lésé »). Ici, c'est sur les prérogatives de Šamaš que Marduk a empiété.

Qu'en était-il en Assyrie ? Il convient de distinguer selon les époques. Au départ, le dieu Aššur et la ville qui porte son nom ne faisaient qu'un : le promontoire rocheux sur lequel la cité avait été installée a été divinisé. Dans la fiction politique de l'époque paléo-assyrienne, le dieu Aššur était considéré comme le vrai souverain, celui que nous appelons roi n'étant que son « représentant » (*iššiakkum*). On sait à quel point le commerce jouait un rôle central dans la vie des Assyriens du début du deuxième millénaire : ils exportaient étain et étoffes en Anatolie, d'où ils rapportaient de l'or et surtout de l'argent. Or on a découvert sur le site anatolien d'Acem Höyük des scellements de sacs de marchandises avec les empreintes d'un sceau du dieu Aššur, comportant cette légende :

> Appartenant au dieu Aššur, relatif à la taxe-*nishatum* de l'hôtel de ville (*bît âlim*)[100].

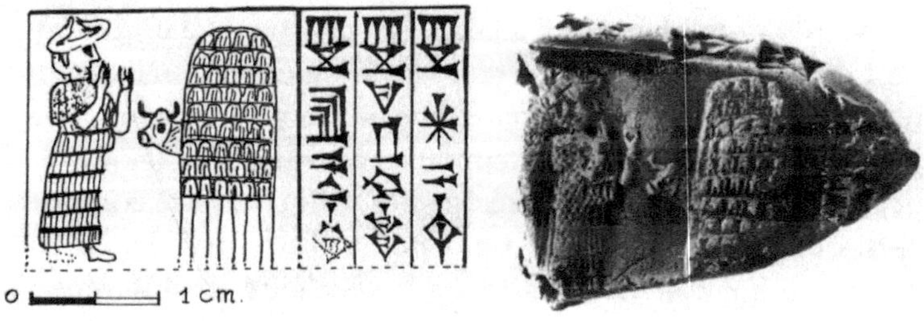

Figure 7-1. Sceau du dieu Aššur connu par des empreintes retrouvées à Acem Höyük : une divinité protectrice est debout en prière devant le dieu Aššur, représenté sous la forme d'une montagne d'où émerge une tête de bovidé (dessin K. R. Veenhof).

100. K. R. Veenhof, Mél. N. Özgüç, pl. 124.3.

À dire vrai, la traduction traditionnelle de *bît âlim* par « hôtel de ville » (« City Hall ») n'est sans doute pas très heureuse. J. Dercksen a déjà fait remarquer que « les fonctions de l'hôtel de ville incluaient également une dimension religieuse » : c'est là qu'était conservé le trésor du dieu Aššur. Dans la mesure où le dieu et la ville ne faisaient qu'un, on pourrait bien considérer le *bît âlim* comme le « temple de la Ville » : l'entrée du bâtiment était d'ailleurs pourvue de statues de divinités protectrices. Ces empreintes du sceau du dieu montrent que, d'une manière ou d'une autre, ses représentants supervisaient les transactions commerciales. On a confirmation de cela par des textes assyriens un peu plus tardifs, datant de ca. 1750, où il est fait mention d'argent pesé « selon le poids de l'hôtel de ville ». On a donc l'impression que le dieu Aššur jouait ici un rôle analogue à celui de la déesse Kittum et/ou du dieu Šamaš dans les royaumes du Sud à la même époque.

Il existait cependant à la même époque un autre sceau du dieu Aššur. Il n'a pas été retrouvé sur des documents contemporains, mais il figure sur les traités de fidélités prêtés à Asarhaddon, découverts à Kalhu. Il comporte cette légende :

> Appartenant au dieu Aššur, de l'hôtel de ville (*bît âlim*).

À côté, on trouve deux autres empreintes de sceaux, appartenant également au dieu Aššur : l'un d'époque médio-assyrienne, l'autre explicitement daté du règne de Sennacherib.

Or le texte désigné comme « Annuaire des dieux » (*Götteradressbuch*), qui est en fait la liste des temples de la ville d'Assur à l'époque néo-assyrienne, donne à la l. 159 le nom cérémoniel de l'hôtel de ville (*bît âlim*) : « Maison/temple où la Tablette des Destinées est déposée (et) le secret scellé ». Il faut comprendre : « Maison/temple où la Tablette des Destinées est déposée après avoir été scellée (comme) secret », comme étant une définition de l'hôtel de ville (*bît âlim*). Le sceau d'Aššur n'était donc pas conservé dans son temple (l'Ešarra), mais dans l'hôtel de ville. Il semblerait que

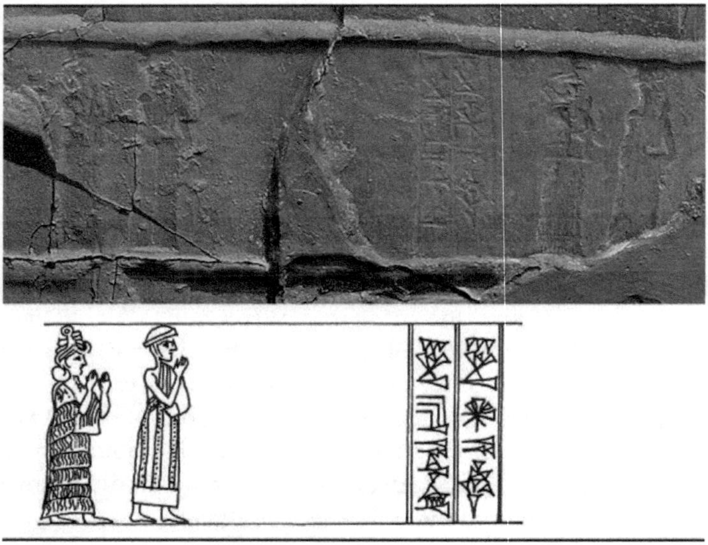

Figure 7-2. Sceau du dieu Aššur connu par des empreintes retrouvées sur les traités de fidélité d'Asarhaddon : un individu est debout en prière, suivi par une déesse protectrice, devant un espace resté vide, qui doit symboliser le dieu Aššur (dessin D. Wiseman).

ce bâtiment ait continué à jouer un rôle essentiel au premier millénaire : on y aurait scellé et conservé les documents d'État. Or on doit noter que la l. 159 figure au milieu de noms de temples de Nabu : étant donné les développements qui se sont produits entre le deuxième et le premier millénaire, le fait que le scribe compilateur de cette liste ait plus ou moins consciemment associé cette fonction au dieu Nabu n'étonne guère.

On voit que les fonctions du dieu Aššur sont clairement de nature régalienne : le contrôle de l'exportation des marchandises et de la pesée de l'argent au début du deuxième millénaire, le scellement et la conservation de documents tels que les traités à l'époque néo-assyrienne. L'identité entre le dieu Aššur et la ville d'Assur conduit à comprendre l'« hôtel de ville » (*bît âlim*) comme étant l'espace où avaient lieu les activités liées aux fonctions du dieu.

Bilan

Il reste une ambiguïté à dissiper : les fonctions que nous avons étudiées dans les chapitres qui précèdent ne peuvent être décrites comme « annexes », car elles correspondent exactement au cœur du domaine de compétence des divinités concernées. Mais qu'en est-il du statut des bâtiments qui abritaient ces activités ? Doit-on les considérer comme des annexes des temples ? Ce type de structure existait en effet, ce qu'il nous faudra d'abord examiner. On verra ensuite que les fonctions que nous avons étudiées ne peuvent être comprises de manière allégorique : elles correspondaient à des réalités très concrètes.

Des bâtiments au sein d'un temple sans liens avec la fonction du dieu

Pour certains des cas étudiés dans les chapitres précédents, il ne fait aucun doute : on a bien affaire à des temples. Parfois, le nom du temple n'a pas de rapport avec la fonction repérée. Les temples de Nabu s'appelaient le plus souvent « Temple fiable » (é-zi-da), un nom qui ne fait nullement allusion aux fonctions de bibliothèque ou d'école qu'ils remplissaient. Dans d'autres cas, en revanche, le nom correspondait exactement à la fonction : ainsi en est-il du temple de Gula à Larsa, le « Temple de la plante de vie » (é-ú-nam-ti-la), directement lié à la fonction d'herboriste de la déesse guérisseuse.

Mais un doute surgit : a-t-on vraiment affaire à des temples, ou les activités liées à la fonction du dieu n'avaient-elles pas lieu dans des sortes d'annexes ? Lorsqu'on étudie les bâtiments des sanctuaires en fonction des noms qui les décrivent dans les sources, la difficulté principale est liée au fait qu'ils commencent tous par le terme sumérien é : or celui-ci peut désigner un temple, mais aussi une maison, ou une pièce, ou toutes sortes d'édifices. Il existait en effet dans les sanctuaires des bâtiments qui ne renvoyaient *pas* à une fonction du dieu. Il s'agissait essentiellement des pièces dévolues à l'habitation de la divinité et de manière plus générale aux espaces domestiques du temple.

Des espaces à vivre

Les temples étant la demeure des dieux, ils comportaient différents espaces liés aux besoins que les dieux étaient censés avoir comme les hommes : dormir, manger, se laver, etc. Ils comportaient donc des sortes de « chambre à coucher » (é-ki-ná), dans lesquelles les statues des divinités étaient placées pendant la nuit : il ne faut nullement traduire ce terme par « cella », comme les sumérologues l'ont fait pendant longtemps. Les temples comportaient aussi de véritables « salles à manger » (unu$_2$-gal), où les dieux prenaient leurs repas : là encore, la traduction classique de « saint-des-saints » ne rend pas compte de la réalité. On comprend dès lors l'existence de certains endroits, qui pourraient paraître bien prosaïques, comme les salles de bain (é-a-tu$_5$-a = *bît rimki*) : elles jouaient en fait un rôle crucial d'un point de vue religieux, car c'est là

Figure 7-3. Salle de bain du palais de Mari (d'après A. Parrot, MAM II/1, pl. XLVI 3).

qu'avaient lieu des rites de purification essentiels. Dans l'*Annuaire des dieux* (*Götteradressbuch*), on trouve à la 4ᵉ ligne dans la description du temple d'Aššur (identifié alors au dieu Enlil) :

> « Maison des décisions d'Enlil / salle-de-bain »

Il s'agit de l'endroit où on procédait à un rituel de purification (désigné comme *bît rimki*), qui pouvait aussi avoir lieu dans un espace non dédié.

Espaces de stockage
et de transformation des denrées

Les temples comportaient aussi des magasins, où étaient notamment stockées les denrées qui devaient être offertes aux dieux, ainsi que des espaces destinés à leur transformation : cuisine, four et brasserie. L'histoire de la fouille du temple d'Enlil à Nippur est révélatrice : les archéologues ont fouillé une structure qu'ils ont désignée comme « temple-cuisine », alors qu'il s'agissait en fait tout simplement des cuisines du temple. Mais il est clair que ces lieux avaient *aussi* une dimension religieuse : les charges de cuisinier et de brasseur étaient d'ailleurs des prébendes importantes détenues par des membres des plus importantes familles locales.

C'est dans un tel contexte qu'on peut comprendre le passage d'une inscription du roi Amar-Sin relatif à une « Maison du sirop de dattes, matières grasses et vin », désignation qu'A. George a considérée comme le nom cérémoniel d'un sanctuaire d'Enlil à Nippur. En fait, l'inscription dit :

> Pour le dieu Enlil (...), Amar-Sin (...) a (re)bâti le temple dans lequel le sirop de dattes, les matières grasses et le vin ne manquent jamais à l'endroit de ses offrandes.

Un autre cas se révèle plus étrange. À nouveau dans l'*Annuaire des dieux*, on trouve cette désignation : « Bâtiment où les parts de pain sont cuites » (é-ninda-ba-du$_8$-a), rendue en akkadien de façon plus large par « maison/temple des repas et offrandes alimentaires » (*bît nap-ta-nu u nid-bé-é*). Il s'agit bizarrement du sanctuaire d'Amurru à Aššur, qui ferait partie du complexe de Gula. On soupçonne une corruption dans la transmission du texte, car on ne voit pas en quoi la préparation des repas a un rapport avec le dieu Amurru.

Étables et garages

Les temples comportaient enfin des espaces liés au besoin qu'avaient les dieux de se déplacer. On peut ainsi repérer, au sein de l'E-ninnu à Girsu, un bâtiment décrit comme une « étable à ânes » (é-^{anše}du$_{24}$-ùr) : mais cela n'a rien à voir avec une quelconque fonction du dieu. En outre, certains noms d'édifices correspondent à des garages, où était stocké le char ou le bateau du dieu, utilisé lors des déplacements de la statue divine. On connaît ainsi le garage du char de Ningirsu à Girsu, désigné comme « maison/temple du char » (é-^{giš}gigir-ra). Une inscription d'Urukagina précise :

> Pour Ningirsu, il bâtit un garage (litt. « maison du char »), bâtiment dont le halo lumineux (couvre) tous les pays (é me-lám kur-kur-ra).

Il est curieux de voir que l'auteur de l'inscription a employé, pour qualifier ce bâtiment, une épithète utilisée en général pour un véritable temple. Dans la ville d'Assur du premier millénaire, à une époque où le dieu Aššur a été identifié à Enlil, on connaît un bâtiment désigné comme « maison/temple du char d'Enlil » (é-^{giš}gigir-^{d}en-líl-lá), qui appartenait au complexe du temple d'Aššur, l'Ešarra.

On doit également relever l'existence d'une sorte d'entrepôt qui abritait le bateau cérémoniel du dieu Nanna-Sin à Ur, décrit simplement comme « bâtiment du bateau » (é-má-gur$_{8}$). On sait que le croissant lunaire était vu comme une barque céleste : mais concrètement, lors de ses déplacements sur terre, le dieu pouvait utiliser les canaux et donc avoir besoin d'une barque.

De véritables temples

C'est à cause de ces espaces domestiques et en particulier des « annexes » que certains des bâtiments que nous avons rencontrés n'ont pas été pris au sérieux, en tant que *véritables* temples. L'exemple le plus clair est celui du chenil d'Isin, que certains assyriologues ont voulu mettre sur le même pied que le garage du temple d'Enlil à Nippur, alors qu'il s'agit de tout autre chose. Dans certains cas, il est clair qu'on a affaire à une structure incluse dans un sanctuaire plus grand : seul le nom de la structure fait écho à la fonction du dieu. C'est ce que nous avons vu avec l'é-dub-lá-mah présent dans l'Ekišnugal de Nanna à Ur, où étaient prêtés des serments en liaison avec le rôle du dieu-Lune en matière de justice. Il en va de même pour le « Temple-des-chiens » (é-ur-gi_7-ra) dans l'Egalmah de Gula à Isin ou le « Temple-du sceptre » (é-gidri) dans l'Ešumeša de Ninurta à Nippur. Nous avons un problème de vocabulaire pour désigner de telles structures : j'ai parfois, faute de mieux, employé le terme de « chapelle », sans me faire d'illusion sur l'adéquation d'un tel mot aux réalités mésopotamiennes.

Le point sur lequel il convient sans doute d'insister, c'est qu'il n'est pas ici question d'allégories : les descriptions des textes concordent de façon telle qu'on est amené à les prendre au premier degré. Ces bâtiments abritaient les activités liées à la spécialité fonctionnelle de chaque divinité. On peut ici procéder au rappel de la quinzaine de cas que nous avons étudiés :

- temple de Gula : centre de soin, par les plantes et par les chiens ;
- temple de Šamaš : tribunal (également pour Nanna) ;
- temple de Nungal : prison ;
- temple de Kittum : bureau des poids et mesures ;
- temple de Mišarum : chapelle abritant les stèles royales comme le Code de Lipit-Ištar et sans doute celui de Hammu-rabi ;
- temple de Nisaba : archives et école ;

– temple de Nabu : bibliothèque et école ;
– temple d'Ištar : « maison de plaisir » ;
– temple de Nergal : maison de « pompes funèbres » ;
– temple de Nanna, Nin-E'igara, Dumuzi : laiteries ;
– temple de Ninkasi ou de Siriš : brasserie ;
– temple de [X] : parfumerie ;
– temple de Ninurta (et plus tard Nabu) : lieu de conservation du sceptre royal.

On voit l'intérêt dans cette approche d'associer aux données textuelles celles fournies par l'archéologie. Les exemples les plus clairs sont en effet ceux pour lesquels on dispose d'une documentation issue de fouilles régulières : c'était le cas des temples d'Isin ou de Larsa par lesquels on a commencé, ou encore de ceux de Nabu comme bibliothèques.

Il ne faut pas penser que toutes les tavernes étaient conçues comme des « temples d'Ištar » : il y avait des activités sexuelles dans l'enceinte du temple d'Ištar, directement liées au culte de cette déesse, qui patronnait par ailleurs toute la vie sexuelle des Mésopotamiens, notamment celles qui se déroulaient dans les tavernes et ailleurs. De la même manière, il y avait des temples de Nisaba qui servaient d'écoles, mais il y avait aussi des maîtres qui enseignaient à domicile : leurs apprentis avaient également le sentiment de travailler en l'honneur de la déesse, comme en témoignent leurs nombreuses dédicaces (« ô Nisaba, louange ! »). On pourrait donc proposer de distinguer entre ce qui est spécifique, comme les bureaux de poids et mesures, et ce qui est d'une certaine manière « exemplaire ».

Le problème des spécialités au sein du panthéon

Il faut pour finir préciser que les « spécialités » qu'on a mentionnées n'avaient pas un caractère exclusif. On l'a déjà noté dans certains cas : la garde des poids et mesures était le fait de Kittum, mais était aussi parfois la charge de Šamaš, considéré comme son père dans la mythologie mésopotamienne. Parmi les symboles de Šamaš figuraient en effet le « poids » (*abnum*) et le « grand boulier » (*nikkassû rabûtum*), renvoyant à des activités de mesure et de comptabilité.

De même, le temple de Nanna à Ur n'était-il pas seulement une grande laiterie. Cela repose sur la conception mésopotamienne de la Lune, sorte d'équivalent nocturne du Soleil : Nanna avait donc, comme Šamaš, un rapport particulier à la justice. On a vu qu'il existait à Ur un bâtiment particulier, l'é-dub-lá-mah, parfois qualifié de « filet », où les serments devaient être prêtés dans le cadre des procès (cf. fig. 2-2, p 75).

La mythologie mésopotamienne n'est pas cartésienne : il ne nous faut donc pas tenter d'introduire notre logique là où elle n'a pas sa place. Ce qui me semble assuré, c'est que nous devons avoir un regard nouveau sur les temples mésopotamiens, qui jouaient dans la vie économique, sociale, institutionnelle et culturelle un rôle beaucoup plus important et surtout beaucoup plus varié qu'on ne l'a considéré jusqu'à présent.

Conclusion finale : le sacré présent dans toute activité humaine

Il faut enfin réfléchir aux conséquences de cette approche sur notre façon d'évaluer la religiosité des anciens Mésopotamiens. Nos catégories « sacré » et « profane » sont à l'évidence inadéquates face aux réalités mésopotamiennes mises en évidence dans ce livre. Les dieux mésopotamiens n'étaient pas conçus comme « patronnant » différentes activités, c'était plus que cela : Gula ne peut être décrite comme la patronne des médecins, elle guérissait parce qu'elle était *le* médecin par excellence. Cette façon de comprendre nous est plus facile lorsque le nom de la divinité renvoie à une notion abstraite, comme Kittum, « le Droit », peut-être plus justement « la Norme » ; elle nous est moins évidente dans le cas du dieu Nanna/Sin lorsqu'il s'incarne en taureau. Mais c'est la seule manière de comprendre qu'Ištar, déesse de l'amour physique, était plus que la protectrice des prostitué(e)s, elle était *la* prostituée. Les Mésopotamiens concevaient leur civilisation comme donnée par les dieux : les notions de création et d'invention leur étaient donc foncièrement étrangères. L'artisan ne créait pas une statue, c'était le dieu Enki/Ea qui la façonnait par ses mains. De la même manière, le médecin ne guérissait pas le malade, c'était la déesse Gula qui agissait par son intermédiaire. Les vaches étaient engrossées par le dieu Nanna en tant que taureau, leur lait étant ensuite recueilli et traité dans les laiteries du temple. Enfin, ce n'était pas la femme qui procurait du plaisir à son bien-aimé – ni la prostituée à son client – mais la déesse Ištar elle-même. Comme l'a très bien souligné N. Veldhuis, nous avons affaire à une civilisation dans laquelle la religion n'avait pas encore émergé comme une constituante autonome : toute activité humaine y était donc par nature religieuse. C'est de cette manière que les temples doivent être vus : non pas comme remplissant des fonctions « profanes », mais au contraire comme signifiant la dimension éminemment sacrée de toute activité humaine. La « mythologie » ne fait que rendre explicite cette dimension.

SOURCES ET ÉTUDES

Les pages suivantes détaillent et commentent les différentes sources et études consultées pour la rédaction de chacun des chapitres.

Introduction

Pour une première approche, voir D. Charpin, *Comment peut-on être assyriologue ?*, Leçons inaugurales du Collège de France 249, Paris, 2015 (disponible en libre-accès sur http://books.openedition.org/cdf/4164). Une initiation assez complète se trouve dans les contributions réunies par F. Joannès, *Dictionnaire de la civilisation mésopotamienne*, Paris, 2001. Une présentation plus détaillée des différentes sources écrites se trouve dans D. Charpin, *Lire et écrire à Babylone*, Paris, 2008.

La maison du dieu

Les noms cérémoniels des temples ont été réunis et étudiés par A. George, *House Most High. The Temples of Ancient Mesopotamia*, MC 5, Winona Lake, 1993 (ouvrage fréquemment cité ci-dessous comme MC 5). Les hymnes aux temples ont été édités par Å. Sjöberg & G. Gragg, *The Collection of the Sumerian Temple Hymns*, TCS 3, New York, 1969.

L'onomastique des desservants des temples a été étudiée dans D. Charpin, *Le Clergé d'Ur au siècle d'Hammurabi (XIXᵉ-XVIIIᵉ siècle av. J.-C.)*, HEO 22, Genève/Paris, 1986 (p. 396-402) ; pour la désignation des noms de personnes construits sur des noms de temples comme « onomastique naophore », voir L. Barberon, *Archibab 1. Les religieuses et le culte de Marduk dans le royaume de Babylone*, Mémoires de NABU 14, Paris, 2012, p. 12.

L'édition du code de Hammu-rabi qui sera citée dans ce livre est celle de M. Roth, *Law Collections from Mesopotamia and Asia Minor*, Writings from the Ancient World 6, Atlanta, 1995 (2ᵉ édition, 1997), citée comme WAW 6.

Fondation, destruction, reconstruction

Pour l'architecture des temples mésopotamiens, voir E. Heinrich, *Tempel und Heiligtümer im Alten Mesopotamien*, Berlin, 1982 ; J. Margueron, « Sanctuaires sémitiques », *Supplément au Dictionnaire de la Bible* 11, Paris, 1991, p. 1104-1258. Pour l'Ebabbar de Larsa, voir la toute récente synthèse de J.-L. Huot, *L'E. babbar de Larsa aux IIᵉ et Iᵉʳ millénaires (fouilles de 1974 à 1985)*, BAH 205, Beyrouth/Damas, 2014. Pour la mise en rapport des plans avec la terminologie textuelle, voir pour l'époque paléo-babylonienne D. Charpin, « Temples à découvrir en Syrie du Nord d'après des documents inédits de Mari », *Iraq* 45, 1983, p. 56-63 et pour Uruk à l'époque séleucide H. Baker, « Beneath the Stairs in the Rēš Temple of Hellenistic Uruk. A Study in Cultic Topography and Spatial Organization », *ZOrA* 6, 2013, p. 18-42.

Pour la théologie de l'abandon des villes par leurs divinités, voir J. S. Cooper, *The Curse of Agade*, Baltimore/Londres, 1983 ; pour le genre littéraire des lamentations, voir en dernier lieu N. Samet, *The Lamentation over the Destruction of Ur*, MC 18, Winona Lake, 2014 avec la bibliographie antérieure. Voir aussi U. Gabbay, *Pacifying the Hearts of the Gods. Sumerian Emesal Prayers of the First Millennium BC*, HES 1, Wiesbaden, 2014. Pour le retour de la statue de Marduk à Babylone après le raid des Hittites, voir T. Oshima, « Another Attempt at Two Kassite Royal Inscriptions : The Agum-Kakrime Inscription and the Inscription of Kurigalzu the Son of Kadashmanharbe », *BuB* 6, Winona Lake, 2012, p. 225-268 ; après le raid élamite, J. J. M. Roberts, « Nebuchadnezzar I's Elamite Crisis in Theological Perspective », dans M. de Jong Ellis (éd.), *Essays on the Ancient Near East in Memory of Jacob Joel Finkelstein*, Hamden, 1977, p. 183-187 ; pour le retour de Marduk sous Asarhaddon, voir en dernier lieu J. Novotny, « New Proposed Chronological Sequence and Dates of Composition of Esarhaddon's Babylon Inscriptions », *JCS* 67, 2015, p. 145-168. La traduction française de l'*Épopée d'Irra* figure dans J. Bottéro & S. N. Kramer, *Lorsque les dieux faisaient l'homme. Mythologie mésopotamienne*, Bibliothèque des Histoires, Paris, 1989, p. 681-707.

Pour le voyage de Nabu à Babylone, voir C. Waerzeggers, *The Ezida Temple of Borsippa : Priesthood, Cult, Archives*, Achaemenid History 15, Leyde, 2010 p. 119-130 ; le balag à Enlil a été étudié par A. Löhnert, « Manipulating the gods : lamenting in context », dans K. Radner & E. Robson (éd.), *The Oxford Handbook of Cuneiform Culture*, Oxford, 2011, p. 402-417. Pour les soins entourant la réparation d'une statue, voir W. Farber, « Singing an eršemma for the Damaged Statue of a God », *ZA* 93, 2003, p. 208-213 ; pour les rituels de reconstruction des temples, voir C. Ambos, « Rituale beim Abriß und Wiederaufbau eines Tempels », dans *CDOG* 7, Wiesbaden, 2013, p. 19-31.

Un panthéon spécialisé

L'étude la plus récente du panthéon mésopotamien est celle d'A. Jacquet, « Mesopotamian Pantheon », dans G. Rubio (éd.) *A Handbook of Ancient Mesopotamia*, SANER, Berlin/New York, sous presse. Des notices en ligne ont été réunies par N. Brisch sur le site *Ancient Mesopotamian Gods and Goddesses* (http://oracc.museum.upenn.edu/amgg/) ; elles ne comprennent qu'une quarantaine de divinités et ne sont pas toujours complètes ni fiables. Les épithètes divines ont été réunies par K. L. Tallqvist, *Akkadische Götterepitheta*, StOr 7, Helsinki, 1938, ouvrage ancien mais qui n'a pas été remplacé.

La gestion des temples

Les offrandes et le calendrier cultuels ont fait l'objet d'études très complètes : pour l'époque d'Ur III, par W. Sallaberger, *Der kultische Kalender der Ur III-Zeit*, UAVA 7, Berlin/New York, 1993 ; pour Mari à l'époque paléo-babylonienne, par A. Jacquet, *Florilegium Marianum XII. Documents relatifs aux dépenses pour le culte*, Mémoires de NABU 13, Paris, 2010.

Pour une présentation du personnel des temples, voir D. Charpin, « Religious Personnel : Priests and Priestesses », dans G. Rubio (éd.), *A Handbook of Ancient Mesopotamia*, SANER, Berlin/New York, sous presse, qui diffère sur certains points de W. Sallaberger & F. Huber Vulliet, « Priester A. I. Mesopotamien », RlA 10, New-York/Berlin, 2005, p. 617-640.

Chapitre 1. des centres de cure

Pour le syncrétisme aboutissant à la déesse Gula, voir notamment W. Sallaberger, *Der kultische Kalender der Ur III-Zeit*, UAVA 7, Berlin/New York, 1993, p. 154 ; M. Ceccarelli, « Einige Bemerkungen zu dem Synkretismus Bau/Ninisina », dans P. Negri Scafa & S. Viaggio (éd.), *Dallo Stirone al Tigri, dal Tevere all'Eufrate. Studi in onore di Claudio Saporetti*, AIO 477, Rome, 2009, p. 31-54, spéc. p. 33-34 ; J. G. Westenholz, « Ninkarrak – an Akkadian goddess in Sumerian guise », dans D. Shehata *et al.* (éd.), *Von Göttern und Menschen. Beiträge zu Literatur und Geschichte des Alten Orients. Festschrift für Brigitte Groneberg*, CM 41, Leyde/Boston, 2010, p. 377-405.

Les épithètes de Gula ont été étudiées par K. L. Tallqvist, *Akkadische Götterepitheta*, StOr 7, Helsinki, 1938, p. 316-317, à compléter par W. R. Mayer, *Untersuchungen zur Formensprache der babylonischen Gebetbeschwörungen*, Studia Pohl SM 5, Rome, 1976, p. 387-388 ; pour *azugallatu* « médecin-chef », voir CAD A/2, p. 529. Le passage décrivant Gula comme se hâtant de répondre au cri de celui qui souffre se trouve dans CAD Š/3, p. 123b. L'incantation YOS 11 5 a été éditée et commentée par N. Wasserman, « On Leeches, Dogs, and Gods in Old Babylonian Medical Incantations », *RA* 102, 2008, p. 71-88 (p. 81-84).

La synthèse récente sur Gula est le livre de B. Böck, *The Healing Goddess Gula. Towards an Understanding of Ancient Babylonian Medicine*, CHANE 67, Leyde/Boston, 2013 (ci-dessous CHANE 67), à compléter par les recensions de U. Steinert, *JNES* 73, 2014, p. 357-364 et D. Charpin, *RA* 109, 2015, p. 197-198.

Remercier pour sa guérison

Des ex-voto en forme de membres du corps ou de statuettes humaines

Pour les ex-voto retrouvés lors des fouilles d'Isin, voir A. Spycket, « Ex-voto mésopotamiens du IIe millénaire av. J.-C. », dans *Mél. Kupper*, Liège, 1990, p. 79-86 et pl. I-III.

La lettre-prière à Nin-tinuga a été publiée par W. H. Ph. Römer, « Miscellanea sumerologica V. Bittbrief einer Gelähmten um Genesung an die Göttin Nintinugga », dans W. Sallaberger *et al.* (éd.), *Literatur,*

Politik und Recht in Mesopotamien. Festschrift C. Wilcke, OBC 14, Wiesbaden, 2003, p. 237-249, spéc. p. 243-244, l. 21-22 ; la traduction de B. Böck a été rectifiée par U. Steinert dans *JNES* 73, 2014, p. 359, n. 2.

Pour les pattes de chien, voir B. Hrouda, *Isin I*, p. 40 sq et pl. 9. La statutette d'homme avec un chien assis est IB 29 (Id., *ibid.*, photo pl. 12, dessin pl. 25).

Les terres-cuites découvertes à ʻAqar Qûf, ont été publiées par Mohammed Ali Mustafa, « Kassite figurines. A new group discovered near ʻAqar Qûf », *Sumer* 3, 1947, p. 19-22 et pl. 1-5. J'ai traduit l'inscription n° 19 (IM 51920), dans *Sumer* 3, 1947, p. 22 et fig. 2 ; la lecture ici proposée d'après la photo publiée n'est pas complètement sûre.

Pour le temple de Gula à Nippur, voir McG. Gibson, « Nippur, 1990: The Temple of Gula and A Glimpse to Things to Come », *OIAR* 1989-90, p. 17-26. L'image des figurines est donnée dans *OIAR* 1989-90, p. 18 ; https://oi. uchicago.edu/research/projects/nippur-sacred-city-enlil-0 (fig. 11 et 12). Le disque de lapis-lazuli avec dédicace à Gula figure dans *OIAR* 1989-90, p. 22. La dédicace du chien découvert en 1973 a été signalée par M. Civil, « 4. Catalogue of Texts », dans McG. Gibson *et al.*, *Excavations at Nippur. Twelfth Season*, OIC 23, Chicago, 1978, p. 112-125, spéc. p. 122, « 12 N 656 » ; l'inscription est considérée comme datant de la IIe dynastie d'Isin avec une écriture archaïsante ; elle est toujours inédite. Pour le temple é-uru$_2$-sag-gá, voir A. George, MC 5, p. 158, n° 1208 (y ajouter la réf. à 12 N 656).

La découverte de chiens votifs

L'inscription de Nabuchodonosor du temple de Nin-karrak de Sippar figure dans S. Langdon, VAB 4, p. 110 n° 13 iii : 40 // p. 144 n° 16 ii : 19. Les chiens votifs de Sippar ont été publiés par V. Scheil, *Une saison de fouille à Sippar*, Le Caire, 1902, p. 75 et 92. La statue offerte pour la vie du roi Bur-Sin a été reproduite par E. A. Braun-Holzinger, *Mesopotamische Weihgaben der frühdynastischen bis altbabylonischen Zeit*, HSAO 3, Heidelberg, 1991, t. 17 = RIME 4, p. 71, 2001 ; il s'agit du chien en pierre, vu par E. Sollberger et vendu par Sotheby's. La statue du British Museum a été publiée par E. Sollberger, « Two Kassite Votive Inscriptions », *JAOS* 88, 1968, p. 191-192. La statuette d'Isin, IB 18, a été publiée par D. O. Edzard & C. Wilcke, « Vorläufiger Bericht über die Inschriftenfunde 1973-74 », dans B. Hrouda *et al.*, *Isin – Išān Bahrīyāt I*, ABAW 79, Munich, 1977, p. 83-91 (p. 90 ; photo pl. 9). On pourrait lire l. 3 *ra-bi-ti*. Noter le couple *karâbum*, « faire un vœu » (l. 7) et *elûm* III, « faire monter > offrir » (l. 9), qu'on retrouve dans une inscription de Samsi-Addu (*MARI* 3, n° 1 : voir D. Charpin, « Les inscriptions royales suméro-akkadiennes d'époque paléo-babylonienne », *RA* 100, 2006, p. 131-160 [p. 152 et n. 78]). Mon interprétation diffère de celles de D. O. Edzard & C. Wilcke, ainsi que de A. Livingstone, *JCS* 40, p. 59.

Pour la distinction entre « genuine *ex-votos* – gifts made to the temple in fulfilment of a vow, once the deity had granted the donor's wish » et les « 'pre-emptive' bribes designed to secure the divine complaisance in advance », voir J. N. Postgate, « Text and Figure in Ancient Mesopotamia », dans C. Renfrew & E.B.W. Zubrow (éd.), *The Ancient Mind. Elements of Cognitive Archaeology*, Cambridge, 1994, p. 176-184 (p. 177a).

Pour le temple de Nin-karrak à Terqa, voir G. Buccellati, « The Kingdom and Period of Khana », *BASOR* 270, 1988, p. 43-61, spéc. p. 48 et fig. 3 et p. 53 fig. 5 (bibliographie p. 59, n. 9) ; je n'ai pu trouver de reproduction de la statuette de chien en bronze. Les textes découverts dans ce temple (« chantier C ») ont été publiés par O. Rouault, *Terqa Final Reports No.2. Les textes des saisons 5 à 9*, BiMes 29, Malibu, 2011 ; noter en particulier p. 13, n° 5-6 une liste qui commence par le nom de la déesse Nin-karrak, qui est le principal argument pour l'identification du temple, avec le fait que deux desservants portent des noms théophores de la déesse (*AAS* 33, 1983, p. 54b). L'indication qu'un chien aurait été enterré sous l'autel de ce temple (S. Bertman, *Handbook to Life in Ancient Mesopotamia*, Oxford/New York, 2003, p. 33b) est totalement erronée.

Le texte *DCS* n° 115 a été copié par D. Charpin dans D. Charpin & J.-M. Durand, *Documents cunéiformes de Strasbourg conservés à la Bibliothèque nationale et universitaire*, t. I, ERC, Paris, 1981, n° 115 ; édition par G. Ries, « Altbabylonische Beweisurteile », *Zeitschrift des Savigny-Stiftung für Rechtsgeschichte* 106, 1989, p. 56-80. Pour l'existence d'un temple de Nin-karrak à Sippar à l'époque paléo-babylonienne, voir R. Harris, *Ancient Sippar*, p. 152, sub. *Ninkarrak* et n. 78. Pour les troubles dans les villes du sud sous Samsu-iluna, voir en dernier lieu D. Charpin, « Le royaume d'Uruk et le pays d'Apum, deux voisins de Babylone vaincus par Samsu-iluna », *RA* 108, 2014, p. 121-160. Pour le nom de Ṭab-gamalša, voir AO 10329 : 5 (D. Charpin & J.-M. Durand, *RA* 75, 1981, p. 26-27). Le texte DCS 115 confirme une remarque de J. N. Postgate : les figurines de chiennes n'y sont pas qualifiées de « statues » (*ṣalmum*), ce terme étant réservé aux représentations anthropomorphiques (« Text and Figure in Ancient Mesopotamia », p. 178).

Les plaquettes de bronze d'Isin se trouvent dans B. Hrouda *et al.*, *Isin I*, p. 18 et p. 52-53 (IB 13a, b et c ; photos pl. 11, dessins pl. 25).

La fonction des chiens votifs

Pour les chiens enterrés sous les maisons, voir F. A. M. Wiggermann, *Mesopotamian Protective Spirits. The Ritual Texts*, CM 1, Groningue, 1992, ainsi que J. N. Postgate, « Text and Figure in Ancient Mesopotamia… », p. 176b.

Le texte relatif au chien Tuni-lusag a été réédité par A. Kleinerman, *Education in Early 2nd Millennium BC Babylonia: The Sumerian Epistolary Miscellany*, CM 42, Leyde-Boston, 2011 (ci-desous CM 42), p. 174-177. Pour la notion complexe de sa, qui peut désigner les tendons, les muscles et les vaisseaux sanguins, voir B. Böck, CHANE 67, p. 26-30. Pour l'humour dans la littérature cunéiforme, voir les indications et la bibliographie réunie par F. D'Agostino, « Assyrian and Babylonian Humor », dans S. Attardo, *Encyclopedia of Humor Studies*, Los Angeles, 2014, p. 68-70.

Pour les noms des bovins et des chevaux, voir K. Radner, *Die Macht des Namens. Altorientalische Strategien zur Selbsterhaltung*, Santag 8, Wiesbaden, 2005, p. 35-37 (et *cf.* D. Charpin, *RA* 102, 2008, p. 165). Pour les noms de représentations de chiens, voir D. O. Edzard, RlA 9, p. 101a. Pour les noms de fonctionnaires où le possessif *-šu* renvoie au roi, voir D. Charpin, « Onomastique aulique », *NABU* 1987/66. Le nom Šipassa-balāṭu figure dans PB 2/2 53 : 26 (la remarque est à ajouter à A. Kleinerman, CM 42) ; ici, le possessif akkadien féminin (*-ša*) renvoie plus explicitement à la déesse Gula.

Pour la fin du texte, interprétée comme une prière du malade guéri, voir le parallèle de SEpM 10 : 14-16 (A. Kleinerman, *CM* 42, p. 144). Pour la distinction entre représentations anthropomorphiques d'un côté et celles des animaux de l'autre, voir J. N. Postgate, « Text and Figure in Ancient Mesopotamia… », p. 178.

Le temple et son chenil

Pour les incantations pour soigner piqûres de scorpions ou morsures de serpent ou de chien, voir N. Veldhuis, « An Ur III Incantation against the Bite of Snake, a Scorpion, or a Dog », *ZA* 83, 1993, p. 161-169 ;

I. L. Finkel, « On Some Dog, Snake, and Scorpion Incantations », dans *Mesopotamian Magic*, Groningue, 1999, p. 211-252 ; K. R. Veenhof, « An Old Assyrian Incantation Against a Black Dog », dans *Mél. Hirsch*, Vienne, 1996, p. 425-434 ; N. Wasserman, « On Leeches, Dogs, and Gods in Old Babylonian Medical Incantations », *RA* 102, 2008, p. 71-88 (noter p. 81, n. 46, les références à saint Roch).

La construction d'un chenil par Enlil-bani

La première édition est de A. Shaffer, « Enlilbani and the 'Dog House' in Isin », *JCS* 26, 1974, p. 251-255. Son commentaire était le suivant : « The first mention of this temple, and the first actual location for the practice of the dog cult in Isin. Nininsina is linked to this cult whose fetish is the canine symbol of Gula with whom she is identified » (*JCS* 26, p. 253). Le duplicat a été publié par A. Livingstone, « The Isin "Dog House" Revisited », *JCS* 40, 1988, p. 54-60. Pour la question de savoir s'il s'agit ou non d'un chenil, voir A. George, *House Most High*, p. 156 n° 1182 : « é.ur.gi$_7$.ra, "Dog-House", sanctuary of Gula as Ninisinna (at Isin ?), rebuilt by Enlil-bāni (Frayne, *RIME* 4, p. 81, 16). Probably a sacred dog kennel ». Noter l'incertitude exprimée par Th. Richter : « Aus der Zeit Enlil-bānis stammt auch jene Inschrift, die von der Errichtung eines é-ur-gi$_7$-ra, "Hundehauses", für Ninisina berichtet. Worum es sich bei diesem nur hier belegten Gebäude konkret gehandelt haben mag, ist unklar » (AOAT 257, p. 163).

Pour les carcasses destinées à nourrir des meutes de chiens, voir D. Charpin & J.-M. Durand, « Remarques sur l'élevage intensif en Iraq ancien », dans M.-Th. Barrelet (éd.), *L'archéologie de l'Iraq...*, Paris, 1980, p. 131-153, spéc. p. 143-145. Pour les chiens à l'époque d'Ur III dans un contexte différent, cf. C. Tsouparopoulou, « The "K-9 Corps" of the Third Dynasty of Ur: The Dog Handlers at Drehem and the Army », *ZA* 102, 2012, p. 1-16 (à compléter par D. Owen, « Of Dogs and (Kennel) Men », *CDLB* 2013/2) ; elle annonce dans cet article une étude à paraître sur Gula et les chiens (p. 1, n. 2).

Un cimetière de chiens

Pour le cimetière de chiens découvert à Isin, voir B. Hrouda *et al.*, *Isin – Išān Bahrīyat I. Die Ergebnisse der Ausgrabungen 1973-1974*, ABAW NF 79, Munich, 1977, en particulier les contributions de J. Boessneck, « Die Hundeskelette von Išān Baḥrīyāt (Isin) aus der Zeit um 1000 v. Chr. », p. 97-109 et pl. 14-17 et I. Fuhr, « Der Hund als Begleiter der Göttin Gula und anderer Heilgottheiten », p. 135-145. Les briques de la rampe inscrites au nom d'Adad-apla-iddina I se trouvent dans G. Frame, *Rulers of Babylonia From the Second Dynasty of Isin to the End of Assyrian Domination (1157-612 BC)*, RIMB 2, Toronto, 1995, p. 57-58, n° 7 ; des briques avec une inscription identique ont été retrouvées un peu plus tard dans le sanctuaire lui-même.

Le proverbe est cité par H. Gaidoz, « À propos des chiens d'Épidaure », *RAr* 1884, p. 217-222 (p. 218) ; la critique de D. Gourevitch se trouve dans son article sur « Le Chien, de la thérapeutique populaire aux cultes sanitaires », *Mélanges d'archéologie et d'histoire* 80, 1968, p. 247-281 (p. 280). Pour la stèle d'Epidaure, voir I. Fuhr, *Isin I*, p. 141 (n° 26), avec bibliographie. Pour la protéine découverte dans la salive du chien, voir G. S. Ashcroft *et al.*, « Secretory Leukocyte Protease Inhibitor Mediates Non-Redundant Functions Necessary for Normal Wound Healing », *Nature Medicine*, vol. 6, n° 10, 2000, p. 1147-1153.

L'opinion de Th. Jacobsen est tirée de *Toward the Image of Tammuz and Other Essays on Mesopotamian History and Culture*, HSS 21, Cambridge, 1970, p. 33 (chapitre reproduisant un article de l'*Encyclopedia Britannica* paru en 1963) : « She became – probably because the licking of sores by dogs was supposed to have curative value – a goddess of healing ». Voir depuis B. Groneberg, « Tiere als Symbole von Göttern in den frühen geschichtlichen Epochen Mesopotamiens: von der altsumerischen Zeit bis zum Ende der altbabylonischen Zeit », dans D. Parayre (éd.), *Les Animaux et les hommes dans le monde syro-mésopotamien aux époques historiques*, Topoi Supplément 2, Lyon, 2000, p. 283-320, p. 283-320, spéc. p. 302-304. Pour les rituels hittites, *cf.* B. J. Collins, « The Puppy in Hittite Ritual », *JCS* 42, 1990, p. 211-226, qui avait seulement indiqué p. 225 à propos des tombes de chiens d'Isin : « The burials suggest the possibility that these animals were used in rituals dedicated to the cult of this goddess [i.e. Gula] ». Voir aussi H. Avalos, *Illness and Health Care in the Ancient Near East. The Role of the Temple in Greece, Mesopotamia and Israel*, HSM 54, Atlanta, 1995, p. 202-216. Pour la manière d'allumer le feu en Mésopotamie, voir M. Civil, « Les limites de l'information textuelle », dans M.-Th. Barrelet (éd.), *L'Archéologie de l'Iraq*, Paris, 1980, p. 225-232, spéc. p. 227-228. L'opinion de B. Böck est la suivante : « Indeed, clinical studies corroborate the – limited – effect of dog saliva in promoting healing and reducing bacterial contamination of wounds through licking. It remains, however, open whether Ancient Mesopotamians recognized these properties and did not interpret the licking as a magical transference of disease from man to dog » (CHANE 67, p. 38). L'opinion de P. Wapnish & B. Hesse figure dans leur article « Pampered Pooches or Plain Pariahs ? The Ashkelon Dog Burials », *BiAr* 56, 1993, p. 55-80, spéc. p. 70 : « If they had been protected in life one would expect them to be in better physical shape, with fewer puppies and subadults present among the burials ».

L'étude archéologique de H. Avalos figure dans son livre *Illness and Health Care...*, HSM 54, Atlanta, 1995, p. 196-202 ; pour Nippur, voir les perspectives dressées par McG. Gisbon, *OIAR* 1989-1990, p. 22-23.

Un culte du chien ?

A. Livingstone a formulé son opinion en ces termes : « The diversity and nature of these finds, obviously associated with the dog of Ninisina or Gula, suggest that the é-ur-gi$_7$-ra was more than simply a "dog house" or kennel in the same sense that the é-gigir-ra of Enlil in Nippur may have been simply a garage for the god's chariot. The dog of Gula was sworn by in oaths; it was sometimes, but not always, written with the divine determinative » (*JCS* 40, p. 58).

Le temple de Gula comme herboristerie

La citation de l'hymne de Bullusa-rabi est : *našâku šammî kullassunu unessi murṣu* ; W. G. Lambert, « The Gula Hymn of Bulluṭsa-rabi », *Or* 36, 1967, p. 105-132, spéc. p. 120, l. 80. Dans cette section de l'hymne, la déesse se désigne sous le nom de Ninigizibara (l. 91).

Les temples nommés é-gal-mah sont cités par A. George, *House Most High*, p. 88, n° 318-321 ; pour é-ú-nam-ti-la, voir p. 152, n° 1123.

Pour les listes de plantes et aromates, voir les textes de BAM cités par le CAD Š/1, p. 318b-319a. Pour l'équivalence šim-mú = *a-ši-pu* (OB Nippur Lu 689), voir par exemple le ePSD s. v. šimmu : « šim-mu$_2$ "a priest" Akk. *ašīpu* (...) "sorcerer, magician ; incantation priest" ». Noter que le sumérogramme plus courant pour *raqqûm* est ì-rá-rá. La traduction de šim-mú par « herboriste » a d'abord été proposée par M. Geller, FAOS 12, 1985, p. 92-93, *ad* l. 93 et p. 129-130, n. 765 (« pharmacist or herbalist ») ; voir en dernier lieu M. Ceccarelli, *Mél. Saporetti*, Rome, 2009, p. 36-37, qui montre que l'épithète šim-mú s'applique à Bawa, mais aussi à des dieux guérisseurs comme Damu ou Asalluhi. La lettre de Mari relative à l'absorption de préparations à base de plantes est A.2216 = LAPO 16, n° 171.

Pour Iggalla comme purificateur, voir A. Cavigneaux, AUWE 23, Mayence, 1993, p. 11. Voir mon étude sur « Le titre de A. ZU. GAL dans les archives paléo-babyloniennes », *JMC*, sous presse ; pour Kasapša, *cf.* D. Charpin, « En marge d'ARCHIBAB, 19 : un "médecin-chef" à Isin », *NABU* 2014/77.

À propos de l'inscription du chien de Tello, on corrigera dans l'article « Nin-Isina » du RlA 9, p. 388a, l'affirmation de D. O. Edzard : « Sumu-El von Larsa weihte der N., der "weisen Ärztin" (a-zi-GIŠ. TÚG. PI. NI) einen Hund » : l'objet est voué *pour la vie* de Sumu-El, mais pas *par* lui. Par ailleurs, la traduction très large de RIME 4 : « a stand for a pot of life-giving medication », a l'inconvénient de ne pas permettre le rapprochement avec le nom du temple de Gula à Larsa (é-ú-nam-ti-la).

Pour le lú-mah, cf. le nom d'année mu ^{d}*i-din-*^{d}*da-gan* lugal-e lú-mah ^{d}nin-IN^{si}-na mu-un-íl (IdDa « d ») et les années 4 et 7 de Damiq-ilišu (Th. Richter, AOAT 257, p. 164). J. Renger avait indiqué : « Für die altbabylonische Zeit lassen sich nur der lú-maḫ der Nininsina in Isin und je ein lú-maḫ in Girsu und Uruk nachweisen » (*ZA* 59, p. 128, § 154). On a vu que celui de Girsu voue un chien votif à Nin-Isina. Pour Uruk, il s'agit du sceau de « Lu-kalla fils de KA-Inanna et (de) Nur-Ištar, le lú-mah, serviteur de Iggalla » (A. Moortgat, *Rollsiegel* 323 = A. Cavigneaux, AUWE 23, p. 12 n° 4, pour lequel voir ma note dans *NABU* 2016/62).

Conclusion

Je m'écarte ici de la conclusion de H. Avalos : « The temple of G[ula]/N[in-Isina], as the home of the healing deity, did not become a large-scale healing center which housed patients for overnight or longer periods » (HSM 54, p. 226). Voir à ce sujet les remarques de M. Stol, *BiOr* 54, 1997, col. 408. L'idée de H. Avalos que le temple de Gula à Isin ait fonctionné comme une sorte de « centre de formation pour les professions médicales » (p. 219, p. 224 et 229) a été justement critiquée par M. Stol (*BiOr* 54, 1997, col. 409). On ne retiendra donc pas sa principale conclusion : « Since G[ula]/N[in-Isina] was a healing deity, the use of her temple as a library resource center for the medical bureaucracy (rather than a locus of healing for the public at large) was quite consistent with the bureaucratic traditions of temples and with the primary commodity of its resident deity ».

Pour la plante-*buš'ânu*, le passage cité par B. Böck dans la préface de CHANE 67 est ensuite commenté p. 140-141. Noter la réticence de

U. Steinert à considérer *buš'ânu* et *lišân kalbi* comme la même plante (*JNES* 74, p. 362a) ; pour elle, il pourrait s'agir de plantes similaires, car les deux noms apparaissent côte à côte dans un texte. Pour la plante *arariânu*, aussi décrite comme « salive de chien », voir U. Steinert, *JNES* 73, p. 360, n. 6, citant Uruanna III 128 ; le passage est cité par le CAD A/2 p. 237b (s.v. *arariānu*), mais pas dans le vol. R, p. 435 (s. v. *ru'tu* « salive »). Pour la problématique des « noms de code » (« Decknamen »), voir F. Köcher, « Ein Text medizinischen Inhalts aus dem neu-babylonischen Grab 405 », dans M. Boehmer (éd.), AUWE 10, Mayence, 1995, p. 203-217 et la thèse en cours de V. Chalendar.

La citation de B. Böck est : « I shall focus on the healing goddess Gula and on what we may call her avatars, viz. the healing plants that are associated with her » (CHANE 67, p. 2). Le rituel pour guérir un homme mordu par un chien a été publié par I. L. Finkel, « On Some Dog, Snake, and Scorpion Incantations », dans T. Abusch & K. van der Toorn (éd.), *Mesopotamian Magic. Textual, Historical, and Interpretative Perspectives*, AMD 1, Groningue, 1999, p. 211-252 (p. 244, BM 28944) et repris par B. Böck, CHANE 67, p. 92-94. On ajoutera que N. Wasserman a suggéré que les sangsues puissent avoir été utilisées de manière médicinale, les textes les citant métaphoriquement sous l'appellation de « chiens de Gula » (*RA* 102, 2008, p. 84).

Pour les instruments du chirurgien, voir M. Stol, « Remarks on some Sumerograms and Akkadian Words », dans M. Roth *et al.* (éd.), *Studies Presented to Robert D. Biggs. June 4, 2004. From the Workshop of the Chicago Assyrian Dictionary, Volume 2*, AS 27, Chicago, 2007, p. 233-242 (p. 238, à propos du terme *masdaru*) ; N. Wasserman, *RA* 102, 2008, p. 81 ; le sceau-cylindre reproduit fig. 1-9 est à ajouter au corpus qu'il a cité. Il faut corriger D. Beyer, « Un sceau de l'ancien Orient (9e siècle avant J.-C.) », dans C. Didier & M. Zeller (éd.), *Métamorphoses. Un bâtiment, des collections. Bibliothèque nationale et universitaire*, Strasbourg, 2015, p. 184-185, qui a cru y voir une représentation d'Ištar.

Pour le nom du temple de Nin-tinuga, l'E-nidubu, voir la traduction de A. George : « House which Gives Rest » (MC 5, p. 131, n° 859). On doit d'ailleurs remarquer que l'on retrouve le même terme comme épithète du temple de Nin-Isina à Larsa. Warad-Sin commémore la construction de « l'é-ú-nam-ti-la, cella pure, son lieu de repos (ki-ní-dúb-bu-da-ni) » (RIME 4, p. 245 n° 12 : 12-14). Le possessif -a-ni est ambigu : il faut ici comprendre, non pas de manière passive comme le lieu où la déesse se repose, mais de manière active comme le lieu où elle procure le repos.

CHAPITRE 2. BANQUES, TRIBUNAUX ET PRISONS

Pour la justice comme domaine de compétence de Šamaš (littéralement, son « lot »-*isqum*), voir K. R. Veenhof, « Justice and Equity in Babylonia », Leyde, 2015, p. 2 n. 5. L'édition classique de l'hymne à Šamaš est celle de W. G. Lambert, *Babylonian Wisdom Literature*, Oxford, 1960, p. 121-138 (cité ci-dessous comme BWL). Voir en dernier lieu la traduction de B. R. Foster, *Before the Muses. An Anthology of Akkadian Literature. Third edition*, Bethesda, 2005, p. 627-635. La date exacte de cette composition est inconnue, mais il est sûr qu'elle incorpore des éléments qui remontent à l'époque paléo-babylonienne, même si on n'en possède pas encore de manuscrits datant de cette période.

L'identification du dieu au sommet du Code de Hammu-rabi comme étant Marduk figure dans J. Bottéro, *Mésopotamie. L'écriture, la raison et les dieux*, Paris, 1987, p. 192. Cette hypothèse, qui remonte à C. J. Gadd (*Ideas of Divine Rule in the Ancient Near East, The Schweich Lectures of the British Academy 1945*, Londres, 1948, p. 90-91), est à abandonner : Gadd a tout simplement oublié les rayons qui sortent des épaules du dieu et qui permettent à coup sûr de l'identifier comme étant Šamaš. Pour l'iconographie de la stèle, voir notamment U. Seidl, « Das Ringen um das richtige Bild des Šamaš von Sippar », *ZA* 91, 2001, p. 120-132. Le commentaire de l'épilogue figure dans M. Roth, « Hammurabi's Wronged Man », *JAOS* 122, 2002, p. 38-45, spéc. p. 40a : « The king has the separate backing of the gods Šamaš and Marduk –Šamaš to endorse Hammurabi's claim of justice and wisdom, and Marduk to endorse Hammurabi's right to erect the stela and its inviolability. »

Les temples : les premières banques ?

Des prêts par Šamaš, mais aussi par d'autres divinités

Voir D. Charpin, « Les dieux prêteurs dans le Proche-Orient amorrite (ca. 2000-1600 av. J.-C.) », *Topoi* 12/13, 2005, p. 13-34, mis à jour et traduit en anglais dans D. Charpin, *Gods, Kings, and Merchants in Old Babylonian Mesopotamia*, PIPOAC 2, Louvain/Paris/Bristol, 2015, chap. 6. La présente section ne reprend que quelques éléments de cette étude.

Pour « l'intérêt de Šamaš », voir S. Greengus, *Studies in Ishchali Documents*, BiMes 19, Malibu, 1986, p. 194-196 (qui montre que la formule n'a rien à voir avec les prêts par le dieu) et A. Skaist, *The Old*

Babylonian Loan Contract. Its History and Geography, Bar-Ilan, 1994, p. 122 (ci-dessous OBLC). La conclusion de R. Harris figure dans son article « Old Babylonian Temple Loans », *JCS* 14, 1960, p. 126-137, spéc. p. 128 : « The prominence of Šamaš in the role of creditor, *and hence the prominence of his temple in this function*, is significant. It was the Šamaš temple which more than any other temple served as a kind of bank » (c'est moi qui souligne). Pour le poids de Šamaš, voir M. Stol, « Mit dem Gewichtsstein des Šamaš », dans B. Böck *et al.* (éd.), *Munuscula Mesopotamica. Festschrift für Johannes Renger*, AOAT 267, Münster, 1999, p. 573-590 et voir ci-dessous chap. 3. La deuxième citation de R. Harris figure dans *JCS* 14, p. 128, n. 10 : « Nippur, for example, is not known to have had a Šamaš temple and yet Šamaš is the god who appears as creditor in the temple loans from this city. One can only conclude that either the Šamaš temple of Nippur has not yet been uncovered, or that no matter which temple actually granted the loan it was still Šamaš who was considered to be the creditor. We can offer no solution to this problem ». Pour les prêts du temple de Sin à Nerebtum, voir M. deJ. Ellis, « The Archive of the Old Babylonian Kititum Temple and Other Texts from Ishchali », *JAOS* 106, 1986, p. 757-786 (p. 763, n. 25) ; pour l'identification correcte du bâtiment, voir ma recension de H. Hill, Th. Jacobsen & P. Delougaz, *Old Babylonian Public Buildings in the Diyala Region*, OIP 98 (1990), parue dans la *RA* 93, 1999, p. 178-180. Pour les prêts de Harradum, voir D. Charpin, « La "maison de Riš-Šamaš" à Harradum, nouvelle approche », dans B. Perello & A. Tenu (éd.), *Parcours d'Orient. Mélanges offerts à Christine Kepinski*, Oxford, 2016, p. 61-76. Les emprunts de Yagunum (YOS 12 450 et 451) ont été présentés dans mon étude sur « Les dieux prêteurs... », p. 19.

J'emploie volontairement le terme vague de « divinité principale », plutôt que celui, plus marqué, de « divinité poliade » ; la divinité principale d'une ville est notamment celle par laquelle les serments des contrats étaient prêtés. Pour les prêts par Bel-gašer, divinité principale de Šaduppum, voir YOS 14 19 et 45. Pour (Ištar-)Kititum comme divinité principale de Nerebtum (Ishchali), voir *RA* 93, 1999, p. 178-180 (il ne faut pas la confondre avec Kittum à laquelle sera consacré le chapitre suivant). La tablette Ish. 1934 144 (inédit signalé par S. Greengus, *BiMes* 19, p. 38) est un prêt par Kititum et les *šatammum*, avec comme témoins les dieux Sin, Šamaš et Adad, à comparer avec OBTIV 80, où les créanciers sont Ištar et les *šatammum*. Pour les prêts par Nin-šubur à Sippar ou Gula et Ninlil à Ur, voir les références dans R. Harris, *JCS* 14, p. 128, qui ne fait cependant pas la distinction entre les divinités principales des villes et les autres.

La nature de ces prêts

Pour un exemple de bijoux en or appartenant aux déesses Annunitum et Ištar-Irradan et livrés à des artisans « pour des travaux », voir ARM 7 4, datant du règne de Yasmah-Addu. Le texte ARM 22 237 énumère le poids en or de différents bijoux appartenant à la déesse Diritum, remis à deux orfèvres pour être fondus ; la destination de l'or n'est pas indiquée par le document. Enfin, deux lettres du gouverneur de Terqa Kibri-Dagan ont trait à la fabrication d'une statue en or de la déesse Šala (^{d}NIN. HUR. SAG. GÁ), la parèdre du grand dieu Dagan. Un peu plus de deux mines (ca. 1 kg) d'or appartenant à la déesse avaient été remises à l'artisan concerné, et en cas de besoin le gouverneur devait puiser dans le coffret à bijoux (*šukuttum*) de la déesse (ARM 3 43 = LAPO 16 93 et ARM 13 116 = LAPO 16 94). Différents textes d'Ur documentent ainsi « l'argent de la caisse (*pisannum*) du Ganunmah », ce « grand entrepôt » centralisant la gestion du temple de Nanna à Ur ; pour un exemple de vente de terre dont le produit est versé à cette caisse, voir YOS 5 122 (*Le Clergé d'Ur*, p. 49-50).

Pour les prêts-*ikribû* paléo-assyriens, voir J. G. Dercksen, « The Silver of the Gods. On Old Assyrian *ikribū* », *Archivum Anatolicum* 3, 1997, p. 75-100. Pour leur équivalent paléo-babylonien, voir les textes réunis et commentés par K. R. Veenhof, « 'Dying Tablets' and 'Hungry Silver' : Elements of Figurative Language in Akkadian Commercial Terminology », dans M. Mindlin, M. J. Geller & J. E. Wansbrough (éd.), *Figurative Language in the Ancient Near East*, Londres, 1987, p. 41-75, p. 61. Des textes supplémentaires ont été publiés par K. R. Veenhof dans son étude « Trade with the blessing of Šamaš in Old Babylonian Sippar », dans J. G. Dercksen (éd.), *Assyria and Beyond. Studies Presented to Mogens Trolle Larsen*, PIHANS 100, Leyde, 2004, p. 551-582, spéc. p. 554, n. 13 ; ajouter depuis Edubba 7 63.

Pour un exemple récent de prêt *ina balṭu u šalmu*, voir AUCT 5 22 (15/vi/–). On a suivi l'interprétation de K. R. Veenhof, « "Dying Tablets"... », p. 58-62, de même que A. Skaist, OBLC, p. 172-180. L'exemple de « prêt charitable » (HE 147) a été publié par V. Scheil, « La promesse dans la prière babylonienne », *RA* 12, 1915, p. 65-72 ; voir depuis G. Boyer, *Contribution à l'histoire juridique de la 1re dynastie babylonienne*, Paris, 1928, p. 55 et pl. XVII n° 147, R. Harris, *JCS* 14, p. 136 et K. R. Veenhof, « "Dying Tablets"... », p. 72 n. 63 : « There is no need for a psychological interpretation, since Babylonian theology considered both illness and economic disaster as possible punishments by an angry god. In this case a financial crisis seems the most likely reason for what to all appearances is a charitable loan. The substantial amount of 25 shekels is rather much for a vow by a ruined man. The amount is qualified as *mitḫarum*, which the *CAD* M/2, 137a, takes as 'equal amount (as fine for a debt past due)'. The text could well record the novation of an earlier loan of money for business purposes (agriculture, commerce, trade); the "charitable" aspect would be the omission of a term for payments, which would only take place after he had made money (thanks to Šamaš's benevolence and blessing). » Pour la crise économique du début du règne de Samsu-iluna, voir D. Charpin, « Histoire politique du Proche-Orient amorrite (2002-1595) », OBO 160/4, Fribourg/Göttingen, 2004, p. 25-480 (p. 337).

Bilan

K. R. Veenhof avait déjà déploré l'absence de contexte pour les tablettes de prêts par des divinités : « The findspots of all these 'temple loans' are unknown, unfortunately » (« "Dying Tablets"... », p. 73, n. 72). Il existe cependant, on l'a vu, quelques heureuses exceptions. Le fait que les rémissions de dettes s'appliquaient aussi aux prêts effectués par les temples a été souligné dans mon étude sur « Les dieux prêteurs... », p. 27-30.

Pour les prêts par Nabu retrouvés dans son temple de Nimrud, voir B. Parker, « Nimrud tablets, 1956 – Economic and legal texts from the Nabu Temple », *Iraq* 19, 1957, p. 125-138.

Les dieux et l'administration de la justice

Pour l'absence de « tribunal », voir S. Lafont, « Considérations sur la pratique judiciaire en Mésopotamie », dans F. Joannès (éd.), *Rendre la justice en Mésopotamie*, Saint-Denis, 2000, p. 15-34 (p. 19).

Les temples de Šamaš, des tribunaux ?

Pour les temples nommés é-di-ku$_5$-kalam-ma, voir A. George, *House Most High*, MC 5, Winona Lake, 1993, p. 74-75 n°s 151-152 (Isin et Babylone), auquel il faut ajouter celui de Sippar-Amnanum ; cf. D. Charpin, « Ṣurârum est-il le fils de son père ? À propos d'un procès à Sippar-Amnânum », *NABU* 2005/3. Le rescrit de Samsu-iluna relatif aux religieuses-*nadītum* a été publié par C. Janssen, « Samsu-iluna and the Hungry *nadītums* », *NAPR* 5, 1991, p. 3-40 ; traduction française par D. Charpin, « Lettres et procès paléo-babyloniens », dans F. Joannès (éd.), *Rendre la justice en Mésopotamie*, Paris, 2000, p. 69-111 (p. 86-88, n° 43). Pour le processus de rédaction par accumulation des édits de *mîšarum*, voir D. Charpin, « Un édit du roi Ammi-ditana de Babylone », dans D. Shehata *et al.* (éd.), *Von Göttern und Menschen. Beiträge zu Literatur und Geschichte des Alten Orients. Festschrift für Brigitte Groneberg*, CM 41, Leyde/Boston, 2010, p. 17-46. Pour le terme de « rescrit », voir S. Lafont, « Les actes législatifs des rois mésopotamiens », dans S. Dauchy *et al.* (éd.), *Auctoritates. Xenia R. C. Van Caenegem Oblata. La formation du droit et ses auteurs*, Iuris Scripta Historica XIII, Bruxelles, 1997, p. 3-27. Pour le titre de « juge du cloître », voir R. Harris, *Ancient Sippar. A Demographic Study of an Old-Babylonian City (1894-1595 B. C.)*, PIHANS 36, Leyde, 1975, p. 197, étude que j'ai malheureusement suivie dans « Lettres et procès paléo-babyloniens », p. 88 ; le texte cité est AbB 6 62, où il s'agit d'une affectation ponctuelle et non pas permanente. On a suivi l'idée de K. R. Veenhof, « The Relation between Royal Decrees and Laws in the Old Babylonian Period », *JEOL* 35/36, 1997-2000, p. 49-84 (p. 57-58).

Le texte BM 96998 a été édité et commenté par K. R. Veenhof, « Fatherhood is a Matter of Opinion. An Old Babylonian Trial on Filiation and Service Duties », dans *Mél. Wilcke*, Wiesbaden, 2003, p. 313-332.

Le texte BM 16764 a été publié par M. Jursa, « "Als König Abi-ešuh gerechte Ordnung hergestellt hat": eine bemerkenswerte altbabylonische Prozessurkunde », *RA* 91, 1997, p. 135-145 ; voir la bibliographie postérieure dans www.archibab.fr. Pour le transfert en Babylonie du nord des cultes des villes de Babylonie du sud ayant échappé aux rois de Babylone, voir en dernier lieu mes remarques sur le transfert des cultes de Nippur à Dur-Abiešuh que j'ai étudié dans *RA* 109, 2015, p. 153-154.

Nanna/Sin et le dublamah

Le texte UET 6 402 a été réédité dans mon *Clergé d'Ur*, p. 326-329 ; voir en dernier lieu J. Lauinger, « The Curricular Context of an Akkadian Prayer from Old Babylonian Ur (UET 6 402) », dans M. Kozuh *et al.* (éd.), *Extraction & Control. Studies in Honor of Matthiew W. Stolper*, SAOC 68, Chicago, 2014, p. 189-196. Pour d'autres exemples d'auto-imprécations, voir D. Charpin, « Un nouveau "protocole de serment" de Mari », dans *Mél. Foster*, Leyde/Boston, 2010, p. 51-77 (p. 66).

L'étymologie de é-dub-lá-mah reste délicate : dub-lá semble désigner une sorte d'entrée. A. George a traduit par « House, Exalted Door-

Socket » (MC 5, p. 79, n° 203), mais dub-lá n'est pas le terme technique pour la crapaudine (voir les références collectées par P. Attinger dans *Mél. Wilcke*, p. 28, ad l. 17). Pour é-dub-lá-mah comme désignant une structure architecturale particulière, à la suite de ***papahum*** et de ***kisallum***, voir JCSSS 2 40 : 3 (lecture proposée sur www.archibab.fr) : la succession va de l'intérieur à l'extérieur, « cella », « cour » et « entrée, porche ».

Pour la comparaison du Dublamah avec un filet, cf. P. Steinkeller, « A Note on sa. bar = sa-par$_4$/pàr, "Casting Net" », *ZA* 75, 1985, p. 39-46, qui a explicitement fait le rapprochement avec l'hymne à Nungal (p. 40) : l'é-kur est comparé à un filet-sapar comme l'est ici le dublamah. Il pourrait sembler que é-u$_6$-di-kalam-ma est le nom cérémoniel de ce temple (*cf.* A. George, MC 5, p. 153, n° 1147) ; mais on trouve à Ur un nom propre de type naophore construit sur Dublamah : dub-lá-mah-ma-an-sum (UET 5 124 : 28).

Le procès PBS 8/2 264 a été édité dans *Le Clergé d'Ur*, p. 332 et n. 2 (et voir E. Dombradi FAOS 20.I, p. 324 *s.v.* Ur). Pour une aspersion rituelle liée à la prestation d'un serment, voir l'exemple de VS 8 71 cité par K. R. Veenhof, *Mél. Wilcke*, p. 325 et n. 30. Noter parmi les témoins de PBS 8/2 264 la présence d'un gudu$_4$ dub-lá-mah (l. 35).

Pour le Dublamah de Damrum, voir D. Charpin, « Recherches sur la "dynastie de Mananâ" (suite) : le *dublamâhum* du roi Nâqimum », *NABU* 1999/59.

Tribunal et prison

Pour l'équation é-sa-pàr « Temple (du) filet » = é ^{d}nun-gal « temple de Nungal », cf. B. Landsberger, MSL XI, p. 142 viii 40 (précurseur paléo-babylonien de la série HAR-ra *hubullum*) ; voir A. George, MC 5, p. 138, n° 948.

La déesse Nungal

Pour la déesse Nungal, voir la brève synthèse de A. Cavigneaux et M. Krebernik, RlA 9, 1998, p. 615-618. Pour le passage de Šurpu III : 77, voir E. Reiner, *Šurpu. A Collection of Sumerian and Akkadian Incantations*, AfO Beiheft 11, Graz, 1958, p. 21. La série An-Anum ša amēli donne aussi l'équivalence ^{d}nun-gal = ^{d}ma-nu-gal *ša ṣibitti* (R. L. Litke, *A Reconstruction of the Assyro-Babylonian God-Lists AN : (d) A-nu-um and AN : Anu ša amēli*, TBC 3, Bethesda, 1999, p. 240 l. 149). Pour Manungal, « Maîtresse de la prison » (en sumérien nin-é-kur-ra-ke$_4$), voir *ibid.*, l. 194.

L'hymne à Nungal

Pour le concept de « décade », *cf.* S. Tinney, « On the Curricular Setting of Sumerian Literature », *Iraq* 61, 1999, p. 159-172 ; voir en dernier lieu P. Delnero, *The Textual Criticism of Sumerian Literature*, JCSSS 3, Boston, 2012, p. 12, n. 14 (bibliographie la plus récente). L'édition la plus récente de l'hymne à Nungal est de P. Attinger, « L'Hymne à Nungal », dans *Mél. Wilcke*, Wiesbaden, 2003, p. 15-34 ; c'est la traduction légèrement modifiée du site internet de l'Université de Berne qui est ici citée.

Pour les *Hymnes aux temples*, voir Å. Sjöberg & G. Gragg, *The Collection of the Sumerian Temple Hymns*, TCS 3, New York, 1969. Le nom du temple d'Enki à Ur se trouve dans RIME 4, p. 278-279, n° 6 : 25-26. Pour le kur comme cachot, *cf.* W. Heimpel, « The moutain within », *NABU* 1996/28. Le nom de l'époux de Nungal, Birtum, a été traduit à tort par « liens » (« Fessel ») par A. Cavigneaux et M. Krebernik (RlA 9, p. 617a) : *birtum* n'a jamais voulu dire cela.

La première interprétation de l'hymne est celle de Å. Sjöberg, « Nungal in the Ekur », *AfO* 24, 1972, p. 19-46 & pl. 3-10 ; elle a été reprise par T. S. Frymer, « The Nungal-Hymn and the Ekur-Prison », *JESHO* 20, 1977, p. 78-89. Nouvelle interprétation par M. Civil, « On Mesopotamian Jails and Their Lady Wardens », dans *Mél. Hallo*, Potomac, 1993, p. 72-78 (p. 75a). Pour é-éš, voir P. Steinkeller, « The Reforms of UruKAgina and an Early Sumerian Term for "Prison" », dans *Mél. Civil*, Barcelone, 1991, p. 227-234. La citation de M. Civil figure dans son article des *Mél. Hallo*, p. 74b *ad* l. 84 : « All this, furthermore, is next to the royal palace (l. 95), and speaks for jails being an annex of the palace, rather than of a temple ». Pour é-gu-la comme prison, voir W. Hallo, *JCS* 31, 1979, 161 ff (cité d'ailleurs par M. Civil, *Mél. Hallo*, p. 75b n. 10). La lettre à laquelle il est fait allusion est AbB 2 83 (« maison de privations » traduit l'akkadien *bît dannâtim*) ; pour la situation concrète dans les prisons néo-babyloniennes, voir K. Kleber & E. Frahm, « A Not-so-great Escape: Crime and Punishment according to a Document from Neo-Babylonian Uruk », *JCS* 58, 2006, p. 109-122.

La prison de Nungal et le temple de Šamaš

On corrigera K. R. Veenhof, *Mél. Wilcke*, p. 35 : « Il n'est pas sûr qu'à Sippar aussi l'endroit du filet, et donc de la "Porte de Nungal", ait fait partie du principal temple de Šamaš » (« It is doubtful whether in

Sippar too the place of the casting net, and hence the "Nungal Gate", was part of the main Šamaš-temple »). Le texte BM 16764 qu'il cite juste avant concerne, certes, le temple de Šamaš de Larsa, mais à Sippar (*cf. supra* p. 72).

Le texte HG 96 a été publié par D. Charpin, « Sippar : deux villes jumelles », *RA* 82, 1988, p. 13-32 (p. 29-32).

Pour la « porte de Nungal » comme « le lieu du serment » (*ašar ma<mî>tim*), voir la lecture de CT 48 1 : 20 proposée par K. R. Veenhof, *Mél. Wilcke*, p. 323.

Chapitre 3. bureaux des poids et mesures

La définition de Kittum provient de Th. Richter, *Untersuchungen zu den lokalen Panthea Süd- und Mittelbabyloniens in altbabylonischer Zeit (2. verbesserte und erweiterte Auflage)*, AOAT 257, Münster, 2004, p. 349. La prière du devin a été éditée par I. Starr, *The Rituals of the Diviner*, BiMes 12, Malibu, 1983 p. 125-126 (Texte C [AO 7031] : 22'). Pour les temples de Kittum, voir J. Klein, « Niggina/Kittum », RlA 9, 2001, p. 311-312 ; on ne trouve aucune indication sur un culte de Kittum dans D. Arnaud, « Le panthéon de l'Ebabbar de Larsa à l'époque paléo-babylonienne », dans C. Breniquet & C. Kepinski (éd.), *Études mésopotamiennes. Recueil de textes offert à Jean-Louis Huot*, Paris, 2000, p. 21-32, qui repose sur les inédits des fouilles de Larsa des années 1974-1983.

On pourra retrouver sur le site http://www.archibab.fr les textes paléo-babyloniens cités en traduction dans ce chapitre.

Une découverte à Larsa

Description de la découverte

La description de la découverte de la jarre de la pièce 13 de l'Ebabbar de Larsa figure dans D. Arnaud, Y. Calvet & J.-L. Huot, « Ilšu-Ibnišu, orfèvre de l'E.Babbar de Larsa : la jarre L.76.77 et son contenu », *Syria* 56, 1979, p. 1-64. Pour le scénario de l'enfouissement de la jarre, voir J.-L. Huot, *L'E.babbar de Larsa aux IIe et Ier millénaires (fouilles de 1974 à 1985)*, BAH 205, Beyrouth/Damas, 2014, p. 165-167.

Les interprétations successives

Une autre interprétation du contenu de la jarre a été proposée par J. K. Bjorkman, « The Larsa Goldsmith's Hoards – New Interpretations », *JNES* 52, 1993, p. 1-24 ; réponse du fouilleur dans J.-L. Huot, « À propos du trésor de Larsa », dans *Mél. Boehmer*, Mainz, 1995, p. 267-271 (citation p. 268), et dans BAH 205, p. 166.

Des scellements inscrits

Pour le sceau de Sin-uselli, voir D. Arnaud, dans *Syria* 56, 1979, p. 18 sceau, n° 1 (copie p. 22). La copie montre clairement dumu dingir-*šu-ba-ni* ; on corrigera donc partout la transcription Sin-bani. Pour l'usage des scellements, voir A. Otto, « Siegelpraxis B. Archäologisch », RlA 12, 2010, p. 469-474 (avec des illustrations très éclairantes). Même les serrures, encore rudimentaires, étaient scellées : B. Brandl, E. D. Oren & P. Nahshoni, « A Clay Door-Lock Sealing from the Middle Bronze Age III Temple at Tel Haror, Israel », *Origini* 36, 2014, p. 157-180. Pour l'ouverture de portes scellées, voir D. Charpin, « L'archivage des tablettes dans le palais de Mari : nouvelles données », dans *Mél. Veenhof*, Leyde, 2001, p. 13-30 (p. 13-15).

La citation de D. Arnaud concernant Sin-uselli figure dans *Syria* 56, 1979, p. 56. Pour la pesée de l'argent lors d'une vente, voir D. Charpin, *AfO* 44/45, 1997/98, p. 344b. D. Arnaud citait à propos du titre de kù-lá les deux verbes *sanâqum* « vérifier » et *šaqâlum* « peser » (*Syria* 56, 1979, p. 56, n. 1), mais les contextes montrent clairement que le verbe *sanâqum* signifie « vérifier *le poids* (en métal) » (CAD S, p. 138a et 141b-142a), et non vérifier *le titre*. Les archives de Mari montrent des problèmes concernant la qualité de l'or (par ex. LAPO 16 94) ; pour l'argent, il est seulement question de déficit en poids (par ex. LAPO 16 105).

L'Egina : temple, ou bureau des poids et mesures ?

Le temple de Kittum

La lettre de Hammu-rabi à Sin-iddinam a été publiée dans AbB 2 30 : 1-15 (traduction modifiée). La fin de la lettre a disparu. Le commentaire de Landsberger figure dans *ZDMG* 69, 1915, p. 498 (à propos de LIH 1 30 = AbB 2 30). Son expression était « *Haus der (personifizierten) Rechtmässigkeit* ». *Cf.* depuis M. Stol, « State and Private Business in the Land of Larsa », *JCS* 34, 1982, p. 127-230 (p. 151, n. 76).

Argent scellé et argent « libre »

Les textes du palais de Sin-kašid à Uruk ont été publiés par S. Sanati-Müller, « Texte aus dem Sînkāšid Palast. Dritter Teil. Metalltexte », *BaM* 21, 1990, p. 131-213 (n°s 109-112). Le mot *kinkum* désigne non seulement des bourses scellées, mais toute espèce de scellement, puisque le mot est aussi employé pour décrire des scellements de porte ; pour la façon de sceller portes et sacs en Mésopotamie, voir R. L. Zettler, « Sealings as Artifacts of Institutional Administration in Ancient Mesopotamia », *JCS* 39, 1987, p. 197-240. L'exemple d'Uruk cité est BaM 21 110 ; la somme est considérable. Pour un exemple plus modeste (15 *kinkum* d'1 sicle chacun), voir CUSAS 15 28 (selon mon interprétation de ce texte sur www.archibab.fr). Le texte de Mari indique : « 1 sac scellé (*kinkum*) de fragments d'argent (*šibirtum*) », (M.12199 : 10' ; I. Arkhipov, ARM 32, Louvain/Paris/Walpole, 2012, p. 196-197) ; ce sac est remis à Qišti-Mamma, bien connu comme orfèvre travaillant pour le palais de Mari.

L'Egina et les mesures de capacité

L'hymne à Nanše a été cité par P. Steinkeller, « The Reforms of UruKAgina and an Early Sumerian Term for "Prison" », dans P. Michalowski *et al.* (éd.), *Velles Paraules. Ancient Near Eastern Studies in Honor of Miguel Civil on the Occasion of his Sixty-Fifth Birthday*, Barcelone, 1991, p. 227-234 (p. 232, n. 27).

L'étude de Z. Földi, « On Old Babylonian Palastgeschäft in Larsa. The meaning of *sūtum* and the "circulation" of silver in state/private business », dans Z. Csabai (éd.), *Studies in Economic and Social History of the Ancient Near East in Memory of Péter Vargyas*, ANEMS 2, Budapest, 2014, p. 79-117 (citation p. 104). Son interprétation ne permet pas de comprendre l'opposition entre la mesure de capacité de la déesse Kittum et celle du dieu Šamaš, explicite en AbB 12 70 (citée plus haut).

Des temples Egina, où ?

La tablette BM 97327 est ainsi inscrite : (1) 1 ma-na (2) na_4 ^{d}utu (3) é-gi-na. J'ai pu la consulter et la photographier en novembre 2015. Elle avait été décrite et transcrite par M. Stol : « Le Pr. K.R. Veenhof a vu au British Museum un morceau d'argile en forme de petite tablette ronde, sur laquelle se trouvait une inscription de 3 lignes : (...). Les trois lignes sont séparées par un trait, comme sur l'inscription d'un sceau-cylindre et le texte semble être l'empreinte laissée par une matrice. Le texte est sans doute originaire de Sippar. » Voir M. Stol, « Mit dem Gewichtsstein des Šamaš », dans B. Böck *et al.* (éd.), *Munuscula Mesopotamica. Festschrift für Johannes Renger*, AOAT 267, Münster, 1999, p. 573-590, spéc. p. 573-574 : « Prof. K.R. Veenhof hat im British Museum ein Stück Ton in Form eines runden Täfelchens gefunden, auf dem sich der Abdruck folgender dreizeiliger Inschrift befindet : (l) 1 ma-na (2) na_4 ^{d}U t u (3) é g i – na, “Eine Mine, Stein des Šamaš, Haus der Rechtmäßigkeit” (BM 97327). Die drei Zeilen sind liniert, wie in einer Rollsiegelinschrift, und der Text sieht aus wie der Abdruck eines Stempels. Der Text stammt wohl aus Sippar »). L'interprétation de Z. Földi figure dans son étude du *Mém. Vargyas*, Budapest, 2014, p. 101 et n. 142. Pour les modèles d'inscriptions de légendes de sceaux, voir G. Beckman, « A Draft for an OB Seal Inscription », *NABU* 1988/72 et R. Feingold, *Engraved on Stone. Mesopotamian Cylinder Seals and Seal Inscriptions in the Old Babylonian Period*, GSANE 7, Winona Lake, 2014.

Un exemple d'étalon de mesure a été découvert lors des fouilles anciennes de Nippur, dans un contexte archéologique hélas mal défini ; voir M. Powell, 1990, « Masse und Gewichte », RlA 7, 1990 p. 457-517 (p. 462b).

Pour Sin-muštal, chef des marchands d'Ur réfugié à Larsa, voir Z. Földi, Mém. Vargyas, Budapest, 2014, p. 105 n. 158.

Et le temple de Mišarum ?

Pour les décrets de *mîšarum* des rois paléo-babyloniens, voir « Les prêteurs et le palais : les édits de *mîšarum* des rois de Babylone et leurs traces dans les archives privées », dans A.C.V.M. Bongenaar (éd.), *Interdependency of Institutions and Private Entrepreneurs (MOS Studies*

2). Proceedings of the Second MOS Symposium (Leiden 1998), PIHANS 87, Leyde, p. 185-211.

Pour le nom de temple é-nì-si-sá, voir A. George, MC 5, p. 133 n° 884 (« House of Justice ») ; noter qu'en sumérien, si-sá ou nì-si-sá sont équivalents. Pour les clous de fondation, voir en dernier lieu E. von Dassow, « Narām-Sîn of Uruk : a New King in an Old Shoebox », *JCS* 61, 2009, p. 63-91.

L'interprétation du cône de Lipit-Ištar de Sollberger figure dans E. Sollberger & J.-R. Kupper, *Inscriptions royales sumériennes et akkadiennes*, LAPO 3, Paris, 1971, p. 177, avec commentaire p. 324, auquel renvoie le CAD N/1. Celle de W. Sallaberger figure dans son étude sur « Der "Prolog" des Codex Lipit-Eštar », dans R. Achenbach & M. Arneth (éd.), *"GERECHTIGKEIT UND RECHT ZU ÜBEN"(Gen 18,19). Studien zur altorientalischen und biblischen Rechtsgeschichte, zur Religionsgeschichte Israels und zur Religionssoziologie. Festschrift für Eckart Otto zum 65. Geburtstag*, BZAR 13, Wiesbaden, 2009, p. 7-33. Celle de M. Guichard dans M. Guichard & L. Marti, « La justice sociale dans les inscriptions des rois mésopotamiens : étude de cas », dans O. Artus (éd.), *Loi et Justice dans la Littérature du Proche-Orient ancien*, BZAR 20, Wiesbaden, 2013, p. 46-68 (p. 51 et n. 10).

Conclusion

Pour les dévotions sur les légendes de sceaux, voir D. Charpin, « Les divinités familiales des Babyloniens d'après les légendes de leurs sceaux-cylindres », dans Ö. Tunca (éd.), *De la Babylonie à la Syrie, en passant par Mari. Mélanges offerts à Monsieur J.-R. Kupper à l'occasion de son 70e anniversaire*, Liège, 1990, p. 59-78 et *Id.*, compte rendu de M. Tanret, *The Seal of the Sanga. On the Old Babylonian Sangas of Šamaš of Sippar-Jaḫrūrum and Sippar-Amnānum*, CM 40, Leyde/Boston, 2010, *OLZ*, 107, 2012, p. 157-162.

Chapitre 4. Écoles, bibliothèques et archives

Pour la déesse Nisaba, voir G. Selz, « Nissaba(k) "Die Herrin der Getreidezuteilungen" », dans H. Behrens *et al.* (éd.), *DUMU-E$_2$-DUB-BA-A, Studies in Honor of Å. W. Sjöberg*, Philadelphie, 1989, p. 491-497, qui propose comme étymologie de son nom : « Reine des distributions de grain ». Voir depuis P. Michalowski, « Nisaba. A. Philologisch », RlA 9, 1998, p. 575-579, spéc. p. 575b : « N. was the goddess of grain and of the scribal arts in the widest sense of the word, including writing, accounting, and surveying. Originally an agricultural deity, she became the patroness of scribes some time soon after the invention of writing. In the standard Sumerian school literature the latter aspect tended to dominate, but she was also remembered as a grain goddess. » Pour les légendes mésopotamiennes expliquant l'apparition de l'écriture non par la comptabilité, mais par les besoins de la communication à distance dans le cadre des relations diplomatiques, voir D. Charpin, *Lire et écrire à Babylone*, Paris, 2008, p. 161.

Pour la mention « Je suis Nisaba » (^{d}nisaba gá-e), voir par exemple AbB 8 17 (cette lettre est un exercice d'apprenti). Pour la citation de l'orfèvre fabriquant une statue de culte, voir C. B. F. Walker & M. B. Dick, « The Induction of the Cult Image in Ancient Mesopotamia: The Mesopotamian *mīs pî* Ritual », dans M. B. Dick (éd.), *Born in Heaven Made on Earth. The Making of the Cult Image in the Ancient Near East*, Winona Lake, 1999, p. 55-122 (p. 62, n. 16). Il en allait de même pour le rituel de la mise à mort d'un taureau dans sa version d'Assur. Le lamentateur-*kalû* disait : « C'est la totalité des dieux qui a accompli ces actes rituels, je ne les ai pas accomplis » (M. J. H. Linssen, *The Cults of Uruk and Babylon. The Temple Ritual Texts as Evidence for Hellenistic Cult*, CM 25, Leyde, 2003, p. 97). L'hymne au temple de Keš a été réédité par C. Wilcke, « Die Hymne auf das Heiligtum Keš. Zu Struktur und "Gattung" einer altsumerischen Dichtung und zu ihrer Literaturtheorie », dans P. Michalowski & N. Veldhuis (éd.), *Approaches to Sumerian Literature. Studies in Honour of Stip (H.L.J. Vanstiphout)*, CM 35, Leyde/Boston, 2006, p. 181-237.

L'hymne à Haya, UET VI 101, a été réédité et commenté dans *Le Clergé d'Ur*, p. 343-357 ; voir en dernier lieu N. M. Brisch, *Tradition and the Poetics of Innovation: Sumerian Court Literature of the Larsa Dynasty (c. 2003-1763 BCE)*, AOAT 339, Münster, 2007, p. 186-198 « Rīm-Sîn B ».

Pour la dé-féminisation du panthéon mésopotamien, voir W. Sallaberger, « Pantheon. A. I. In Mesopotamien », dans RlA 10, 2003-5, p. 294-308 (p. 306). L'étude classique du dieu Nabu est celle de F. Pomponio, *Nabû. Il culto e la figura di un dio del Pantheon babilonese ed assiro*, SS 51, Rome, 1978, résumée et complétée dans RlA 9, 1998, p. 16-24. Pour les dévotions à Nabu sur les sceaux des scribes, voir D. Charpin, « Les divinités familiales des Babyloniens d'après les légendes de leurs sceaux-cylindres », dans *Mél. Kupper*, Liège, 1990, p. 59-78, spéc. p. 74-75. La lettre AbB 3 33 fait partie d'archives découvertes en Babylonie du Nord, à Lagaba, et qui datent du règne de Samsu-iluna (*cf.* R. Frankena, « Einige Bemerkungen zu den Hauptpersonen der Lagaba-Tafeln », dans *Mél. Böhl*, Leyde, 1973, p. 149-160 et SLB 4, p. 103-106). Les mentions conjointes de Nabu et Nisaba sont : *KAR* 31 r. 27 (H. Hunger, 1968, n° 192) et K. Radner, *Die Macht des Namens. Altorientalische Strategien zur Selbsterhaltung*, Santag 8, Wiesbaden, 2005, p. 170, n. 915.

Écoles

Le temple de Nisaba

Pour la formation scolaire à Ur dans la maison n° 7 Quiet Street, voir D. Charpin, *Le Clergé d'Ur au siècle d'Hammurabi (XIX*ᵉ*-XVIII*ᵉ *siècle av. J.-C.)*, HEO 22, Genève/Paris, 1986, chap. 6. L'étude de A. George est parue sous le titre « In Search of the é. dub. ba. a: The Ancient Mesopotamian School in Literature and Reality », dans Mél. Klein, Bethesda, 2005, p. 127-137 (citation des l. 38-41 du texte *Schooldays* p. 127). Pour la précision « jarre de bière (lahtan *ša šikarim*) », voir AbB 14 140 : 21. Pour le statut du sumérien dans les écoles, *cf.* D. Charpin, « Le sumérien, langue morte parlée », *NABU* 1994/6.

Pour le rôle de Šulgi dans l'établissement d'écoles institutionnelles, voir G. Jonker, *The Topography of Remembrance. The Dead, Tradition & Collective Memory in Mesopotamia, Studies in the History of Religion* 68, Leyde/New York/Cologne, 1995, chap. 2. Pour les textes scolaires du palais d'Enlil-bani à Isin, voir les références dans W. Sallaberger, « Zu einigen Jahresdaten Enlil-bānis von Isin », *ZA* 86, 1996, p. 177-191 (p. 179, n. 16). La citation de M. W. Green provient de son article « The Eridu Lament », *JCS* 30, 1978, p. 127-167 (p. 152) : « Instead of a single temple at Eridu called EGEŠTU-NISABA, the name might refer to a special type of building, perhaps *connected with* the scribal school, of which there were several at various Sumerian cities including Eridu » (c'est moi qui souligne). La citation de P. Michalowski se trouve dans RlA 9, 1998, p. 578b § 8 : « There is good evidence connecting this "house of wisdom of N." with the scribal arts and with the city of Eridu, although literary references suggest that this may be a generic name for scribal institutions ».

L'extrait de Edubba A figure dans M. Civil, « Sur les "livres d'écolier" à l'époque paléo-babylonienne », dans *Mél. Birot*, Paris, 1985, p. 67-78 (p. 75-76) ; les « tablettes de main » sont un format courant pour les exercices des apprentis scribes.

Pour l'absence de temple de Nisaba dans les fouilles, cf. P. Michalowski, RlA 9, 1998, p. 578a § 8 ; mais le cas de Tell Harmal (Šaduppum) avait déjà été analysé dans mon *Clergé d'Ur*, p. 354-355. Pour Bel-gašer comme divinité principale de Šaduppum, cf. en dernier lieu L. M. Hussein, *Tell Ḫarmal. Die Texte aus dem Hauptverwaltungsgebäude "Serai"*, Dissertation, Marbourg, 2009, p. 7-8 et 11-15. La question est de savoir si les tablettes scolaires prétendument retrouvées dans le grand temple y ont bien été découvertes, ou si c'est une erreur d'enregistrement… Malheureusement, les tablettes scolaires de Tell Harmal publiées dans TIM 9 et 10/1 l'ont été sans aucune indication de provenance. On notera qu'un prêtre-*šangûm* de Bel-gašer, nommé Ibni-Tišpak, est attesté par plusieurs documents découverts à Tell Harmal (L. Hussein, p. 13-14), mais aucun *šangûm* n'est connu pour le temple de Nisaba et Haya.

Le temple de Nabu au premier millénaire

Pour le temple de Nabu découvert en 1979 à Babylone, voir A. Cavigneaux, *Textes scolaires du temple de Nabû* ša harê, Baghdad, 1981, à compléter par *Id.*, « *Nabû ša ḫarê* und die Kinder von Babylon », dans CDOG 2, Berlin, 1999, p. 385-391. Le colophon cité se trouve dans *Textes scolaires…*, p. 49 ; voir aussi A. Cavigneaux, « Un colophon de Type Nabû *ša Ḫarê* », *ASJ* 18, 1996, p. 23-30.

Bibliothèques

Les temples de Nabu comme bibliothèques

Le temple de Nabu à Ninive

L'inventaire des tablettes découvertes par R. Campbell Thompson a été publié par W. G. Lambert & A. L. Millard, *Second Supplement to Catalogue of the Cuneiform Tablets in the Kouyunjik Collection of the British Museum*, Londres, 1968. Pour la bibliothèque privée d'Assurbanipal, *cf.* S. J. Lieberman, « Canonical and Official Cuneiform

Texts : Towards an Understanding of Assurbanipal's Personal Tablet Collection », dans *Mél. Moran*, Atlanta, 1990, p. 305-336.

Le temple de Nabu à Khorsabad

Pour les fouilles de Khorsabad au XIXe siècle, voir E. Fontan & N. Chevalier (éd.), *De Khorsabad à Paris. La découverte des Assyriens*, Notes et documents des musées de France 26, Paris, 1994 et A. Caubet (éd.), *Khorsabad, le palais de Sargon II, roi d'Assyrie*, Louvre conférences et colloques, Paris, 1995. Les fouilles américaines du temple de Nabu ont été décrites dans G. Loud & C. B. Altman, *Khorsabad Part II. The Citadel and the Town*, OIP 40, Chicago, 1938, p. 60. Les fragments de tablettes qui y ont été découverts ont été catalogués par Th. Jacobsen, OIP 40, p. 104-105 ; ils semblent être restés inédits. Pour le vocabulaire akkadien, voir D. Charpin, « Les mots et les choses : *girginakku* "bibliothèque" », *NABU* 2007/60.

Le temple de Nabu à Kalhu

Les textes littéraires ont été publiés dans D. J. Wiseman & J. A. Black, *Literary Texts from the Temple of Nabû*, CTN 4, Londres, 1996 ; voir W. G. Lambert, « Literary Texts from Nimrud », *AfO* 46/47, 1999/20, p. 149-155. Une partie seulement du reste a été publiée : B. Parker, « Nimrud tablets, 1956 – Economic and legal texts from the Nabu Temple », *Iraq* 19, 1957, p. 125-138.

Le temple de Nabu à Borsippa

Pour les offrandes citées, voir C. Waerzeggers, *The Ezida Temple of Borsippa : Priesthood, Cult, Archives*, Achaemenid History 15, Leyde, 2010, p. 21, n. 106.

Le temple de Nabu ša hare *à Babylone*

Pour les deux textes non scolaires, voir A. Cavigneaux, « *Nabû ša ḫarê* und die Kinder von Babylon », dans CDOG 2, Berlin, 1999, p. 385-391, p. 388.

Autres bibliothèques de temples

Bibliothèque de l'Ebabbar de Sippar

Voir W. Al-Jadir, « Découverte d'une bibliothèque dans le temple de la ville de Sippar (Abu Habbah) », dans *XXXIVe Rencontre assyriologique internationale, 6-10/VII/1987 Istanbul*, Ankara, 1998, p. 707-715. La publication des tablettes a été entreprise par F. Al-Rawi en collaboration avec différents collègues dans une série d'articles de la revue *Iraq* à partir de 1990. Voir M. Hilgert, « "Tempelbibliothek" oder "Tafeldepot" ? Zum rezeptionspraktischen Kontext der "Sippar-Bibliothek" », dans CDOG 7, Wiesbaden, 2013, p. 137-150.

Archives

Sur les archives en général, voir mon *Lire et écrire à Babylone*, chap. 2.

Les temples de Nisaba et de Nabu comme sièges d'activités comptables

Pour la capacité à lire et écrire, voir mon *Lire et écrire à Babylone*, chap. 1 et depuis N. Veldhuis, « Levels of Literacy », dans K. Radner & E. Robson (éd.), *The Oxford Handbook of Cuneiform Culture*, Oxford, 2011, p. 68-89.

La citation d'*Enki et l'ordre du monde* utilise l'édition électronique du site ETCSL (c.1.1.3). Pour la distinction entre les « tablettes du cadastre » (*ṭuppî pilkâtim*) et les « tablette des services » (*ṭuppî ša ilkâtim*), voir B. Fiette, *Le Palais, la terre et les hommes. La gestion du domaine royal de Larsa d'après les archives de Šamaš-hazir*, à paraître. Hammu-rabi ne fit que reprendre le système de gestion qui existait déjà lors de l'indépendance du royaume de Larsa. Le commentaire de AbB 4 118 par P. Michalowski se trouve dans RlA 9, p. 578 : « An OB letter (AbB 4, 118) mentions an É.^{d}NISABA that has sometimes been interpreted as a temple, but most probably it refers to the same locality attested on Old Akkadian texts ». Pour la désignation d'individus comme *ša* é-nì-ka$_{9}$, voir *RA* 109, 2015, p. 167.

Pour le temple de Nabu nommé é-giš-lá-an-ki, voir A. R. George, *Babylonian Topographical Texts*, OLA 40, Louvain, 1992, p. 5, l. 12 et commentaire p. 309. Le commentaire de SAA 13 100 figure dans

S. W. Cole & P. Machinist, *Letters from Priests to the Kings Esarhaddon and Assurbanipal*, SAA 13, Helsinki, 1998, p. XVIII : « It is tempting here to postulate the existence of an elite strike-force of the god Nabû, regarded by the Assyrians as the god of victory, to which these animals were directed, but there is no direct evidence for this. Nevertheless, the connection between the reports and the cult of Nabû is intriguing and calls for further study. »

Archives d'État dans les temples de Nabu

Le commentaire de A. George figure dans son article « Sennacherib and the Tablets of Destiny », *Iraq* 48, 1986, p. 133-146, spéc. p. 141 : « If the temples of Nabû at Kalhu (Nimrud) and Assur were built after a common model (and they are not dissimilar in plan), it may be that the extensive annexes on both temples' north front should be considered to have been given over to the same sort of business: the writing, sealing and storing of state documents. Such business is well suited to a temple of Nabû, of course, not only because as the divine patron of the scribal arts his temples often house libraries and schools, but more specifically because Nabû is often invoked, particularly in Assyria and northern Mesopotamia, as the "bearer of the Tablet of Destinies of the gods". » Et p. 142 : « In practice he is the god under whose aegis important documents of state were drawn up and then ratified with Aššur's seals. » Pour le lien de Nisaba et Haya avec les tablettes du destin, voir M. Green, *JCS* 30, p. 152. À propos du temple de Nabu *ša harê*, voir A. George, « Studies in Cultic Topography and Ideology », *BiOr* 53, 1996, col. 363-395 (col. 377-385).

Conclusion

On a déjà vu au chap. 3 la déesse Nungal écrire une tablette. On note aussi le fait que dans l'*Épopée de Gilgameš*, la déesse Belet-ṣeri est décrite comme secrétaire de la déesse infernale Ereškigal (cf. D. Charpin, « Le "scribe accroupi" en Mésopotamie », *NABU* 2007/61). Ces textes littéraires reflètent l'existence de femmes capables de lire et d'écrire, ce pourquoi on a d'autres témoignages : voir B. Lion, « Literacy and Gender », dans K. Radner & E. Robson (éd.), *The Oxford Handbook of Cuneiform Culture*, Oxford, 2011, p. 90-111 et N. Ziegler, « La comptabilité dans les cuisines d'un roi mésopotamien », Comptabilité(S) 8, 2016 (https://comptabilites.revues.org/1920). La déféminisation du panthéon n'a cependant pas été complète. On notera ainsi que le dieu Enlil employait comme scribe sa fille Nin-imma (pour laquelle voir K. Focke, RlA 9, p. 384-386). Son culte, restreint à Nippur au deuxième millénaire, se poursuivit au premier, où il fut transposé à Assur ; elle habitait dans un secteur du temple d'Aššur nommé « (Temple) du savoir et de l'entendement » (Nidana-geštu) ; *cf.* A. George, OLA 40, p. 181-189, n° 21 : 27'. Un autre temple de Nin-imma au Ier millénaire est attesté à Ur ; il s'appelait « Temple de la grande scribe de l'Ekur » (E-dub<-sar>-gal-Ekura) ; *cf.* A. George, MC 5, p. 79, n° 202.

Chapitre 5. Les temples d'Ištar

Voir en général G. Leick, *Sex & Eroticism in Mesopotamian Literature*, Londres/New York, 1994 ; V. Haas, *Babylonischer Liebesgarten: Erotik und Sexualität im Alten Orient*, Munich, 1999. Le lecteur francophone peut consulter V. Grandpierre, *Sexe et amour de Sumer à Babylone*, Folio Histoire, Paris, 2012. Ce chapitre était déjà rédigé quand est paru le livre de M. Stol, *Women in the Ancient Near East*, Berlin/New York, 2016 (trad. anglaise d'un livre paru en néerlandais en 2012) ; voir en particulier le chap. 20 « Prostitution » (p. 399-418) et le chap. 21 « Temple prostitution » (p. 419-434).

La bibliographie relative au passage d'Hérodote cité se trouve dans l'étude de R. Da Riva & E. Frahm, « Šamaš-šum-ukīn, die Herrin von Ninive und das babylonische Königssiegel », *AfO* 46/47, 1999/2000, p. 156-182 (spécialement p. 179 ; pour Mylitta = Mullissu = Ištar de Ninive, voir p. 180).

La prostitution en Mésopotamie

Une très bonne synthèse a été écrite par J. Cooper, « Prostitution », dans RlA 11, 2006, p. 12-21. De J. Assante, voir principalement « The kar.kid / *ḫarimtu*, Prostitute or Single Woman? A Reconsideration of the Evidence », *UF* 30, 1998, p. 4-96. Elle a notamment été suivie par J.-J. Glassner, « Polygynie ou prostitution : une approche comparative de la sexualité masculine », dans S. Parpola & R. M. Whithing (éd.), *Sex and Gender in the Ancient Near East. Proceedings of the XLVIIe Rencontre assyriologique internationale,* Helsinki, 2002, p. 151-164. Pour une vue diamétralement opposée, voir M. Silver, « Temple/

Sacred Prostitution in Ancient Mesopotamia Revisited: Religion in the Economy », *UF* 38, 2006, p. 631-664.

Terminologie

Pour l'étymologie du terme sumérien pour « prostituée », *cf.* M. Civil, « kar-AK = kar-kìd », *RA* 70, 1976, p. 189-190.

L'image de la prostituée dans les textes littéraires

Des citations et références supplémentaires peuvent être trouvées dans J. Cooper, « Prostitution », RlA 11, 2006, p. 12-21.

Le statut juridique des prostituées

S. Lafont, *Femmes, Droit et Justice dans l'Antiquité orientale. Contribution à l'étude du droit pénal au Proche-Orient ancien*, OBO 165, Fribourg/Göttingen, 1999, p. 461 *sq.*

Pour consulter la base ARCHIBAB, voir http://www.archibab. fr/. Le texte paléo-assyrien TPAK 1 205 : 12 a été cité par J. Cooper, RlA 11, p. 14a. Pour un commentaire de ARM 27 60, voir N. Ziegler, « Iddin-Dagan, un gestionnaire à Ṭâbatum », *RA* 105, 2011, p. 17-34 (p. 18-19).

Le texte BM 96998 a été édité et commenté par K. R. Veenhof, « Fatherhood is a Matter of Opinion. An Old Babylonian Trial on Filiation and Service Duties », dans W. Sallaberger *et al.* (éd.), *Literatur, Politik und Recht in Mesopotamien. Festschrift C. Wilcke*, OBC 14, Wiesbaden, 2003, p. 313-332.

Où et comment ?

Le statut de la taverne a donné lieu à de nombreuses études. Hammurabi dans son Code a interdit aux religieuses-*nadîtum* d'y entrer : une interprétation économique de cette interdiction a été proposée par M. Roth, « The Priestess and the Tavern: LH § 110 », dans Mél. Renger, Münster, 1999, p. 445-464. Le roi aurait voulu éviter la concurrence commerciale des *nadîtum* : cela ne me semble pas légitimer la mort par le feu... Pour le statut des cabaretières, voir A.-I. Langlois, « The Female Tavern-Keeper in Mesopotamia: Some Aspects of Daily Life », S. Budin (éd.), *Women in Antiquity*, 2016, p. 111-125.

Pour le cabaret de Suse, voir L. Trümpelmann, « Eine Kneipe in Susa », *Iranica Antiqua* 16, 1981, p. 35-44 ; les figurines ont été publiées depuis (de manière typologique) par A. Spycket, *Ville royale de Suse VI. Les Figurines de Suse. Volume I. Les figurines humaines IV*[e]*-II*[e] *millénaires av. J.-C.*, MDP 52, Paris, 1992 ; ses réserves sur l'interprétation de L. Trümpelmann (p. 209) ne me semblent pas à retenir (*cf.* la recension par E. Carter *JAOS* 117, 1997, p. 359-361).

Pour la tarification des actes sexuels, voir P. Attinger, « Un sicle la passe », *NABU* 1998/40. Le texte de Nuzi (JEN 397) a été signalé par J. Cooper dans RlA 11, p. 14.

La figure de la déesse Ištar

Les ambivalences d'Ištar

Voir B. Groneberg, « Die sumerisch-akkadische Inanna/Ištar : Hermaphroditos ? », *WO* 17, 1986, p. 25-46.

Ištar et la prostitution

Le document de Nuzi a été publié et commenté par G. Wilhelm, « Marginalien zu Herodot Klio 199 », dans T. Abusch *et al.* (éd.), *Lingering Over Words. Studies in Ancient Near Eastern Literature in Honor of William L. Moran*, HSS 37, 1990, p. 505-524.

Pour les « travestis » masculins, voir S. Maul, « *kurgarrû* und *assinnu* und ihr Stand in der babylonischen Gesellschaft », dans V. Haas (éd.), *Außenseiter und Randgruppen*, *Xenia* 32, 1992, p. 159-171 ; pour leur rôle dans la sorte de carnaval décrit par les "*Love Lyrics*", voir R. Da Riva & E. Frahm, *AfO* 46/47, 1999/20, p. 180.

Pour la citation de *Lugalbanda et Hurrum*, voir H. L. J. Vanstiphout, *Epics of Sumerian Kings. The Matter of Aratta*, WAW 20, Atlanta, 2003, p. 114 l. 174. La traduction habituelle est « la prostituée qui sort de la taverne, afin de rendre le lit agréable », mais vu le directif -šè, je me demande s'il ne vaut pas mieux traduire : « la prostituée qui sort vers la taverne, afin de rendre le lit agréable »).

Pour la place d'Ištar de Babylone auprès du dieu Marduk, voir R. Da Riva & E. Frahm, *AfO* 46/47, 1999/20, p. 176.

Ištar et la « prostitution sacrée »

Voir la synthèse de M. Silver, « Temple/Sacred Prostitution in Ancient Mesopotamia Revisited : Religion in the Economy », *UF* 38, 2006, p. 631-664.

Le nom des temples d'Ištar

Voir A. George, MC 5, p. 83 n°262. Pour é-éš-dam-kù, *cf.* A. Zgoll, *Der Rechtsfall der En-ḫedu-Ana im Lied nin-me-šara*, AOAT 246, Münster, 1997, p. 427. Pour les noms de temples en hi-li, voir A. George, MC 5, n°s 459-466. Les traductions de *kuzbu* par le CAD sont : « luxuriance, abundance, attractiveness, charm, sexual vigor ».

Des témoignages textuels

Pour les archives paléo-babyloniennes tardives relatives aux activités de *kezertum*, voir N. Yoffee, « The Economics of Ritual at Late Old Babylonian Kish », *JESHO* 41, 1998, p. 312-343. Pour les *kezertum* dans les sources de Mari, *cf.* N. Ziegler, *Florilegium marianum IV. Le Harem de Zimrî-Lîm. La population féminine des palais d'après les archives royales de Mari*, Mémoires de NABU 5, Paris, 1999, p. 87-88, § 3.5, ainsi que FM IX, p. 50, § 1.2.5.1.3. Pour les *kazrû* et *kazrâte* du temple d'Ištar à Arbèles, cf. K. Radner, *Die neuassyrischen Privatrechtsurkunden als Quelle für Mensch und Umwelt*, SAAS 6, Helsinki, 1997, p. 218.

Pour les mentions de *harimûtum* dans les archives d'Ur-Utu, voir M. Tanret & K. Van Lerberghe, « Rituals and Profits in the Ur-Utu Archive », dans OLA 55, Louvain, 1993, p. 435-449, spéc. p. 441 : « Although the designations *ḫarimūtum* and *rēdūtum* are considered to refer to the "status of prostitute or prostitution," there is, in our texts, not the slightest evidence pointing to a sexual nature of these rites ». Voir la conclusion de M. Silver, *UF* 28, 2006, p. 658.

La terre-cuite du Louvre a été interprétée comme une « danse lascive » par G. Leick, *Sex & Eroticism in Mesopotamian Literature*, fig. 7. Pour l'identification de la femme comme une *kezertum*, voir F. Blocher, *Untersuchungen zum Motiv der nackten Frau in der altbabylonischen Zeit*, MVS 4, Munich, 1987, p. 220-233.

Des témoignages iconographiques

Le temple d'Ištar à Ninive

On a suivi l'interprétation de R. Da Riva & E. Frahm, *AfO* 46/47, 1999/20, p. 177. Noter cependant que l'inscription d'Aššur-bel-kala commence par indiquer : « Palais d'Aššur-bel-kala », sans allusion à la déesse Ištar.

Le temple d'Ištar à Assur

Voir W. Meinhold, *Ištar in Aššur : Untersuchung eines Lokalkultes von ca. 2500 bis 614 v. Chr.*, AOAT 367, Münster, 2009. Pour une reproduction de la vulve et du pénis en fritte, voir G. Leick, *Sex and eroticism...*, fig. 1 et 2.

Conclusion

La citation de W. G. Lambert est extraite de son étude « Prostitution », dans V. Haas (éd.), *Außenseiter und Randgruppen*, *Xenia* 32, 1992, p. 127-157, p. 143 : « Thus, in ancient Mesopotamia all prostitution was by definition sacral, because the sexual act was a natural force working for the well being of the human race and was a power personified in the goddess Innna/Ishtar. » La critique de M. Silver figure dans son étude de *UF* 38, 2006, p. 632.

Pour les *devadasis* indiennes, voir notamment F. Marglin, *Wives of the god king. The rituals of the devadasis of Puri*, Delhi, 1985 ; S. C. Kersenboom, *Nityasumangali. Devadasi Tradition in South India*, Delhi, 1987.

Chapitre 6. autres fonctions

Les temples de Nergal et les funérailles en Mésopotamie

Pour le dieu Nergal, l'étude classique est celle de E. von Weiher, *Der babylonische Gott Nergal*, AOAT 11, Neukirchen-Vluyn, 1971 ; voir en dernier lieu F. Wiggerman, « Nergal. A. Philologisch », dans RlA 9,

1998-2000, p. 215-223, qui a proposé que Nergal soit originaire du pays d'Akkad. W. G. Lambert avait proposé en 1973 une lecture sumérienne de son nom (^{d}nè-eri$_{11}$-gal), mais P. Steinkeller a souligné que le premier signe était à lire KIŠ et que eri$_{11}$-gal étaient des compléments phonétiques. Pour le détail de cette polémique, voir W. G. Lambert, « Studies in Nergal », *BiOr* 30, 1973, p. 357-363 ; P. Steinkeller, « The Name of Nergal », *ZA* 77, 1987, p. 161-168 ; W. G. Lambert, « The Name of Nergal Again », *ZA* 80, 1990, p. 40-51 ; P. Steinkeller, « More on the Name of Nergal and Related Matters », *ZA* 80, 1990, p. 53-59 ; W. G. Lambert, « Surrejoinder to P. Steinkeller (ZA 80 [1990] 53-59) », *ZA* 80, 1990, p. 220-222. Les différents temples E-meslam ont été recensés par A. George, MC 5, p. 126-127 n°s 802-805.

Pour l'inscription de Rim-Sin, voir RIME 4, p. 277 n° 5 : 12 (et A. George, MC 5, p. 82, n° 254). La dédicace à Nergal a été publiée par H. Behrens, « Eine Axt für Nergal », dans E. Leichty *et al.* (éd.), *A Scientific Humanist: Studies in Memory of Abraham Sachs*, Philadelphie, 1988, p. 27-32.

Un texte d'Emar

Le texte crucial a été publié par M. Sigrist, « Seven Emar Tablets », dans A. F. Rainey (éd.), kinattūtu ša dārâti. *Raphael Kutscher Memorial Volume, Tel Aviv, Occasional Publications* 1, Tel Aviv, 1993, p. 165-188, n° 6 ; voir depuis J.-M. Durand & L. Marti, « Relecture de documents d'Ekalte, Émar et Tuttul », *RA* 97, 2003, p. 141-180 (J.-M. Durand, « Une ambassade émariote auprès du roi hourrite », p. 145-149).

L'enterrement en Mésopotamie

Pour l'incinération, voir les actes du colloque publiés par L. Bachelot & A. Tenu, « Entre mondes orientaux et classiques : la place de la crémation. Colloque international de Nanterre 26-28 février 2004 », *Ktèma* 30, 2005, p. 3-201. Pour un exemple de crémation comme châtiment, *cf.* F. Joannès, « Une chronique judiciaire d'époque hellénistique et le châtiment des sacrilèges à Babylone », dans *Mél. Oelsner*, Münster, 2000, p. 193-211.

Pour le certificat de décès et d'enterrement de Betta, voir D. Charpin, « Les vivants et leurs morts dans la Mésopotamie paléo-babylonienne : l'apport des textes d'archives », dans J.-M. Durand, Th. Römer & J. Hutzli (éd.), *Les Vivants et leurs morts. Actes du colloque organisé par le Collège de France, Paris, les 14-15 avril 2010*, OBO 257, Fribourg/Göttingen, 2012, p. 19-32 (p. 24).

Les pleureuses

Pour ARM 9 175, voir M. Ghouti, « *Sapâdum, bakûm* et la déploration à Mari », *NABU* 1991/27. Pour le parallèle entre la pleureuse et la nourrice, voir CT 16 10 v 25-26, cité par CAD B, p. 35a.

*Les lamentateurs-*kalû

Les inédits des archives d'Ur-Utu concernant les rites-*muqabbirûtum* ont été signalés dans M. Tanret & K. Van Lerberghe, « Rituals and Profits in the Ur-Utu Archive », dans J. Quaegebeur (éd.), *Ritual and Sacrifice in the Ancient Near East*, OLA 55, Louvain, 1993, p. 435-449. Ajouter depuis C. Janssen, « The Guard Who Molested Gentlemen... A Letter *ana awīlē*, from the Ur-Utu Archive », dans T. Boiy *et al.* (éd.), *The Ancient Near East, A Life ! Festschrift Karel Van Lerberghe*, OLA 220, Louvain/Paris/Walpole, 2012, p. 281-296, qui mentionne p. 285 une lettre écrite par une femme au chef-lamentateur auprès duquel elle devait intervenir à propos de rites-*muqabbirûtum*.

Une affaire de famille ?

Pour les caveaux funéraires sous les maisons, voir les indications bibliographiques dans D. Charpin, « Les vivants et leurs morts dans la Mésopotamie paléo-babylonienne... », dans OBO 257, Fribourg/Göttingen, 2012, p. 19-32.

Des fossoyeurs professionnels rattachés au temple de Nergal

Pour le cas d'Aplahanda de Karkemiš, voir N. Ziegler, *Florilegium Marianum IX. Les Musiciens et la musique d'après les archives de Mari*, Mémoires de NABU 10, Paris, 2007, p. 70. Pour la dévotion de Hammu-rabi vieillisant envers Nergal, voir R. Pientka-Hinz, « Midlifecrisis und Angst vor dem Vergessen ? Zur Geschichtsüberlieferung Ḫammu-rapis von Babylon », dans K.-P. Adam (éd.), *Historiographie in der Antike*, Beihefte zur Zeitschrift für die alttestamentliche Wissenschaft, Berlin/New York, 2007, p. 1-25 ; la dédicace d'instruments de musique dans l'Emeslam est *RIME* 4, p. 345-347, n° 11. Pour la comparaison des dévotions des rois de Karkemiš et de Babylone à l'égard de Nergal, voir D. Charpin, « "Sentant sa mort prochaine..." », *NABU* 2010/75.

À propos de *bît sipittê*, voir le commentaire de A. George, MC 5, p. 141 n° 991 « "house of Lament," a building at Babylon which is the site of rituals conducted by personnel of Bēlet Bābili ». Rappelons que *sipittum* est un des termes désignant la déploration dans un contexte funéraire.

Le temple d'Enki

La vie traditionnelle dans les marais du sud de l'Iraq a été décrite par W. Thesiger, *Les Arabes des marais*, 1964, trad. française 1983. De très belles photos sont accessibles sur le site https://www.prm.ox.ac.uk/thesiger.html.

Enki et l'artisanat

Pour l'équation é-giš-kin-ti = é ^{d}en-ki, voir A. Westenholz, *Old Sumerian and Old Akkadian Texts in Philadelphia Part II. The Akkadian Texts, the Enlilemaba and the Onion Archive*, CNI Publications 3, Copenhague, 1987, p. 26, qui considère le nom d'année comme contemporain des textes qu'il publie (Naram-Sin ou Šar-kali-šarri). Il est en revanche attribué à Ur-Bawa de Lagaš par M. Sigrist qui rapproche mu é-^{d}en-ki giš-kin-ti ba-dù-a « Year the temple of Enki was built » (RTC 89), mu é-giš-kin-ti « Year of the construction of the giškinti » (FAOS 7 58 D 50) et mu... é-^{d}en-ki-ga ba-dù-a « Year... the temple of Enki was built » (AOAT 25, p. 79, n. 3). Ce nom d'année a été attribué par Sigrist à Ur-Bawa de Lagaš, le beau-père de Gudea, à cause d'une inscription de fondation commémorant la construction d'un temple d'Enki (RIME 3/I, p. 16 n° 2).

Pour les grands ateliers d'Enki à Ur, voir ARRIM 1, 27, Text X 73-839 et le commentaire de W. Heimpel, RlA 9, p. 379b.

Pour la réparation d'une statue de culte, voir W. Farber, « Singing an eršemma for the Damaged Statue of a God », *ZA* 93, 2003, p. 208-213. Pour les rites de « lavage de la bouche », autrement appelés « ouverture de la bouche » (*pit pî*), voir C. B. F. Walker & M. B. Dick, « The Induction of the Cult Image in Ancient Mesopotamia: The Mesopotamian *mīs pî* Ritual », dans M. B. Dick (éd.), *Born in Heaven, Made on Earth*, Winona Lake, 1999, p. 55-122 (la citation figure p. 62, n. 16). Ce rituel est connu par des manuscrits de Ninive (C. B. F. Walker & M. Dick, *The Induction of the Cult Image in Ancient Mesopotamia: the Mesopotamian* Mīs Pî *Ritual*, SAALT 1, Winona Lake, 2001), mais on en trouve mention un millénaire plus tôt, dans les archives administratives du palais de Mari (D. Soubeyran, ARM 23, Paris, 1984, p. 331-343). Pour le choix des artisans par divination, *cf.* A. Berlejung, *Die Theologie der Bilder. Herstellung und Einweihung von Kultbildern in Mesopotamien und die alttestalentliche Bilderpolemik*, OBO 162, Fribourg/Göttingen, 1998, p. 158-171. Pour les questions des devins touchant la représentation des dieux, voir pour l'époque paléo-babylonienne le texte M.7515 à propos du nombre de cornes d'une représentation du dieu Lagamal (traduction et commentaire dans J.-M. Durand, « La religion à l'époque amorrite d'après les archives de Mari », dans OLA 162/I, Louvain, 2008, p. 330 ; texte akkadien dans D. Charpin, *AfO* 36/37, 1989/90, p. 98b). Pour l'époque hellénistique, voir la consultation oraculaire à propos de la fabrication d'une statue d'Ištar à Uruk (G. J. P. McEwan, « A Seleucid Augural Request », *ZA* 70, 1980, p. 58-69). Pour la divinisation des instruments de musique, voir G. J. Selz, « The holy Drum, the Spear, and the Harp. Towards an understanding of the problems of deification in the third millennium Mesopotamia », dans CM 7, Groningue, 1997, p. 167-213.

Le bît mummim

Pour les attestations du *bît mummim* ou *mummum* à Mari, voir N. Ziegler, *Florilegium Marianum IX. Les Musiciens et la musique d'après les archives de Mari*, Mémoires de NABU 10, Paris, 2007, p. 77-78. Voir plus généralement P. Michalowski, « Learning Music: Schooling, Apprenticeship, and gender in early Mesopotamia », dans R. Pruzsinsky & D. Shehata (éd.), *Musiker und Tradierung. Studien zur Rolle von Musikern bei der Verschriftlichung und Tradierung von literarischen Werken*, Wiener Offene Orientalistik 8, Vienne/Berlin, 2010, p. 199-239.

Pour le temple cérémoniel umun$_2$-sag, voir A. George, MC 5, p. 156 n° 1175.

Autres activités productrices

Laiteries/crèmeries

Temples de Nanna/Sin

L'incantation pour aider à la délivrance d'une femme enceinte a été éditée par N. Veldhuis, *A cow of Sîn*, LOT 2, Groningue, 1991 ; voir en dernier lieu I. Márquez Rowe, « Water of labour? A Note on the Story of Sin and the Cow », *AuOr* 33, 2015, p. 51-62. Voir aussi *Lugalbanda in the Mountain Cave* 122, 201 [ETCSL 1.8.2.1.], qui montre que « Nanna/Sîn is the astral breeding bull who dominates his holy cow » (J. G. & A. Westenholz, CM 33, p. 65). Pour le nom du temple de Sin à Urum, voir A. George, MC 5, n° 28.

La documentation sur les troupeaux de bovins et activités de laiterie à Ur a été réunie et étudiée par K. Butz, « Konzentrationen wirtschaftlicher Macht im Königreich Larsa: der Nanna-Ningal-Tempelkomplex in Ur », *WZKM* 65/66, 1973, p. 1-58.

Pour la frise d'Obeid, voir Ph. Gouin, « Bovins et laitages en Mésopotamie méridionale au 3ème millénaire. Quelques commentaires sur la "frise à la laiterie" de el-'Obeid », *Iraq* 55, 1993, p. 135-145 (avec bibliographie antérieure).

L'hymne UET VI/1 68 et duplicats a été édité par M. G. Hall, « A Hymn to the Moon-God, Nanna », *JCS* 38, 1986, p. 152-166.

Nin-E'igara

Pour é-ì-gara$_4$ comme nom du temple de Nin-E'igara, voir A. George, MC 5, n° 499 (qui cite une série de noms de temples d'Ištar dans MSL 11 p. 142 vii 26). Pour é-ga-ì-nun-hé-du$_7$, *cf.* A. George, MC 5, n° 291 « House Suited for Milk and Ghee »).

Dumuzi

La dernière monographie consacrée à Dumuzi est de M. Fritz, "... *und weinten um Tammuz". Die Götter Dumuzi-Ama'ušumgal'anna und Damu*, AOAT 307, Münster, 2003. Pour le temple é-mùš à Badtibira, voir A. George, MC 5, p. 129, n° 829. Pour le nom du temple de Dumuzi à Ur rebâti par Rim-Sin, voir A. George, MC 5, p. 103, n° 499. Pour é-nì-lu-lu, voir A. George, MC 5, p. 34 (commentaire à la l. 450) et p. 133, n° 882 (« House of Teeming Flocks).

Le temple de Ninkasi comme brasserie

Pour la brasserie de Tell Bazi, voir M. Zarnkow, A. Otto & B. Einwag, « Interdisciplinary Investigations into the Brewing Technology of the Ancient Near East and the Potential of the Cool Mashing Process », dans W. Schiefenhövel & H. Macbeth (éd.), *Liquid Bread. Beer and*

Brewing in Cross-Cultural Perspective, The Anthropology of Food and Nutrition 7, New York/Oxford, 2011, p. 47-53.

La première édition de l'hymne à Ninkasi a été l'œuvre de M. Civil, « A Hymn to the Beer Goddess and a Drinking Song », dans Mél. Oppenheim, Chicago, 1964, p. 67-89 ; voir en dernier lieu W. Sallaberger, « Bierbrauen in Versen: Eine neue Edition und Interpretation der Ninkasi-Hymne », dans C. Mittermayer & S. Ecklin (éd.), mu-ni u_4 ul-li_2-a-aš $ĝa_2$-$ĝa_2$-de_3. *Altorientalische Studien zu Ehren von Pascal Attinger*, OBO 256, Fribourg/Göttingen, 2012, p. 291-328.

Pour é-kurun-na « temple de la boisson alcoolisée », voir A. George, MC 5, p. 118, n° 695. Pour les prébendes de cuisiniers et de brasseurs, voir notamment C. Waerzeggers, *The Ezida Temple of Borsippa: Priesthood, Cult, Archives*, Achaemenid History 15, Leyde, 2010.

Noter que la notice du *Reallexikon der Assyriologie* consacrée à Ninkasi est également consacrée à Siriš : M. Krebernik, « Nin-kasi und Siraš/Siriš. Gottheiten des Biers und Brauwesens », RlA 9, 1998, p. 442-444.

Pour les diverses références relatives à Ningišzida, voir F. Wiggerman, RlA 9, 1998, p. 370a.

Parfumerie

Pour le nom de temple é-ì-rá-rá, voir A. George, MC 5, p. 103. J'ai étudié le lot de textes administratifs décrivant le fonctionnement d'une parfumerie dans ma recension de YOS 14, parue dans *BiOr* 36, 1979, p. 191-193 ; le bâtiment est désigné comme é-ì-du_{10}-ga (YOS 14 212 : 4), mais son responsable portait le titre de « parfumeur » (ì-rá-rá).

Conclusion

Et les divinités absentes ?

Des dieux spécialisés

Dieux de la guerre

Pour a. ga. tukul. lá "Hall where the Weapon is Hung", voir A. George, MC 5, p. 63, n° 7. Pour le dieu Ninurta, voir A. Annus, *The God Ninurta in the Mythology and Royal Ideology of Ancient Mesopotamia*, SAAS 14, Helsinki, 2002, qui parle de « virtual identity » avec Nin-Girsu.

Pour é-^{giš}tukul-ka-kéš, voir A. George, MC 5, n° 1110 : "House which Binds on the Weapons". Pour l'é-gidri du temple de Ninurta, voir A. R. George, « Studies in Cultic Topography and Ideology », *BiOr* 53, 1996, col. 383-385.

Autres divinités importantes

Pour le dieu Iškur, voir A. George, MC 5, p. 152, n° 1130 é-u_4-gal-gal-la "House of Great Storms".

Pour la déesse Nanše, voir N. Veldhuis, *Religion, Literature, and Scholarship : The Sumerian Composition Nanše and the Birds. With a Catalogue of Sumerian Bird Names*, CM 22, Leyde, 2004. Pour l'é-ku_6-nu-kú, « House where fish is not eaten », voir A. George, MC 5, p. 115, n° 669.

Les dieux au sommet du panthéon

Pour le statut de Ninurta comme dieu de la ville de Nippur, voir D. Charpin, *RA* 84, 1990, p. 92b, et W. Sallaberger, « Nippur als religiöses Zentrum Mesopotamiens im historischen Wandel », dans CDOG 1, Sarrebruck, 1997, p. 147-168 (p. 162).

Pour la promotion de Marduk à la tête du panthéon, voir W. Sommerfeld, *Der Aufstieg Marduks*, AOAT 213, Neukirchen-Vluyn, 1982, complété par l'article « Marduk A. Philologisch I. In Mesopotamien », RlA 7, 1987-90, p. 360-370. Pour é-gú-si-sá, « House which Provides Justice for the Wronged », voir A. George, MC 5, p. 97, n° 435 (= Topog. Texts n° 1 = Tintir II 8").

Pour l'origine du dieu Aššur, voir W. G. Lambert, « The God Aššur », *Iraq* 45, 1983, p. 82-86. Pour la dimension religieuse de l'hôtel de ville (*bît âlim*), voir J. G. Dercksen, *Old Assyrian Institutions (MOS Studies 4)*, PIHANS 98, Leyde, 2004, p. 12-13 et p. 77 ; pour les sceaux du dieu Aššur, voir *ibid.*, p. 90-95 et depuis E. von der Osten-Sacken, « "Aššur, großer Berg, König von Himmel und Erde". Darstellungen des assyrischen Hauptgottes im Wandel vom *numen loci* zum Götterherrn », *UF* 42, 2010, p. 731-822. Le *Götteradressbuch* a été réédité par A. R. George, *Babylonian Topographical Texts*, OLA 40, Louvain, 1992 (pour la l. 159, voir p. 178-179) ; voir le commentaire d'A. George, « Sennacherib and the Tablets of Destiny », *Iraq* 48, 1986, p. 133-146 (p. 140-141). Il faut rappeler que la conservation des traités dans des temples n'est attestée qu'à partir de la seconde moitié du deuxième millénaire : D. Charpin, « Guerre et paix dans le monde amorrite et post-amorrite », dans CRRAI 52, Münster, 2014, p. 189-214. Voir en dernier lieu J. Lauinger, « The Neo-Assyrian *adê* : Treaty, Oath, or Something Else ? », *ZAR* 19, 2014, p. 99-116. Mon cours de 2015/2016 (« Les alliances au Proche-Orient ancien, entre diplomatie et religion ») est accessible sur le site du Collège de France (https://www.college-de-france.fr/site/dominique-charpin/course-2015-2016.htm) et doit donner lieu à un ouvrage prochainement.

Bilan

Des bâtiments au sein d'un temple sans liens avec la fonction du dieu

Des espaces à vivre

Pour les espaces domestiques des temples (chambre, salle à manger), voir *Le Clergé d'Ur*, p. 335-336. Pour le *bît rimki* du temple d'Aššur, voir *Götteradressbuch* l. 147 : é-eš-bar-^{d}en-líl-lá / É *pur-se-e* ^{d}EN. LÍL/ É *rim-ki* (A. R. George, *Babylonian Topographical Texts*, OLA 40, Louvain, 1992, p. 178-179).

Espaces de stockage et de transformation des denrées

Pour le triptyque « cuisine, four, brasserie », voir mon *Clergé d'Ur*, p. 338. Pour l'aspect archéologique, voir M.-Th. Barrelet, « Dispositifs à feu et cuisson des aliments à Ur, Nippur, Uruk », *Paléorient* 2, 1974, p. 243-300. Pour le cas du temple d'Enlil à Nippur, voir A. George, MC 5 n° 701 : « é-làl-ì-nun-ù-geštin "House of Honey, Ghee and Wine", a shrine of Enlil at Nippur (in é. kur ?) where offerings were made, rebuilt by Amar-Suen (Steible, FAOS 9/ II, AS 10) ». On a suivi l'interprétation de D. Frayne, RIME 3/2, p. 251, n° 6. Pour é-ninda-ba-du$_{8}$-a « House of banquets and food offerings », *cf.* A. George MC 5, n° 895 (= OLA 40, p. 180-181, n° 20 [Götteradressbuch] : 172).

Étables et garages

Pour l'étable de l'E-ninnu (é-^{anše}du$_{24}$-ùr), voir A. George, MC 5, n° 198. Pour le char de Ningirsu à Girsu, voir A. George, MC 5, n° 711 et l'inscription d'Urukagina de Lagaš (RIME 1, p. 281, n° 7 : 38-41). Pour le garage d'Enlil à Aššur, voir A. George, MC 5, p. 94, n° 398. Pour le garage du bateau de Nanna/Sin, voir A. George, MC 5, n° 711 : « é-má-gur$_8$ "House of the barge", epithet or part of the cult-center of Nanna-Suen at Ur (Cohen, *Lamentations*, p. 149, 195, coll.) ».

Le problème des spécialités au sein du panthéon

Pour les symboles de Šamaš, voir K. R. Veenhof, *Mél. Wilcke*, p. 327, n. 37 : « Šamaš's weapon and double-axe are signs of power, the trap a means of catching criminals, his "saw" may have a mythological background, his "(weighing ?) stone" (*abnum*) and "great abacus" (*nikkassū rabûtum*, see CAD N/II *s.v.* 229, 4) may reflect the role of the Šamaš temple in checking weight standards and providing clearance of accounts. »

Conclusion finale : le sacré présent dans toute activité humaine

Voir N. Veldhuis, *Religion, Literature, and Scholarship: The Sumerian Composition Nanše and the Birds. With a Catalogue of Sumerian Bird Names*, CM 22, Leyde, 2004, p. 2 et 11-17.

QUELQUES REPÈRES CHRONOLOGIQUES

L'ÉVOLUTION DE L'ÉCRITURE ET DE LA LANGUE

Dates av. J.-C.		
ca. 2900-2334	proto-dynastique	
ca. 2334-ca. 2200	paléo-akkadien	
ca. 2200-2000	néo-sumérien	
	Sud	*Nord*
ca. 2000-1600	paléo-babylonien	paléo-assyrien
ca. 1600-ca. 1000	médio-babylonien	médio-assyrien
à partir de ca. 1000	néo-babylonien (fin en 539)	néo-assyrien (fin en 610)
	babylonien tardif (dernier texte daté de 75 ap. J.-C.)	

PRINCIPAUX ROIS ET DYNASTIES MENTIONNÉS

Dates av. J.-C.	
ca. 2334-2193	**dynastie d'Akkad**
	Sargon (2334-2279)
	Naram-Sin (2254-2218)
	IIe dynastie de Lagaš
	Gudea
2212-2004	**IIIe dynastie d'Ur** (« Ur III »)
	Ur-Nammu (c. 2112-2095)
	Šulgi (2094-2047)
	Amar-Sin (2046-2038)

ca. 2000-1600

Isin	***Larsa***	***Uruk***
Lipit-Ištar (1934-24)		
Bur-Sin (1897-76)		Sin-kašid
Enlil-bani (1862-39)	Sin-iddinam (1849-43)	(ca. 1865-ca.
Damiq-ilišu (1816-1794)	Rim-Sin (1822-1763)	1830)

Mari	***Babylone***	***Nord (Assyrie)***
Yahdun-Lim		
Yasmah-Addu	Hammu-rabi de Babylone	Samsi-Addu
Zimri-Lim	(1792-1750)	(1808-1775)
(1775-1761)	Samsu-iluna (1749-12)	
	Abi-ešuh (1711-1684)	
	Ammi-ditana (1683-47)	
	Ammi-ṣaduqa (1646-26)	
	Samsu-ditana	
	(1625-1595)	

ca. 1600-ca. 1000	**dynastie kassite (1595-1155)** Nazi-Maruttaš (1307-1282) **IIe dynastie d'Isin** Nabuchodonosor Ier (1124-1103) Adad-apla-iddina (1067-1046)	**dynastie médio-assyrienne** Tukulti-Ninurta Ier (1243-1207) Aššur-bel-kala (1073-1056)
ca. 1000-612	**empire néo-assyrien** Adad-nirari III (810-783) Sargon (721-705) Sennacherib (704-681) Assarhaddon (680-669) Assurbanipal (668-627) *chute de Ninive (612)*	
	empire néo-babylonien Nabuchodonosor II (604-562) **dynastie achéménide** (538-330) **domination séleucide** (330-141) **domination parthe** (141-76 ap. J.-C.)	

CRÉDITS PHOTOGRAPHIQUES

Fig. 0-4,
5-3 et 6-2 : Photo © RMN-Grand Palais (musée du Louvre) / Franck Raux.

Fig. 1-6 : Inscribed foundation peg dedicated to the Dog Temple of Ninisina by Enlibani ruler of Isin, Sumar (clay), Mesopotamian / The Israel Museum, Jerusalem, Israel / Bridgeman Images.

Fig. 1-8 : Photo © Musée du Louvre, Dist. RMN-Grand Palais / Thierry Ollivier.

Fig. 1-9 : Coll. et Photogr. BNU de Strasbourg.

Fig. 2-1 : Photo © RMN-Grand Palais (musée du Louvre) / René-Gabriel Ojéda.

Fig. 3-2 : © Mission Archéologique française de Larsa-'Oueili, ARCH. MAE, JLH251_33_01

Fig. 4-6 : Photo © The British Museum, Londres, Dist. RMN-Grand Palais / The Trustees of the British Museum.

Fig. 5-5 : Photo © BPK, Berlin, Dist. RMN-Grand.

TABLE DES MATIÈRES

Composition et mise en pages
Nord Compo à Villeneuve-d'Ascq

Ce volume,
le premier
de la collection Docet omnia
publié aux éditions Les Belles Lettres
a été achevé d'imprimer
en février 2022
par ISI Print
93120 La Courneuve, France

N° d'éditeur : 10121
N° d'imprimeur : 163089
Dépôt légal : février 2022